Jörg Tropp, Denis Reichel

Die Marketingzukunft der Finanzdienstleister

GABLER EDITION WISSENSCHAFT

Jörg Tropp, Denis Reichel

Die Marketingzukunft der Finanzdienstleister

Perspektiven und Konzepte im Kontext neuer medialer und kommunikativer Bedingungen

Deutscher Universitäts-Verlag

Bibliografische Information Der Deutschen Nationalbibliothek
Die Deutsche Nationalbibliothek verzeichnet diese Publikation in der
Deutschen Nationalbibliografie; detaillierte bibliografische Daten sind im Internet über
<http://dnb.d-nb.de> abrufbar.

1. Auflage Januar 2007

Alle Rechte vorbehalten
© Deutscher Universitäts-Verlag | GWV Fachverlage GmbH, Wiesbaden 2007

Lektorat: Brigitte Siegel / Stefanie Brich

Der Deutsche Universitäts-Verlag ist ein Unternehmen von Springer Science+Business Media.
www.duv.de

Umschlaggestaltung: Regine Zimmer, Dipl.-Designerin, Frankfurt/Main
Gedruckt auf säurefreiem und chlorfrei gebleichtem Papier
Printed in Germany

ISBN 978-3-8350-0651-5

Vorwort

Sich mit der Zukunft zu beschäftigen, ist ein riskantes Geschäft. Birgt es doch die Gefahr, Gleichungen mit so vielen heute Unbekannten aufstellen zu müssen, dass die Plausibilität der skizzierten Entwicklungen und Zukünfte aufs Schärfste mit einem „Auch-Anders-Möglich-Sein", mit Kontingenz zu kämpfen hat. Optimistisch im Sinne von Risiko mindernd hat uns jedoch gestimmt, dass Kontingenz, doppelte Kontingenz als zentrales Kennzeichen von Kommunikation schon längst in der Gegenwart angekommen ist. Müssen wir doch tagaus, tagein die Erfahrung machen, dass jemand diesen oder jenen Inhalt so oder so mitteilen und er von einem Anderen dahingehend oder dorthingehend verstanden werden kann.

Besonders die Marketing-Kommunikation hat mit dieser Problematik zu kämpfen. Ist es doch ihre Aufgabe, dafür zu sorgen, dass bei definierten Zielgruppen und Zielpersonen produkt-, service- und unternehmensrelevante Inhalte in einer effizienten Mitteilungsform gewünschte kognitive Effekte und Handlungen auslösen. Verschärft wird dieses per se schon ambitionierte Unterfangen durch die Spezifik der heutigen und wohl auch zukünftigen Rahmenbedingungen, innerhalb derer Marketing und Marketing-Kommunikation zum unternehmerischen Erfolg beitragen müssen.

Wir haben die Finanzdienstleistungsbranche ausgewählt, weil gerade hier die sich wandelnden Rahmenbedingungen die Marketiers vor große Herausforderungen stellen. Neue Konkurrenten, ein individuelles Kundenverhalten sowie innovative Technologien führen zu einer fundamental veränderten Wettbewerbssituation, die geprägt ist durch Härte, Komplexität, Vielfalt und Dynamik. Parallel dazu sorgt die mediale Reizüberflutung dafür, dass es auch für die Finanzdienstleister zunehmend schwieriger wird, den Konsumenten mit der eigenen Marketingbotschaft überhaupt noch zu erreichen.

Im Fokus des vorliegenden Buches steht neben einer systematischen Darstellung und Aufarbeitung der marketingpolitischen Herausforderungen von Finanzdienstleistungsinstituten vor allem die Frage nach den zukunftsweisenden Strategien im Umgang mit eben diesen Herausforderungen und insbesondere mit denen der nächsten vier bis fünf Jahre. Mit dieser Thematik richtet sich das Buch sowohl an Unternehmenspraktiker, die einen innovativen und fundierten Einblick in das moderne strategische Marketing der Finanzdienstleister suchen, als auch an Studierende und Dozenten entsprechender Fachrichtungen.

Wir möchten uns ganz herzlich bei den Experten bedanken, die sich die Zeit genommen haben, an unserer Befragung teilzunehmen. In einer Zeit, in der mittlerweile der

Marketingalltag durch enge ‚time slots' strukturiert wird, wissen wir diese Unterstützung sehr zu schätzen.

Jörg Tropp
Denis Reichel

Inhaltsverzeichnis

Abbildungsverzeichnis

Abkürzungsverzeichnis

1:1	One-to-One
ACTA	Allensbacher Computer- und Technikanalyse
AGOF	Arbeitsgemeinschaft Online-Forschung
BdB	Bundesverband deutscher Banken
BIP	Bruttoinlandsprodukt
Btx	Bildschirmtext
CC	Corporate Citizenship
CI	Corporate Identity
CRM	Customer Relationship Management
CSR	Corporate Social Responsibility
DAB	Digital Audio Broadcasting
DFV	Deutscher Franchise-Verband e.V.
DI	Dynamik-Index
DRTV	Direct-Response-Television
DSL	Digital Subscriber Line
eCRM	Electronic Customer Relationship Management
EPG	Electronic Program Guide
EU	Europäische Union
FDB	Finanzdienstleistungsbranche
FTAM	File Transfer, Access, and Management
GfK	Gesellschaft für Konsumforschung
GPRS	General Packet Radio Service
GSM	Global System for Mobile Communication
GWA	Gesamtverband Kommunikationsagenturen
HBCI	Home Banking Computer Interface

HTML	Hypertext Markup Language
IAO	Institut für Arbeitswirtschaft und Organisation
IKT	Informations- und Kommunikationstechnologien
IT	Informationstechnologie
KEK	Kommission zur Ermittlung der Konzentration im Medienbereich
KWG	Gesetz über das Kreditwesen
MBS	Multi-Banking-Standard
MCM	Multi-Channel-Marketing
NGO	Non-governmental organization
NIC	Network Information Center
NPO	Non-Profit-Organisation
OFX	Open Financial Exchange
OLAP	On-Line Analytical Processing
PC	Personal-Computer
PDA	Personal Digital Assistant
PIN	Personal Identification Number
PoS	Point of Sale
PVR	Personal Video-Recorder
SB	Selbstbedienung
SIM	Subscriber Identification Module
SMS	Short Message Service
SSL	Secure Socket Layer
TAN	TransAction Number
UMTS	Universal Mobile Telecommunication System
VAS	Value-Added-Services
WAP	Wireless Application Protocoll
WLAN	Wireless Local Area Network
WWW	World Wide Web
ZAW	Zentralverband der deutschen Werbewirtschaft

1 Einleitung

Wir befinden uns momentan inmitten einer digitalen Medienrevolution, die enorme Veränderungen in Wirtschaft und Gesellschaft impliziert. Besonders der steile Aufstieg des Internets ist für diese Entwicklung kennzeichnend. So hat der Computer das TV-Gerät, das von den Siebziger Jahren an bis Mitte der Neunziger Jahre als Leitmedium und zentrales Kommunikationsmittel fungierte, mittlerweile als neues Leitmedium abgelöst (vgl. Weiler 1999; 6). Mit dem Aufkommen der Neuen Medien und deren zunehmender Konvergenz geht nicht nur eine Veränderung der Medien-, Konsumund Lebensgewohnheiten der Menschen einher, es haben sich darüber hinaus auch zum Teil vollständig neue Wertschöpfungsstrukturen sowie neuartige Formen der unternehmerischen Zusammenarbeit entwickelt.

Die Digitalisierung der Medien wird darüber hinaus begleitet von einem kontinuierlich ansteigenden Informationsüberangebot, so dass Aufmerksamkeit zu einem knappen Gut im werblichen Kommunikationsprozess geworden ist und viele Unternehmen die Konsumenten kommunikativ kaum noch erreichen können. Angesichts der faktischen Produkt- und Leistungsparität avanciert Kommunikation jedoch gleichzeitig zum entscheidenden Wettbewerbsfaktor. Dennoch erscheinen gerade durch den Überfluss an Werbung viele Kommunikationsangebote als eher unglaubwürdig oder wirken störend.

Die Gesellschaft zeichnet sich ferner durch eine heterogene hochgradig ausdifferenzierte Bedürfnisstruktur aus, die sich in ihrer Gesamtheit kaum mehr erfassen lässt. Konsumenten agieren immer individueller und weisen ein steigendes Anspruchsniveau und parallel dazu ein hybrides Einkaufsverhalten auf.

Von den Innovationen der modernen Informations- und Kommunikationstechnologien sind Finanzdienstleistungsinstitute mit ihren vorwiegend digitalisierbaren Produkten in besonderem Maße betroffen. So durchläuft der Markt für Finanzdienstleistungen momentan einen nachhaltigen Restrukturierungsprozess und ist aufgrund des Aufkommens neuer Konkurrenten von einer steigenden Wettbewerbsintensität gekennzeichnet (vgl. Heinrich 2002; 91, Deplazes 2002; 11). Die Erkenntnis, dass die Zeiten der stabilen, statischen, übersichtlichen und wenig komplexen Märkte der Vergangenheit angehören, scheint vor dem Hintergrund dieser Entwicklungen mehr als plausibel (vgl. Tropp 2004; 9). Und in besonderem Maße scheint dieser Befund für die Finanzdienstleistungsbranche zuzutreffen.

Das hauptsächliche Ziel der vorliegenden Untersuchung liegt in der Erarbeitung von Hypothesen über die Wirkungszusammenhänge zwischen Marketingstrategien und zukünftigen Umweltbedingungen aus Sicht der Finanzdienstleistungsbranche. Im Mittelpunkt steht dabei die Identifikation tragfähiger Marketingkonzepte, welche Finanz-dienstleistungsinstitute dazu befähigen, ihre Wettbewerbsposition im Privatkunden-geschäft in Zukunft zu verbessern oder zumindest zu erhalten. Das Buch versteht sich demzufolge als ein Beitrag zur Strategiefindung innerhalb der Finanzdienstleistungs-branche und fokussiert dabei auf den Bereich des Business-to-Consumer Marketings im Privatkundengeschäft von Banken und Versicherungen.

Ausgehend von der Gegenwart wollen wir die aktuellen Umweltentwicklungen mög-lichst plausibel in die Zukunft fortschreiben, so dass sich die Marketingstrategien adäquat auf ihre Zukunftsfähigkeit hin überprüfen lassen. Wir weisen ausdrücklich darauf hin, dass der hier entwickelte Zukunftsentwurf nicht den Anspruch einer de-terministischen Vorhersage erhebt und auch gar nicht erheben könnte. Er soll viel eher einen realitätsnahen ‚Raum des Möglichen' darstellen, der in sich konsistent ist und dabei einen Bezug auf das marketingpolitische Handlungsfeld der Finanzdienstleis-tungsinstitute aufweist. Zu erwähnen ist, dass die Marketingzukunft der Finanz-dienstleister einen kaum untersuchten Bereich darstellt, was auch in der Publikations-lage zum Ausdruck kommt.[1] Die hier vorliegende Projektion reflektiert die aktuellen Rahmenbedingungen und kann somit für sich Aktualität beanspruchen – wenngleich auch mit einer in der Natur der Sache begründeten überschaubaren Halbwertszeit.

Das Buch ist in sieben Hauptkapitel gegliedert. Nach der Einleitung sowie einer knap-pen Darstellung der methodischen Vorgehensweise (*Kapitel 1*) sind im zweiten, im dritten und im vierten Kapitel eine Reihe notwendiger Vorarbeiten geleistet worden, die als theoretische Basis und als Orientierungsrahmen zur weiteren Vorgehensweise fungieren. So wird im *zweiten Kapitel* am Beispiel von Banken der klassische marke-tingpolitische Handlungsraum von Finanzdienstleistungsinstituten dargestellt. Dabei werden insbesondere die Charakteristika einer Bankdienstleistung herausgearbeitet. Anschließend sollen die Besonderheiten des bankbetrieblichen Marketing-Mix darge-stellt werden. Das *dritte Kapitel* setzt parallel dazu an den medialen und kommunikati-ven Rahmenbedingungen im Bankensektor an. Hier werden insbesondere die Rolle der digitalen Medien sowie ihre Auswirkungen auf die Finanzdienstleistungsinstitute und deren Marketing-Kommunikation herausgearbeitet. Im *vierten Kapitel* werden schließlich noch bedeutende Aspekte des Strukturwandels im Bankenmarkt aufge-zeigt, um die hohe Relevanz der vorliegenden Thematik im Hinblick auf die Praxis zu veranschaulichen.

In *Kapitel 5* erfolgt die Konzeption eines Trendszenarios, welches das marketing-politisch relevante Handlungsfeld von Finanzdienstleistungsinstituten im Jahr 2011 möglichst plausibel beschreiben soll. Das Szenario stützt sich dabei auf Erkenntnisse der vorangegangenen Kapitel und ergänzt diese im Sinne einer PEST-Analyse um

---

[1] So existiert unseres Wissens lediglich von Swoboda aus dem Jahre 2004 ein Buch in dritter Auflage zu diesem Thema, dessen zentrale Thesen zumeist bereits im Jahre 2001 erarbeitet wurden (vgl. Swoboda 2004; 79f. und 416).

politisch-rechtliche, ökonomische, soziale und technologische Umweltfaktoren. Einge-rahmt wird dieses Trendszenario von der jeweils kurzen Skizzierung eines Best- und eines Worst-Case-Szenarios. Der Untersuchungsgegenstand bringt es mit sich, dass wir diese die Zukunft beschreibende Methodik verwenden müssen, die sich eher durch mutige Intuition ihrer Anwender und weniger durch formalistische Forschung auszeichnen muss, ohne natürlich in die viel beklagte Willkürlichkeit der Trendfor-schung abzudriften (siehe z.b. Rust 2006).

In *Kapitel 6* kann dann auf Basis des entwickelten Trendszenarios die Hypothesenbil-dung zu den einzelnen Marketingstrategien erfolgen. Die generierten Gedanken wer-den durch eine Befragung von Marketingexperten aus der Finanzdienstleistungsbran-che auf ihre Plausibilität und ihr grundsätzliches Ad-hoc-Zustimmungspotenzial über-prüft. Wir möchten betonen, dass es sich bei dieser Befragung methodisch nicht um eine empirische Prüfung im Sinne der Verifikation resp. Falsifikation der Hypothesen handelt. Dies wäre in einem nächsten Schritt zu leisten. Uns geht es hier zunächst vielmehr darum, das Erkenntnisrisiko ,Zukunft' einzudämmen, indem wir vorab an-hand von Experteneinschätzungen ein Gefühl über die Höhe des Plausibilitätsausma-ßes betreffend hypothetisch formulierter, zukünftiger Wirkungszusammenhänge er-langen. Man könnte daher diese Studie als „pre-explorativ" charakterisieren.

In diesem Kapitel werden auch Empfehlungen für das zukunftsorientierte Marke-tingmanagement der Finanzdienstleistungsinstitute eingestreut, so weit dies an dieser Stelle ohne eine empirisch vorgenommene Absicherung der Hypothesen möglich ist.

2 Klassischer marketingpolitischer Handlungsrahmen von Banken

In der betriebswirtschaftlichen Literatur findet sich derzeit keine prägnante und gleichzeitig allgemeingültige Definition zum Bankbegriff, was häufig zu einer synonymen Verwendung von Begriffen wie Bank, Bankinstitut, Kreditinstitut oder Geldinstitut führt (vgl. Kiefer 2001; 64). Ausgehend von der Legaldefinition des Begriffs Kreditinstitut nach § 1 des Gesetzes über das Kreditwesen (KWG), sind Kreditinstitute Unternehmen, die mindestens ein Bankgeschäft betreiben, dessen Umfang „einen in kaufmännischer Weise eingerichteten Geschäftsbetrieb erfordert" (Süchting/Paul 1998; 3), der gewerbsmäßig betrieben wird.[2] Da in diesem Buch nicht die Erarbeitung einer – soweit dies überhaupt möglich ist – eindeutigen Bestimmung des Bankbegriffs im Vordergrund steht und dies im Übrigen auch für die hier verfolgte Zielsetzung des Entwickelns von Marketingzukünften in der Finanzdienstleistungsbranche nicht notwendig ist, werden die oben genannten Begriffe im Folgenden synonym verwendet.

Aus marketingpolitischer Sicht stellt sich vor allem die Frage, inwieweit sich allgemeingültige Marketingerkenntnisse aus den Bereichen der Industrie und des Handels auf Banken übertragen lassen und inwiefern sich, worauf Büschgen/Büschgen (2002; 21) hinweisen, aus den Spezifika der Bankleistung marketingrelevante Besonderheiten ergeben, die entsprechende Anpassungen erforderlich machen. Im Folgenden sollen daher diese Spezifika aufgedeckt werden, welche sich für Banken als Anbieter von Finanzdienstleistungen ergeben.

---

[2] Als Bankgeschäfte im Sinne des Gesetzes gelten nach § 1 Abs. 1 KWG:
  - das Einlagengeschäft
  - das Kreditgeschäft
  - das Diskontgeschäft
  - das Darlehenserwerbsgeschäft
  - das Finanzkommissionsgeschäft
  - das Depotgeschäft
  - das Investmentgeschäft
  - das Garantiegeschäft
  - das Girogeschäft
  - das Emissionsgeschäft
  - das Geldkarten- und Netzgeldgeschäft
(vgl. dazu stellvertretend Süchting/Paul 1998; 3).

2.1 Grundlagen des Bankmarketing

Folgt man dem in der Literatur vorherrschenden Dienstleistungsverständnis, so muss die Bankleistung den Dienstleistungen zugeordnet werden.[3] Dienstleistungen sind im Wesentlichen durch drei konstitutive Merkmale bestimmt, welche als unterschiedliche Phasen der Dienstleistungsproduktion aufgefasst werden können. Bei dieser phasen-bezogenen Betrachtungsweise differenziert man zwischen der Potenzial-, der Prozess- und der Ergebnisdimension und begreift diese drei Komponenten als integrale Bestandteile einer jeden Dienstleistung (vgl. Meffert/Bruhn 2003; 28). Bezogen auf Kreditinstitute beschreibt die Potenzialdimension einer Bank die anbieterseitig zur Verfügung gestellte Faktorenkombination aus Beratungspersonal, technologischer Infrastruktur und Dienstleistungspalette. In der Prozessdimension kommt zum Ausdruck, dass die Bankdienstleistung einen Prozess darstellt, welcher im ersten Schritt durch den Bankkunden als Dienstleistungsnachfrager angestoßen wird, indem er Informationen zu seinen finanziellen Bedürfnissen als Input in das Organisationssystem Bankunternehmen einbringt (vgl. Deplazes 2002; 42). Dieser Input löst den Leistungserstellungsprozess im Sinne einer Tätigkeit aus, an dem Kunde und Bank durch Interaktion und kommunikative Handlungen beteiligt sind. Deplazes (ebd.) weist in diesem Zusammenhang auf die Rolle des Bankkunden hin, der durch seine aktive Beteiligung am Leistungserstellungsprozess häufig auch als ‚Prosumer' agiert, was aus Anbietersicht jedoch ein Unsicherheitselement im Absatzprozess darstellt (vgl. Süchting/Paul 1998; 621). Bei der Ergebnisdimension wird auf das Leistungsergebnis einer Dienstleistung abgestellt, die als ein immaterielles Wirtschaftsgut zu begreifen ist.

Neben diesen, den Dienstleistungen allgemein inhärenten Besonderheiten, weisen Bankleistungen darüber hinaus spezifische Charakteristika auf, die sie von anderen Dienstleistungen abgrenzen. Insbesondere Süchting/Paul (1998; 620) beschreiben anhand ihres in Abbildung 2-1 dargestellten Bankmodells die brancheneigentümliche Absatzproblematik des Kreditgewerbes. Danach unterscheidet sich die Bankleistung von anderen Dienstleistungen dadurch, dass der ihr zugrunde liegende Gegenstand kein konkretes Produkt, sondern Geld darstellt, wobei Schüler (2002; 6) anmerkt, dass Geld als „Handelsgut der Banken […] im Zuge der Vertriebs- und Direktmarketing-Aktivitäten der neunziger Jahre durch das Handelsgut Information ergänzt, vielleicht sogar teilweise abgelöst wurde". Darüber hinaus hebt sich die Bankleistung aufgrund der detaillierten Ausgestaltung ihrer vertraglichen Elemente von den übrigen Dienstleistungen ab und kann als Kontraktgut bezeichnet werden. Eine weitere spezifische Eigenschaft ist, dass Einlagen- und Kreditgeschäfte ihren Abschluss nicht in einer einmaligen Absatzhandlung finden, sondern zwischen Bank und Kunde eine Absatzbeziehung in der Zeit entsteht (Süchting/Paul 1998; 621). Auch Deplazes (2002; 43) bringt in diesem Zusammenhang zum Ausdruck, dass „der Nutzen einer Bankdienstleistung […] wert-, zeit-, mengen- oder ergebnisabhängig [ist], wobei in der Regel mehrere Komponenten zusammenwirken". Die Dauerhaftigkeit der Kunde-Bank-

---

3   Vgl. stellvertretend Meffert/Bruhn (2003; 27f. und 60) sowie Deplazes (2002; 41).

Beziehung zeigt sich auch in der kontinuierlichen Leistungsinanspruchnahme des Bankkunden wie dies bspw. bei Kontostandsabfragen oder Daueraufträgen der Fall ist (vgl. ebd.; 101).

Abbildung 2-1:   *Modell der Universalbank (siehe Süchting/Paul 1998; 620)*

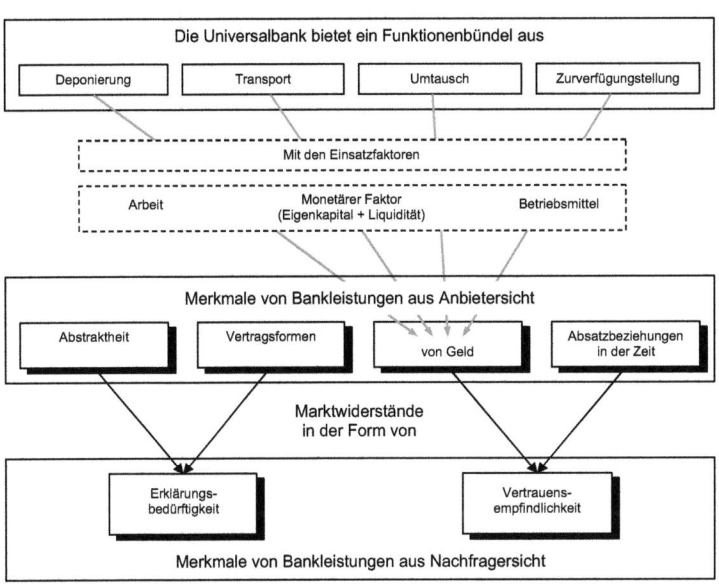

Aus der Perspektive des Kunden stellen sich die Merkmale von Bankdienstleistungen wie folgt dar: als ein abstraktes Kontraktgut wird die Bankleistung für den Kunden zu einer erklärungsbedürftigen Leistung und verlangt von diesem hinsichtlich Qualitätsverständnis und Qualitätsvergleich ein bestimmtes Maß an ökonomischem Sachverstand. Durch das in der Bankleistung enthaltene Zeitelement in Verbindung mit Geld als besonderem Leistungsobjekt wird die Bankleistung zu einer vertrauensempfindlichen Leistung. Aus der Vertrauensempfindlichkeit einerseits, sowie aus der Erklärungsbedürftigkeit von Bankleistungen andererseits resultieren letztlich Marktwiderstände, die mit Hilfe absatzpolitischer Instrumente zu überwinden sind (vgl. Süchting/ Paul 1998; 621). Mit Kiefer (2001; 5) kann den Kreditinstituten allerdings eine Kernkompetenz im Bereich Vertrauen zugeschrieben werden, durch die sie sich erheblich von anderen Dienstleistern unterscheiden. Diese Kompetenz resultiert daraus, dass Banken die Funktion von Finanzintermediären übernehmen, indem sie diverse Transformationsleistungen für andere Wirtschaftssubjekte erbringen. Zu diesen Leistungen zählen die Fristen-, die Informations-, die Losgrößen-, die Liquiditäts- sowie die Risikotransformation. Darüber hinaus wickeln Banken für ihre Kunden Transaktionen ab und übernehmen demnach auch eine dispositive Raumüberbrückungsfunktion (vgl. ebd.; 61, 65). Finanzintermediäre stellen eine Subkategorie der Intermediäre dar und offerieren Güter und Dienstleistungen, die in erster Linie „finanzwirtschaftliche Bedürfnisse der originären Marktakteure befriedigen sollen" (ebd.; 48).[4] Die Existenz von Finanzintermediären ist auf die Informationsasymmetrie zwischen Anbieter und Nachfrager, sowie auf das ihnen entgegengebrachte Vertrauen zurückzuführen. Sie fungieren in einem unvollkommenen (friktionären) Markt als Komplexitätsreduktoren und erzeugen so eine indirekte Finanzbeziehung (vgl. ebd.; 67).

Wie diese kurzen Ausführungen zeigen, hängen die marktpolitischen Entscheidungen im Bankmanagement von einer Reihe externer Impulse in der Umwelt der Bank ab, wie bspw. von dem Kunden als mitwirkendes Element beim Leistungserstellungsprozess oder der Zentralbank als währungspolitisches Organ. Darüber hinaus wird das bankabsatzpolitische Entscheidungsfeld von branchenspezifischen (z.b. Wettbewerbsumfeld, Gesetzgebung) und unternehmensinternen Gegebenheiten (z.b. Unternehmensstruktur, Wertekanon) beeinflusst. Im Rahmen einer Situationsanalyse müssen somit interne wie externe Daten zu Informationen aufbereitet werden. Demzufolge kann der Bankbetrieb wie andere Unternehmensorganisationen auch als ein informationsproduzierendes und -verarbeitendes Sozialsystem verstanden werden, das sich durch seine unternehmenskulturdeterminierte Spezifik der kommunikativen Handlungen von anderen branchenexternen aber auch brancheninternen Unternehmen unterscheidet (vgl. Schmidt 2004, Tropp 2004). Der Informationsbildung und -verarbeitung kommt bei den Banken jedoch im Gegensatz zu Unternehmen anderer Branchen eine besonders bedeutende Rolle zu, da stets das Vertrauenskonstrukt in den Kommunikationsprozessen der Banken eine implizite oder explizite besonders hohe Thematisierung erfährt. Man denke in diesem Zusammenhang aber auch an das Gewicht von Analystenmeinungen, die die Entwicklung von Aktienkursen maßgeblich mit beeinflussen und die als Indikator für die große kommunikative Sensibilität der Finanzdienstleistungsbranche gelten können.

---

4   Unter einem Intermediär im Allgemeinen ist eine Person oder Organisation zu verstehen, „die aus prozessualer Sicht zwischen dem Produzenten und dem Konsumenten eines Gutes oder einer Dienstleistung angeordnet ist und die u. a. Interesseninkompatibilitäten der originären Transaktionspartner in den Markttransaktionsphasen (Anbahnung/Vereinbarung/Abwicklung) überbrückt" (Kiefer 2001; 29).

2.2 Dimensionen der Absatzpolitik

Stellt man ausschließlich auf das marktpolitische Instrumentarium ab, so kann man bei Banken seit jeher marketingpolitische Aktivitäten beobachten: Banken gestalten Produkte und verhandeln dafür Preise in Form eines Zinssatzes und gegebenenfalls eines Disagios. Zudem werben sie für ihre Produkte und haben ein Vertriebssystem aufgebaut, über das sie ihre Leistungen anbieten können. Es folgt ein Überblick über die einzelnen Elemente des Marketing-Mix aus der Sicht von Bankinstituten.[5]

2.2.1 Produkt- und Innovationsmanagement

Die Bankleistung ist in erster Hinsicht marktdeterminiert. Sie setzt sich in der Regel aus einem Leistungsbündel zusammen, welches aus den Komponenten Kernprodukt, Zusatzleistungen und Produktdesign besteht. Während das eigentliche Kernprodukt die finanzbezogenen Basisbedürfnisse wie Sparen, Zahlen, Anlegen, Finanzieren und Vorsorgen abdeckt, erweitert eine Fülle von Zusatzleistungen das Kernprodukt zu einer umfassenden Problemlösung. Diese beiden Dimensionen werden um das Produktdesign ergänzt, das die Problemlösung letztlich erweitert und komplettiert (vgl. Deplazes 2002; 19).

Im Zentrum der Leistungsartenpolitik, welche definiert wird als die marktgerechte Gestaltung der Leistungen einer Bank, steht der Prozess der Leistungsartengestaltung, welcher sämtliche Schritte zwischen Idee und marktfähigem Bankprodukt umfasst. Innerhalb dieses Prozesses werden sowohl Leistungsinhalte konzipiert, als auch technische Abwicklungsmodalitäten entwickelt.

In Abgrenzung zur Leistungsartenpolitik beinhaltet die Leistungsprogrammpolitik alle Schritte zur Realisation und Optimierung der dem Kunden zu offerierenden Gesamtheit an Leistungsarten. Damit umfasst sie sowohl die Auswahl der Produktlinien resp. -kategorien, als auch deren Auffächerungsgrad. Eine weitere Form der Gestaltungsmöglichkeit des Leistungsprogramms einer Bank ergibt sich aus der Frage nach dem Standardisierungsgrad einer Bankleistung. Unter Leistungsstandardisierung versteht man „eine solche Leistungspolitik […], bei der lediglich eine Grundausprägung einer bestimmten Leistungsart im Leistungsprogramm enthalten ist" (Büschgen/Büschgen 2002; 103), was zum einen die Tiefe des Leistungsprogramms reduziert, zum anderen allerdings Kostenvorteile schafft, die sich aus Degressionseffekten im Erstellungs- und Distributionsprozess ergeben. Es wird also im Wesentlichen nur noch der originäre Kern einer Bankleistung angeboten. Sinnvoll erscheint eine Standardisierung insbesondere bei solchen Bankleistungen, bei denen der Zusatznutzen und die damit

---

5 Vgl. für den folgenden Überblick zur Absatzpolitik die ausführlichen Darstellungen bei Büschgen/Büschgen (2002), Kühlmann et al. (2002) und Süchting/Paul (1998).

verbundene hohe Leistungsqualität nicht in genügendem Ausmaß nachgefragt werden.

Im Rahmen ihrer Leistungsprogrammgestaltung ergänzen einige Finanzdienstleister seit geraumer Zeit ihre Leistungspalette mit Produkten von angesehenen Wettbewerbern und dokumentieren so, welchen hohen Stellenwert die Kundenorientierung für das Institut einnimmt. Insbesondere in Finanzportalen wird die dort präsentierte Angebotspalette mit leistungsstarken Konkurrenzprodukten ausgeschmückt und auf diese Weise aufgewertet.

Der Umfang des Gesamtleistungsprogramms einer Bank wird bereits im Rahmen der Ausgestaltung ihrer Unternehmensphilosophie diskutiert. Besonderes Augenmerk gilt dabei der Frage, ob ein spezialisiertes oder ein diversifiziertes Grundsortiment angeboten werden soll. Süchting/Paul (1998: 657) führen als typische Spezialbanken unter anderem Hypothekenbanken, Bausparkassen und Teilzahlungsbanken an und ordnen den Universalbanken die Mehrzahl der größeren privaten Kreditbanken, Sparkassen und Kreditgenossenschaften zu. Während sich der Leistungs-Mix einer Spezialbank also durch eine geringe Sortimentsbreite und eine große Sortimentstiefe auszeichnet, richtet sich das Leistungsprogramm einer Universalbank auf eine breite und flache Leistungspalette aus.

Für Spezialbanken ergeben sich somit folgende Vorzüge: zum einen sind sie in der Lage, mit dem speziellen Know-how ihrer Mitarbeiter Bankprodukte zu offerieren, die einen besonders hohen Kundennutzen aufweisen. Zum anderen können sie auf ihrem Spezialgebiet durch Massenfertigung außerordentlich kostengünstig produzieren und diese Kostenvorteile am Markt in Form von niedrigen Preisen weitergeben. Ein Nachteil ist, dass sich die geschäftliche Entwicklung einer Spezialbank ausschließlich auf die speziellen Bedürfnisse eines einzigen Kundensegments stützt und somit durch ein wirtschaftliches Risikomoment gefährdet ist.

Die Vorteile der Universalbank liegen demgegenüber in der ausgewogenen Auslastung ihrer bankbetrieblichen Kapazitäten, sowie in der hohen Anziehungskraft ihres breiten Sortiments, durch das die Bank den Convenience-Ansprüchen der Kunden gerecht wird. Aufgrund der breiten Angebotspalette verteilt sich ferner das Absatzrisiko der Universalbanken, und sie können darüber hinaus Produkte aus einer Geschäftssparte zu günstigeren Konditionen anbieten, wenn diese mit den Preisen profitabler Produkte aus anderen Sortimentsteilen ausgeglichen werden können.[6] Durch die Kombination von Kredit-, Aktien- und Rentengeschäft streut sich zudem das Risiko der Universalbank und führt so tendenziell zu einer stabilen Gewinnlage.

---

[6] Diese preispolitische Strategie wird im Allgemeinen als ‚Ausgleichspreisstellung' bezeichnet (vgl. Süchting/Paul 1998; 657f.).

In der bankbetrieblichen Leistungspolitik stellt die *Innovation* einen entscheidenden Erfolgsfaktor dar. Entsprechend ihrer Ausprägung tritt sie entweder als Leistungs-, als Service- oder als Prozessinnovation in Erscheinung.[7] Innovationen weisen darüber hinaus einen relativen Charakter auf, da sie sowohl subjekt-, zeit- als auch intensitätsdeterminiert sind. In den folgenden Ausführungen werden diese drei Relationsdimensionen der Innovation an jeweils geeigneter Stelle wieder aufgegriffen.

Am Beginn des leistungspolitischen Entwicklungsprozesses steht grundsätzlich die Idee, welche entweder auf die Modifikation einer bestehenden Leistungsart oder auf die Generierung innovativer und somit neuer Leistungsarten abstellt. Letztere Alternative, die als Leistungsartendiversifikation bezeichnet wird, verbreitert das bankbetriebliche Leistungsprogramm und zielt, wie Büschgen/Büschgen (2002: 99) betonen, primär auf die Gewinnung neuer Kundengruppen. Die Entwicklung innovativer Leistungsarten kann dabei sowohl bankintern, also selbstständig, als auch in Kooperation mit anderen Unternehmen, sowie über den Erwerb von Beteiligungen an Banken und sonstigen Finanzierungsinstituten erfolgen (vgl. ebd.).

Im Gegensatz zur Leistungsartendiversifikation führt die Leistungsartendifferenzierung zu einer Vertiefung des bestehenden Leistungsprogramms einer Bank und zielt auf die Erschließung von neuen Teilmärkten resp. auf die Verlängerung des Produktlebenszyklus. Da sich die im Privatkundengeschäft angebotenen Bankleistungen durch ihre ausgeprägte Homogenität qualitativ kaum noch differenzieren lassen, bieten die bereits oben erwähnten Zusatzleistungen, verstanden als Value-Added-Services (VAS), eine Möglichkeit, sich gegenüber der Konkurrenz zu profilieren, indem die eigene Bankleistung durch eben jene VAS aufgewertet wird. Da die Grenze zwischen Innovation und Produktvariation fließend ist und der Innovationsgehalt einer Leistung letztlich aus Kundensicht bewertet wird, weisen Kühlmann et al. (2002; 164) zu Recht darauf hin, dass auch VAS einen innovativen Charakter aufweisen können.[8] Mit Büschgen/Büschgen (2002; 106) kann des Weiteren ergänzt werden, dass die Modifizierung einer bereits etablierten Leistung möglicherweise ebenfalls eine Innovation darstellen kann.

Den Leistungsinnovationen kommt eine besondere Bedeutung beim Aufbau eines Images als leistungsstarkes und zukunftsorientiertes Finanzdienstleistungsunternehmen zu. Daneben ermöglicht ein erfolgreiches Innovationsmanagement auch die Schaffung von strategischen Wettbewerbsvorteilen gegenüber weniger dynamischen Konkurrenten. Aufgrund der Tatsache, dass Finanzdienstleistungsprodukte grundsätzlich nicht patentierbar sind, lassen sich jedoch keine nachhaltigen Wettbewerbsvorteile realisieren. Bis zur Markteinführung von imitierten Bankprodukten können allerdings auch mehrere Monate vergehen, wie das Beispiel des ,revolvierenden Kon-

---

7   Leistungsinnovationen beziehen sich auf die Implementierung neuer Finanzinstrumente, Serviceinnovationen auf weiterführende Beratungs- und Informationsleistungen und Prozessinnovationen auf die Auswahl und Einführung neuer Verfahrensweisen (vgl. Büschgen/ Büschgen 2002; 104f.).

8   Hier wird auf die Intensitätsdimension der Innovation abgestellt.

sumentenkredits' gezeigt hat.[9] Zu berücksichtigen ist dabei ferner, dass imitierte Bankprodukte durchaus Innovationen darstellen können. Dies ist z.B. dann der Fall, wenn eine Leistungsart, die bis dato nur in ausländischen Märkten angeboten wurde, in den heimischen Markt als ‚Neuheit' transferiert wird.[10]

Ein Kriterium für die Innovationsfähigkeit von Banken stellt sicherlich deren Fähigkeit bei der individuellen Zusammenstellung eines komplexen Finanzpakets dar. Von besonderer Relevanz ist in diesem Zusammenhang „der Nachweis einer dauerhaften Problemlösungsfähigkeit" (Süchting/Paul 1998; 665). Darüber hinaus misst sich die Innovationskompetenz einer Bank an ihrem Angebot im Feld des Electronic Banking, wobei in diesem Bereich mit besonders kurzen Innovationszyklen gerechnet werden muss.

Da sich die Marktsegmente der Finanzintermediäre in finanziellen Teilbereichen überlappen, bietet sich die Schaffung eines übergeordneten Marktsegments für Finanzdienstleistungen grundsätzlich an. In Deutschland haben sich in diesem Zusammenhang die Begriffe ‚Allfinanz' resp. ‚Financial Services' herausgebildet, deren konzeptioneller Grundgedanke darin liegt, dem Kunden aus einer Hand eine produkt- und branchenübergreifende, also umfängliche Problemlösung anbieten zu können. Dementsprechend kann *Allfinanz* definiert werden „als ein umfassendes integriertes Produkt- und Beratungsangebot durch ein Finanzdienstleistungsunternehmen [...], das – basierend auf einer interdisziplinären Betrachtungsweise – den gesamten Bereich der Bewirtschaftung, des Aufbaus und der Sicherung des Vermögens eines Kunden abdeckt" (Wittenberg 1990, zit. n. Büschgen 1992; 29f.). Die Entwicklung hin zu einem Allfinanzanbieter ist als eine horizontale und vertikale Diversifikationsstrategie im monetären Sektor zu begreifen, welche das originäre Sortiment des Finanzdienstleisters um Bank-, Versicherungs- resp. Bausparprodukte ergänzt. Die Leistungspalette umfasst dabei sowohl Produkte, die in Eigenregie erstellt werden, als auch Produkte, die sich auf die reine Distribution beschränken.

Das Allfinanz-Konzept zielt auf eine intensive Kundenbindung. Im Rahmen dieser Strategie werden Allfinanzanbieter versuchen, den Kunden über dessen kompletten Lebenszyklus als ‚sein' Finanzzentrum zu begleiten. Darüber hinaus genießen Allfinanz-Konzerne den Vorteil, über eine umfangreiche Kundendatenbank zu verfügen, was die Möglichkeit, über Cross-Selling Finanzprodukte zu verkaufen, erheblich erleichtern dürfte. So nennen Kühlmann et al. (2002; 420) das Beispiel, einem Kunden, dessen Lebensversicherung ausläuft, als verkaufsfördernde Maßnahme anzubieten, die ablaufenden Gelder in Investmentfonds der Gesellschaft anzulegen. Zweifel am Erfolg des Allfinanzmodells werden allerdings von Süchting/Paul (1998: 668) ange-

---

9 An dieser Stelle kommt die Zeitdimension einer Innovation zum Ausdruck.
10 Entsprechend der subjektabhängigen Beurteilung, ob etwas innovativ ist oder nicht, stellen also „Marktneuheiten [...] keine absolute, sondern eine relative Größe dar" (Büschgen/ Büschgen 2002; 105).

meldet, indem sie auf die Entwicklung weg vom ‚one-shop-stopping' des Kunden hin zum ‚more-shops-stopping' hinweisen.

2.2.2 Preispolitik

Unter die Klammer der Preispolitik fallen alle Entscheidungen, die der Preisfindung neuer sowie bereits im Angebot befindlicher Bankprodukte dienen. Dabei ergibt sich für die Banken eine Vielzahl unterschiedlicher Preisstellungsvarianten, wie bspw. über Zinssätze, Provisionen, Gebühren oder Kommissionen. Bei den preispolitischen Entscheidungen kommt dem Rentabilitätsziel generell der höchste Stellenwert zu. Aufgrund des hohen öffentlichen Interesses an der Preisstellung der Kreditwirtschaft,[11] muss sich eine erfolgsorientierte Preispolitik allerdings auch an sozialen und gesamtwirtschaftlichen Zielen orientieren.

Als wesentliche Bestimmungsfaktoren der Preispolitik identifizieren Kühlmann et al. (2002; 184) die Determinanten ‚Kosten der Leistungserstellung' und ‚Marktgegebenheiten'. Externe Determinanten wie gesellschaftliche, gesamtwirtschaftliche und technologische Entwicklungen haben allerdings ebenfalls einen prägenden Einfluss auf den bankbetrieblichen Preisgestaltungsspielraum. Stellt man auf die kostenorientierte Preisbildung ab, so wird dies seit geraumer Zeit durch Outsourcing-Entscheidungen und durch die technologischen Möglichkeiten der Rationalisierung der Banken beeinflusst. Eine entscheidende Rolle bei der Preisbildung spielt zudem die Preiselastizität der Nachfrage, die zum einen von der Transparenz des Marktes, sowie von den Präferenzbildungen der Nachfrage, zum anderen aber auch von der Verfügbarkeit von Substitutionsprodukten abhängig ist, wie Büschgen/Büschgen (2002; 153) betonen. So ist bspw. festzustellen, dass die Bedeutung der marktorientierten Preisbildung mit steigender Markttransparenz zunimmt, da eine Niedrigpreisstrategie ihre volle Wettbewerbskraft eben nur auf Märkten entfalten kann, die durch eine hohe Transparenz gekennzeichnet sind (vgl. Kühlmann et al. 2002; 186). Es zeigt sich ferner eine verstärkte Bereitschaft beim Kunden, Preise zu vergleichen und die so identifizierten Preisdifferenzen im Sinne eines konditionenorientierten Splittings der Bankverbindung konsequent auszunutzen.[12] Kunden wickeln ihren Zahlungsverkehr dort ab, wo sie keine Kontoführungsgebühren zahlen müssen und erledigen ihre Wertpapiergeschäfte bei Onlinebrokern mit vergleichsweise günstigen Kommissionen. Zusammenfassend lässt sich formulieren, dass Banken innerhalb ihrer Möglichkeiten der Preisgestaltung über einen preisautonomen Bereich verfügen, dessen Ausprägung durch die oben genannten Determinanten bestimmt wird.

---

[11] Dieser „Grad an öffentlicher Exponiertheit" (Süchting/Paul 1998; 683) lässt sich nach allgemeiner Auffassung auf das besondere Vertrauensgut ‚Geld' zurückführen. Siehe hierzu auch die Ausführungen in Kapitel 2.1.

[12] Der Kunde kauft sozusagen „die preislichen Vorteile jedes einzelnen Anbieters […] separat [ein]" (Büschgen/Büschgen 2002; 155).

Wie bereits am Beispiel der Universalbank aufgezeigt, ergibt sich bei der Preisgestaltung grundsätzlich die Möglichkeit der Ausgleichspreisstellung. Als weitere preispolitische Konzepte kommen in Frage die Strategie der Preisspaltung, bei welcher „der Gesamtpreis einer Bankleistung [...] in mehrere auf verschiedenen Bezugsbasen beruhende Teilpreise aufgespalten [wird]" (Büschgen/Büschgen 2002; 159)[13] sowie die Strategie der Preisdifferenzierung, bei der weitgehend identische Produkte zu unterschiedlichen Preisen angeboten werden. Damit verkörpert diese Strategie ein typisches Instrument der differenzierten Marktbearbeitung (vgl. Meffert 2000; 550). Schließlich können Banken die Preise an externe Leitgrößen wie bspw. den Euribor koppeln, was die Kunden in ihrer Preiswahrnehmung zumeist einschränkt. Bei diesem Konzept spricht man von einer gleitenden Preisanpassung (vgl. Büschgen/Büschgen 2002; 160).

2.2.3 Vertriebsmanagement

Im Rahmen der Distributionspolitik steht die Übermittlung von materiellen und/oder immateriellen Leistungen vom Hersteller zum Konsumenten im Mittelpunkt (vgl. z.B. Meffert 2000: 600). Dieses Marketing-Instrument kann differenziert werden in den Bereich der akquisitorischen Distribution und in den Bereich der physischen Distribution.[14] Während es bei der akquisitorischen Distribution in erster Linie um die Auswahl der Verkaufsorgane und -kanäle, sowie um die Festlegung der Verkaufspolitik geht (vgl. Diller 2002; 130f.), zielt die physische Distribution darauf ab, die bankeigenen Produkte und Leistungen „zur richtigen Zeit, am richtigen Ort und den Präferenzstrukturen der Kunden entsprechend zu möglichst geringen Kosten verfügbar zu machen" (Büschgen/Büschgen 2002; 169). Die vertriebspolitischen Gestaltungsalternativen lassen sich in die Dimensionen Kontaktform, im Sinne von persönlichem oder unpersönlichem Verkauf, und Vertriebswege systematisieren. Weiterhin werden die Vertriebswege in direkten Vertrieb, bei dem Produktion und Verkauf zusammenfallen, und indirekten Vertrieb, bei dem die Bank auf Absatzmittler zurückgreift, unterschieden. Entsprechend dieser Systematisierung ergeben sich für Kreditinstitute die in Abbildung 2-2 zusammengefassten Vertriebskanäle.

---

[13] Eine weiterentwickelte Variante der Preisspaltung ist die Preisentbündelung, die auf eine Disintermediation einzelner Teilleistungen abzielt. Dieses Preiskonzept sieht also eine getrennte Bepreisung einzelner Leistungskomponenten vor, bei denen der Kunde die Wahl hat, ob er die jeweilige Teilleistung in Anspruch nehmen will (vgl. Büschgen/Büschgen 2002; 166f.).

[14] Obwohl bei abstrakten, unstofflichen Bankprodukten Überlegungen zur Lagerhaltung oder Transportwegeoptimierung abwegig erscheinen, so geht es bei den physischen Distributionszielen einer Bank gleichwohl um für den Leistungsabsatz notwendige technisch-organisatorische Fragen im Sinne eines prozessorientierten Führungskonzepts (vgl. Büschgen/Büschgen 2002; 168f., Diller 2002; 139).

Abbildung 2-2: *Direkter und indirekter Vertrieb von Finanzdienstleistungen (in Anlehnung an Deplazes 2002; 14, Kühlmann et al. 2002; 289, Süchting/Paul 1998; 691)*

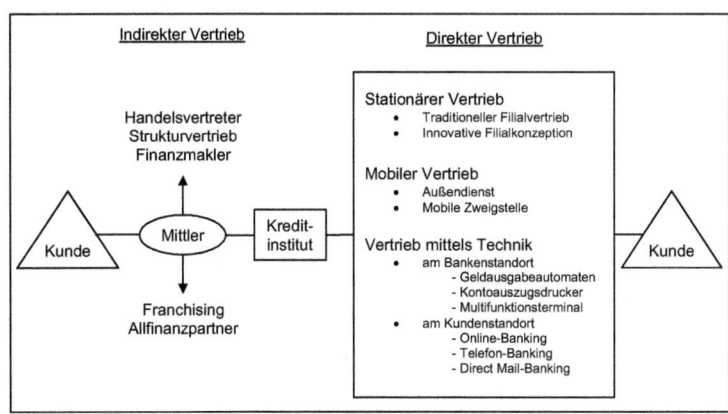

Der Ausbau des Zweigstellensystems von Banken erfolgt primär unter dem Gesichtspunkt der physischen Kundennähe und ist vorrangig im Einlagen- und Zahlungsverkehrsgeschäft von Relevanz (vgl. Büschgen/Büschgen 2002; 170, Deplazes 2002; 13). Aufgrund von kostengünstigeren und flexibleren Alternativen, wie bspw. dem Vertrieb über elektronische Kommunikationsmedien, wird der stationäre Vertrieb durch eben jene alternativen Vertriebswege teilweise substituiert. Bei der Festlegung der Zweigstellenanzahl einer Bank muss differenziert werden, ob ihr Geschäftsschwerpunkt eher bei kontaktseltenen aber -intensiven Individualleistungen oder bei kontaktarmen und dafür tendenziell häufiger nachgefragten Standardleistungen liegt.[15] Sparkassen, die primär im kontakthäufigen Einlagengeschäft tätig sind, verfügen z.B. über ein sehr viel engmaschigeres Zweigstellennetz als etwa Privatbanken, deren Geschäftsschwerpunkt vorrangig im Bereich von Individualleistungen liegt. Büschgen/ Büschgen (2002; 172f.) nennen als weiteren Ansatz im stationären Vertrieb das Vorhalten von unterschiedlichen Geschäftsstellentypen mit abgestuftem Leistungs- und Serviceangebot im Sinne einer klar differenzierten Geschäftsstellenstruktur, welche die Grundlage für eine kundentypenspezifische Betreuung bietet. Dabei unterscheidet man im Wesentlichen zwischen den folgenden vier Zweigstellenformen: das so ge-

---

[15] Als Standardleistungen können alle bankbetrieblichen Leistungen, die im Bereich des Cash Management liegen, begriffen werden. Individualleistungen umfassen demgegenüber alle Leistungen im Bereich der Vermögensverwaltung. Der Bereich Objektfinanzierung kann zwischen diese beiden Extremtypen gestellt werden und subsumiert neben der Immobilien- und Autofinanzierung bspw. auch Versicherungsleistungen (vgl. Süchting/Paul 1998; 694f.).

nannte Kompetenzcenter bietet dem Kunden ein Fullservice-Angebot, der Selbstbedienungsshop steht ihm Tag und Nacht zur Verfügung, und in Beratungszentren werden vornehmlich vermögende Privatkunden mit individuell gestalteten Bankleistungen betreut. Die so genannten Servicegeschäftsstellen sind schließlich als Mischform aus Selbstbedienungs- (SB) und Beratungseinheit zu begreifen und orientieren „sich hinsichtlich Größe, Personalstärke, Leistungspalette und Technikeinsatz am jeweiligen lokalen Marktpotenzial" (ebd.; 173). Darüber hinaus kommen als innovative Sonderformen Filialen in Supermärkten und Einkaufszentren zum Einsatz, denen durch ihre besondere Lage ein Standortvorteil zugeschrieben werden kann, sowie Finanzshops mit Shop-in-Shop-Systemen. Dieses Konzept setzt an der Erlebnisqualität des persönlichen Einkaufs im Geschäft an und zielt darauf ab, Banking sinnlich und emotional erlebbar zu machen.[16] Des Weiteren bietet sich für Banken die Option, ihre Filialen selbstständigen Franchisepartnern zu überlassen.[17]

Auch beim Bankaußendienst kann ein Kreditinstitut zwischen bankunabhängigem Außendienst, wie bspw. der Strukturvertrieb, und bankeigenem Außendienst wählen. Dabei wird dieser Vertriebsweg als Ergänzung zu den anderen Vertriebskanälen angesehen, der Aufgaben wie etwa aktive Verkaufstätigkeiten, Pflege der Kunde-Bank-Beziehung und das Erfüllen von Repräsentationspflichten übernimmt (vgl. ebd.: 182). Der technikgestützte Vertrieb beschreibt schließlich eine weitere Distributionsform, auf die später näher eingegangen wird. An dieser Stelle soll jedoch darauf hingewiesen werden, dass sich für die ältere, weniger internetaffine Generation die technikgestützte Distribution auf eher wenig erklärungsbedürftige, also kontaktarme Standardleistungen beschränkt, während der Vertrieb von beratungs- und kontaktintensiven Individualleistungen über elektronische Medien für diese Kundengruppe prinzipiell kaum in Frage kommt (vgl. Deplazes 2002; 20).

2.2.4 Kommunikationspolitik

Den Banken steht im Grunde das komplette Instrumentarium des Kommunikations-Mix zur Verfügung, weshalb im Folgenden nicht näher auf die einzelnen Instrumente eingegangen werden soll. Vielmehr sind in diesem Abschnitt die kommunikationspolitischen Besonderheiten aufzuzeigen, mit denen sich Kreditinstitute konfrontiert sehen. Diese Besonderheiten resultieren im Wesentlichen aus den in Kapitel 2.1 identifizierten Charakteristika der Bankleistung als immaterielle Dienstleistung.

Aufgabe der Kommunikationspolitik ist es folglich, die spezifischen Kompetenzen der Bank in Bezug auf ihre Leistungsfähigkeit zu dokumentieren sowie ihr Fähigkeitenpotenzial darzustellen. Darüber hinaus ist zu berücksichtigen, dass die Interessen, Be-

---

[16] Bei den Shop-in-Shop-Systemen handelt „es sich um geschlossene Geschäftseinheiten [...], die unter dem Dach eines Finanzshops positioniert werden" (Büschgen/Büschgen 2002; 181), um dort spezielle produkttypische Erlebniswelten zu schaffen.
[17] Siehe Ausführungen in Kapitel 6.5.

dürfnisse und Ziele des Kunden, an denen sich die Leistungsfähigkeit einer Bank konkretisiert, in den Kommunikationsmaßnahmen der Bank ihren Niederschlag finden müssen.

Der Abgleich von Leistungsfähigkeit und Kundenerwartungen und -ansprüchen geschieht häufig im Rahmen einer Erläuterung der Leistungserstellung, also bspw. bei einem Beratungsgespräch zwischen Bankberater und Kunde. Die Interaktion zwischen Kunde und Bank während des Leistungserstellungsprozesses ermöglicht eine individuelle und persönliche Kommunikation, welche zum Aufbau einer engen Kunde-Bank-Beziehung führen kann.

Des Weiteren ist zu beachten, dass die Bankleistung durch ihren immateriellen Charakter keinen originären Produktwert vermitteln kann, sondern sie letztlich erst durch kommunikationspolitische Maßnahmen zu visualisieren und zu materialisieren ist. Eine weitere Aufgabe der Marketingkommunikation kann es schließlich sein, bestimmte Bedingungen der Leistungserstellung zu vermitteln wie bspw. den Ort oder den Zeitpunkt der Leistungserstellung. Hier kann als Beispiel die Bewerbung eines neu aufgelegten Fonds dienen, den eine Bank ihren Kunden anteilig zum Kauf anbietet.

Ein bedeutendes Ziel der Marketing-Kommunikation, insbesondere der Werbung, liegt in dem Erzielen von Aufmerksamkeit bei Kunden und Konsumenten. Dieser Aspekt wird im Rahmen der Überlegungen zur Inflation der Kommunikation (Kapitel 3.2) noch in detaillierter Weise aufgegriffen.

3 Die medialen und kommunikativen Rahmenbedingungen im Bankensektor

Die Finanzdienstleistungsbranche sieht sich seit einigen Jahren mit tief greifenden Veränderungen konfrontiert. Bezogen auf das Kreditgewerbe vollziehen sich diese Entwicklungen sowohl im Bankenmarkt, als auch in den Instituten selbst, sowie bei ihren Kunden. Als Enabler dieses Veränderungsprozesses identifiziert Deplazes (2002; 11) die Entwicklungen der modernen Informations- und Kommunikationstechnologien (IKT). Dies lässt sich mit Kiefer (2001; 4) unterstreichen, der feststellt, dass von den technologischen Veränderungen insbesondere diejenigen Industrien betroffen sind, die auf den physischen Märkten als Mittler fungieren und informationslastige Produkte oder Dienstleistungen anbieten, welche sich leicht abbilden und vervielfältigen lassen. Da Informationen eine wichtige Geschäftsgrundlage von Banken und Versicherungen darstellen, erklärt dies die exponierte Stellung der Bankdienstleistung im kommunikationstechnologischen Veränderungsprozess.[18] Insbesondere die Internettechnologien in Gestalt eines offenen Kommunikationsnetzes haben die asymmetrische Informationsverteilung, die seit jeher zu Gunsten der Banken bestand, mit zunehmender Verbreitung aufgehoben und dem Bankkunden ein nahezu gleichwertiges qualitatives und quantitatives Informationsangebot zur Verfügung gestellt.

Mit dem Anwendungspotenzial der digitalen Speicher- und Übertragungsmedien haben sich darüber hinaus auch die kommunikativen Rahmenbedingungen für die Finanzdienstleistungsinstitute verändert. Für die Unternehmen wird es dabei immer schwieriger, sich aus der Fülle an Medien- und Informationsangeboten abzuheben und die Aufmerksamkeit der Verbraucher zu gewinnen. Zu berücksichtigen ist dabei, dass sich die Medienentwicklung, aber auch die zunehmende Technologisierung der Finanzdienstleistungsbranche in immer kürzeren Innovationszyklen vollzieht und sich daraus grundlegend veränderte Bedingungen für Marketing und Vertrieb ergeben (vgl. Holtrop 2000; 339f., Kogeler/Müffelmann 1999; 221f.). Aus diesem Grund beziehen sich die Ausführungen in diesem Kapitel auf die wichtigsten Errungenschaften und Folgeerscheinungen des technologischen Fortschritts, die für das mediale und kommunikative Umfeld von Banken bestimmend sind.

---

[18] Zu den Charakteristika von Bankdienstleistungen und der Bedeutung der Information siehe Kapitel 2.1.

3.1 Digitalisierung der Medien

Bevor auf die Digitalisierung der Medien näher eingegangen wird, soll zunächst der Medienbegriff geklärt werden. Beck (2006: 165) zeigt im Lexikon der Kommunikations- und Medienwissenschaft die Komplexität des Medienbegriffs auf, indem er darauf hinweist, dass eine Kürzung dessen Bedeutung auf technische Gegebenheiten kommunikationswissenschaftlich nicht opportun ist. Stattdessen definiert er ihn mit Saxer „... zugleich als technisch basierte Zeichensysteme, arbeitsteilig verfahrende Organisationen und als Institutionen (Normen- und Regelsysteme) mit jeweils spezifischem Leistungsvermögen für andere soziale Systeme und Funktionen für die Gesellschaft".

Auch aus konstruktivistischer systemtheoretischer Sicht wird die früher gängig gewesene Verkürzung des Medienbegriffs auf technische Kommunikationskanäle nicht geteilt. So definiert beispielsweise Thiedeke (1997; 25) Medien als „Strukturen technischer Instrumente oder fremdreferentieller (allopoietischer) Systeme, die der Mitteilung von Information über lokale, soziale und temporale Distanzen dienen und die in der Lage sind, Informationen universell reproduzierbar zu organisieren".[19] Als konstitutiv für ein Medium können mit Schmidt (2003: 135f.) vier Komponenten definiert werden:

- Semiotische Kommunikationsinstrumente (natürliche Sprache, Schriften, Bilder, Töne)

- das technisch-mediale Dispositiv bzw. die jeweilige Medientechnik (Druck-, Funk-, Film-, Fernseh-, Computertechnik)

- die sozial-systemische Institutionalisierung eines Mediums (Verlage, Fernsehanstalten, Provider etc.)

- Medienangebote als Resultate des systemischen Zusammenwirkens der drei zuvor genannten Komponentenfelder (Film, Zeitschrift, Buch etc.)

Nach allgemeiner Auffassung unterscheidet man im Wesentlichen zwischen den Massenmedien und den Neuen Medien. Massenmedien als die Medien der öffentlichen Kommunikation lassen sich in Funkmedien (Fernsehen und Hörfunk), in Druck- und Pressemedien (Zeitung, Zeitschrift, Buch und Plakat), sowie in Bild- und Tonträgermedien (Kino, Film, Video und Compact Disc) kategorisieren, welche oft auch als klassische Medien oder in systemtheoretischer Terminologie als Verbreitungsmedien

---

[19] Wichtig ist an dieser Stelle der Hinweis, dass aus konstruktivistischer Sicht Informationen im Gegensatz zu Daten nicht durch (mediale) Kommunikation übertragen, sondern erst beim Rezipienten in seinem kognitiven System erzeugt werden. Dies kommt auch im Verständnis des Kommunikationsbegriffs zum Ausdruck, der auf die Konstruktion von Bedeutungen in autonomen kognitiven Systemen abhebt (s. Tropp 2004; 68f.).

bezeichnet werden. In die Gruppe der Neuen Medien fallen schließlich die computer-vermittelten Medien, allen voran das Internet aber bspw. auch das interaktive Fernsehen.

Offensichtlich und unbestritten ist, dass in den letzten Jahren eine enorme Ausweitung der Medienangebote stattgefunden hat,[20] die in erster Linie auf die Digitalisierung der Medienprodukte zurückzuführen ist (vgl. z.B. Peiser 1999; 124, Sjurts 2005; 1, Thiedeke 1997; 10). Als weitere Gründe führt Sjurts (ebd.) die Weiterentwicklungen in der Übertragungstechnologie sowie die kontinuierliche Steigerung der Speicherkapazität in der Mikroelektronik an, die diesen Wachstumsprozess zusätzlich vorantreiben.

In technischer Hinsicht bedeutet Digitalisierung die Übersetzung von Informationen durch standardisierte Kodierungen in das binäre System von Nullen und Einsen (vgl. Hermann 2002; 25).[21] Dabei ist der digitale Code auf der Nutzeroberfläche nicht erkennbar und nur der maschinellen Bearbeitung zugänglich. Es lassen sich Informationen aller Art wie etwa bewegte oder stehende Bilder, Sprache, Klänge, Buchstaben und Zahlen in digitaler Form zusammenstellen und miteinander verbinden. Diese werden durch ihre Digitalisierung gewissermaßen ortlos und lassen sich im Prinzip auf jedes andere digitale Medium übertragen, wobei im Vergleich zur analogen Technik kein Qualitätsverlust eintritt (vgl. Beck 2000; 47). Da die digitale Technik eine integrative Verwendung unterschiedlicher Medientypen gestattet, spricht man infolgedessen auch von Multimedia resp. Medienintegration oder von der technologischen Konvergenz der Medien.[22] Der multimediale Computer kann dabei als das Hauptsymbol dieser Medienintegration begriffen werden (vgl. Beck 2000; 47, Kogeler/Müffelmann 1999; 222f., Sjurts 2005; 1). Er ist mittlerweile in über 70 Prozent der deutschen Haushalte zu finden und wird durch das Internet schließlich zum Netzmedium erweitert (vgl. Coy 2005; 24, van Eimeren/Ridder 2005a; 492). Auch das Internet beruht im Wesentlichen auf der Digitalisierung, da ohne Rechentechnik weder die Adressierungsschemata und -mechanismen noch die Datenübertragungsmechanismen der Paketvermittlung realisierbar sind. Neben dem multimedialen Personal-Computer (PC) können auch herkömmliche Fernsehgeräte, die an eine Set-Top-Box angeschlossen sind, sowie multimediafähige mobile Endgeräte zur Decodierung und Ausgabe digitaler Medienprodukte verwendet werden (vgl. Hermann 2002; 40, Sjurts 2005; 1). Nach verbreiteter

---

[20] Siehe dazu die Ausführungen in Kapitel 3.2.
[21] Für Thiedeke (1997; 53) ist der binäre Code an sich unspezifisch, weshalb er ihn mit dem genetischen Code der Lebewesen vergleicht. Dementsprechend werden „Mitteilung und Information […] erst durch die temporäre Konfiguration der immer gleichen, einfachen Grundelemente des Codes hervorgebracht" (ebd.).
[22] Der Begriff Multimedia resp. Multimedium wird definiert als „der computergestützte Zusammenschluss verschiedenster Mitteilungsmedien (Medienkanäle) in einem einzigen Medium" (Thiedeke 1997; 58).

Auffassung hat die digitale Medienrevolution erst begonnen, und es werden ständig neue Computerformen sichtbar (vgl. z.B. Coy 2005; 24).[23]

Wie bereits ansatzweise beschrieben, eröffnet die universelle Codierungsfähigkeit den multimediafähigen Endgeräten eine immense Informationsflexibilität. So lassen sich bspw. große Mengen an Informationen nahezu verlustfrei und in immer kürzeren Raten übertragen (vgl. Thiedeke 1997; 56f.). Zudem erweitern sich die Übertragungsmöglichkeiten von Inhalten bei den digitalen Medien um einen Rückkanal, über den ein interaktiver Informationsaustausch realisiert werden kann. Dieser Rückkanal, verstanden als die technische Möglichkeit zur Rücksendung von Mitteilungen vom Empfänger an den Sender, ermöglicht dem Anwender bspw. Inhalte ‚on demand', also zeitlich individuell auf dessen Wunsch hin abzurufen. Den Rezipienten steht somit ein umfassender ‚Echt-Zeit-Zugriff' auf Daten zur Informationskonstruktion zur Verfügung (vgl. Thiedeke 1997; 57). Für den Rezipienten digitaler Botschaften ergibt sich daraus ein nahezu unerschöpfliches, individuell lenkbares Selektions- und Nutzungspotenzial. Electronic Program Guides (EPG) oder moderne Festplatten-Recorder, wie sie etwa ein Personal Videorecorder (PVR) darstellt, eröffnen dem Verbraucher beim digitalen Fernsehen[24] bereits heute die Möglichkeit, unerwünschte Inhalte nach Belieben auszublenden, und über die Fernbedienung lassen sich zu einem ausgestrahlten Medienangebot per Knopfdruck Zusatzinformationen abrufen, aber auch Produkte bestellen, sowie Kontostandsabfragen durchführen (vgl. Brauck 2005; 92, Hermann 2002; 41f., Richter 2005; 23, ZAW 2005; 296). Persönliche Netzwerk- oder Mediaagenten arbeiten im Auftrag ihrer Anwender, indem sie etwa elektronische Post sortieren oder in Computernetzen spezifische Informationen suchen resp. filtern, um sie dann auf den multimedialen PC des Anwenders herunterzuladen.[25] Darüber hinaus ist mit Seufert (1999; 118) noch zu ergänzen, dass die digitale Archivierung den Verwertungszeitraum nicht tagesaktueller Medieninhalte erheblich erweitert, da die Kapazitäten des elektronischen Distributionsraums nahezu unbegrenzt sind.

Gekoppelt an die Digitalisierung von Inhalten hat sich in der Gesellschaft ein fundamentaler Wandel vollzogen, der für die letzten Jahrzehnte beispiellos gewesen ist.[26] Dies ist einerseits darauf zurückzuführen, dass den Menschen in ihrem Medien-

---

23 Durch die zunehmende technische Konvergenz der Endgeräte lässt sich eine trennscharfe Einteilung in Fernsehen, Radio und Internet kaum mehr aufrechterhalten (vgl. van Eimeren/ Ridder 2005; 494).

24 In Deutschland sahen im Jahr 2004 rund 16 Prozent aller TV-Haushalte digital fern, was im Vergleich zu anderen Ländern in Europa einem noch eher niedrigen Niveau entspricht (vgl. ZAW 2005; 296).

25 Thiedeke (1997; 61f.) ordnet diese Formen der Selbstselektivität den ‚Hypermedien' zu. Sie sind als dynamische Formen zu begreifen, die den Handelnden eine Navigation in den Medien ermöglichen (vgl. auch Coy 2005; 25).

26 Die mediale Entwicklung ist ihrerseits durch die gesamtgesellschaftlich relevanten Entwicklungen der Pluralisierung und Individualisierung von Lebensstilen und Wertezusammenhängen geprägt (vgl. Tropp 1997; 124). So ist der Medienwandel sowohl als Ursache als auch als Folge des gesellschaftlichen Wandels zu begreifen, weswegen wir hier von „Kopplung" sprechen (vgl. auch Krotz 2003; 15).

gebrauch eine größere Auswahl an medialen Alternativen zur Verfügung steht und sie ihre medienvermittelten und medienbezogenen kommunikativen Beziehungen sehr viel aktiver und vielfältiger gestalten können (vgl. Krotz 2001; 93). Andererseits erweitert die digitale Kommunikation auch die Möglichkeiten der Kontaktaufnahme und, wie oben beschrieben, der medialen Interaktivität. Mit der Digitalisierung geht darüber hinaus ein steigender Medienkonsum einher, der für das Jahr 2005 einen Rekordwert annimmt. Dieser liegt pro Person bei durchschnittlich 600 Minuten täglich (vgl. van Eimeren/Ridder 2005; 502).[27]

Aus der Digitalisierung resultiert ein Höchstmaß an Konnektivität, derart dass „aus bisher bestehenden 1:1-, [...] oder 1:n-Beziehungen multilaterale n:m-Beziehungen realisiert werden" (Kiefer 2001; 27).[28] In der Gesellschaft ist als Folge dessen eine zunehmende Vernetzung festzustellen, die zum einen dadurch gefördert wird, dass den Nutzern digitalisierte und immer kleinere Endgeräte zur Verfügung stehen, und zum anderen dass sie über mehrere verschiedene Kommunikationskanäle erreichbar sind. Die Verschmelzung von Internet und mobiler Kommunikation bringt die medial Handelnden mit dem Mediennetz dabei noch dichter in Verbindung und ermöglicht diesen einen zeit- und (weitgehend) ortsunabhängigen Zugang zum globalen Netz (vgl. Steinmaurer 2003; 107). Aufgrund der ubiquitären Verfügbarkeit mobiler Endgeräte sind deren Benutzer zudem permanent erreichbar, wobei aber die utopische Vorstellung einer sozial vollkommen entgrenzten Mobilkommunikation zurückzuweisen ist (vgl. Döring 2005a; 62, 75, Reichardt 2000; 71). Dieser Trend hin zu einem immer enger werdenden technischen Vernetzungsgrad in der Gesellschaft wird auch als ‚Mediatisierung' bezeichnet (vgl. Steinmaurer 2003; 107).

Mit diesen Entwicklungen geht jedoch einher, dass Kommunikation gezwungenermaßen flüchtiger und auch egoistischer wird. Den Kommunikationspartnern ist es nämlich jederzeit möglich, die digitale Kommunikation ohne Begründungszwang augenblicklich abzubrechen. Im elektronisch mediatisierten Kommunikationsraum entscheidet jedes Individuum „in bisher nicht realisierbarem Ausmaß für sich, in welchen Situationen es über welche Themen kommuniziert, wie es sich ausdrückt, welche Emotionen es zeigt und als was oder wer es dies tut" (Krotz 2001; 94).[29]

Mit der Digitalisierung der Medien verändert sich auch der unternehmerische Wettbewerb. Durch die oben skizzierten technologischen Entwicklungen verschwimmen nicht nur die Grenzen zwischen den unterschiedlichen Medienteilmärkten, es lösen

---

[27] Basis: Bundesdeutsche Gesamtbevölkerung ab 14 Jahre
[28] Bei einer Video-Konferenzschaltung oder Chats kann man bspw. von einer n:m-Beziehung sprechen. Eine 1:n-Beziehung hingegen liegt bei dem Versenden von E-Mails vor.
[29] Krotz (2001; 94f.) sieht resultierend aus diesem medialen Egoismus jedoch ein Vertrauensproblem hinsichtlich der Authentizität des Kommunikationspartners. Ähnlich spricht Kiefer (2001; 23) in diesem Zusammenhang von Friktionen offener elektronischer Marktplätze, die sich beispielsweise in der unzureichenden Erkennbarkeit der Datenmanipulation, in der ungenügenden Nachweisbarkeit von Transaktionen, sowie in der unzulänglichen Vertraulichkeit der Kommunikation äußern können.

sich zunehmend auch die Branchengrenzen der Medien-, Informations- und Tele-kommunikationstechnologie auf. Dieses verstärkte Zusammenwachsen der bislang getrennten Technologien und Branchen wird von Sjurts (2005; 1) als industrielle Konvergenz bezeichnet und konfrontiert die etablierten Medienunternehmen mit dem Auftauchen neuer Konkurrenten. Durch die Digitalisierung haben sich allerdings auch in anderen Branchen verschärfte Wettbewerbsbedingungen ergeben. So wird bspw. der Markteintritt durch die Nutzung des Internets als Vertriebs- und Übertragungsmedium generell vereinfacht (vgl. Peiser 1999; 124).[30]

3.2 Inflation der Kommunikation

Trotz der vielfältigen, medialen Kommunikationsmöglichkeiten fällt es den meisten Unternehmen heutzutage schwer, den Verbraucher kommunikativ zu erreichen.[31] Dies spiegelt sich bspw. in einer Untersuchung der Gesellschaft für Konsumforschung (GfK) wider, in der festgestellt wird, dass im Jahr 2003 über 70 Prozent der Werbekampagnen in Deutschland keine messbaren Umsatz- oder Marktanteilssteigerungen zur Folge hatten (vgl. o.V. 2004a; 37). Die Media-Agentur OMD ermittelt in einer anderen Studie, dass die Markenbindung trotz einer kontinuierlich steigenden Zahl an ausgestrahlten TV-Spots seit 1997 abnimmt (vgl. Richter 2005; 23). Und von den über 60.000 in Deutschland beworbenen Artikeln mit Markenanspruch bleiben den Verbrauchern weniger als ein Prozent im Gedächtnis (vgl. Tropp 2004; 71, o.V. 2004a; 37). Angesichts dieser Ergebnisse stellt sich die Frage nach der Effektivität werblicher Kommunikation. Der Sachverhalt gewinnt zusätzlich an Brisanz, zumal die Werbeinvestitionen in Deutschland im Jahr 2004 eine Größenordnung von 29,22 Milliarden Euro angenommen haben, damit um 1,1 Prozent gegenüber dem Vorjahr gestiegen sind (vgl. ZAW 2005; 9f.) und im Jahr 2006 voraussichtlich die 30-Milliarden-Euro-Marke überschreiten werden. Allein die Brutto-Spendings für Finanzwerbung beliefen sich im Jahr 2005 auf insgesamt 866 Millionen Euro, wobei der Großteil der Mediabudgets in die klassischen Werbeträger fließt (Karle 2006; 43).

Bei der dargestellten Problematik ist zunächst an der Minimalfunktion der Werbung anzusetzen, welche in der Schaffung von Aufmerksamkeit und Bekanntheit für die beworbene Leistung liegt, wobei Aufmerksamkeit die Voraussetzung für Bekanntheit

---

[30] Zu den Auswirkungen des Distributionskanals Internet auf die Finanzdienstleistungsbranche siehe Kapitel 4.

[31] Nochmals soll hier betont werden, dass es sich bei dem Begriff der Kommunikation nicht um die Übertragung, den Austausch oder die Verarbeitung von Informationen handelt, sondern vielmehr um eine wechselseitige Orientierung der Kommunikationspartner mit dem Ziel, eine partielle Kongruenz zwischen den kognitiven Prozessen der an der Kommunikation partizipierenden Individuen herzustellen (s. Tropp 2004; 68f.).

ist und demnach auch die notwendige Bedingung für das Prozessieren von (werblicher) Kommunikation darstellt (s. Tropp 2004; 49, 71).[32] Ihrer Minimalfunktion kann die Werbung jedoch kaum mehr gerecht werden, da Aufmerksamkeit zu einem knappen Gut, ja gar zur knappsten Ressource des werblichen Kommunikationsprozesses geworden ist. Für die Werbetreibenden wird es also immer schwieriger und darüber hinaus auch immer teurer, die Aufmerksamkeit des Verbrauchers zu wecken. Um diese These zu stützen, empfiehlt sich einerseits ein Blick auf die aktuelle Entwicklung der Medien, da eben jene im Werbewirtschaftssystem als Distributoren werblicher Medienangebote fungieren. Andererseits scheint auch eine genauere Betrachtung der kommunikativen Verfassung des Werbewirtschaftsystems sinnvoll (vgl. Tropp 1997; 97).

Auf den deutschen Medienmärkten konkurrieren derzeit 2.549 Publikums- und 3.342 Fachzeitschriften, 1.552 Zeitungen, 1.288 Anzeigenblätter und 331 Radioprogramme, sowie 19 öffentlich-rechtliche und 30 private Free-TV-Programme um die Aufmerksamkeit des Verbrauchers. Hinzu kommen knapp 140 regional und landesweit frei empfangbare TV-Programme, sowie 30 bundesweite Pay-TV-Angebote, fünf Teleshopping-Sender und eine Vielzahl aus dem Ausland einstrahlender Programme (vgl. GWA 2005; o.S. und Sjurts 2005; 286). Mit der Einführung und Durchsetzung digitaler Übertragungstechniken wird im Rundfunk eine weitere Angebotsausweitung sowie eine noch stärkere Fragmentierung erwartet (vgl. Richter 2005; 22, Sjurts 2005; 287).[33] Mit Blick auf so genannte Special-Interest-Medien wie Zielgruppen- und Spartenprogramme ist zu beobachten, dass sich das Medienangebot an immer kleiner werdenden Zielgruppen ausrichtet. Mit der Pluralisierung der Medien geht jedoch eine stagnierende, nur graduell anwachsende Mediennutzung einher, was in letzter Konsequenz zu rückläufigen Reichweiten bei den Werbeträgern führt (vgl. Feldmeier 2004; 98, Tropp 1997; 124f.).[34] Die kontinuierliche Ausweitung des Medienangebots in Deutschland ist in Abbildung 3-1 am Beispiel der Druck- und Pressemedien illustriert.

---

[32] Die Differenzierung zwischen kommunikativer Minimal- und Maximalfunktion der Werbung geht zurück auf Adjouri (1993). Als Maximalfunktion der Werbung identifiziert er die erfolgreiche Vermittlung von Bedeutungen, welche die Marke konnotieren (vgl. ebd.; 239).

[33] Im europäischen Fernsehmarkt entstehen bereits jährlich etwa 100 neue Spartenkanäle, und in Deutschland strahlen schon über 100 Spartenkanäle ihr publikumsspezifisches Programmangebot aus (vgl. Brauck 2005; 92). Allein im Jahr 2004 wurden in Deutschland 50 neue Programmlizenzen für bundesweite Sender beantragt (vgl. ZAW 2005; 296). Prognosen zufolge wird sich mit der digitalen terrestrischen Übertragung (Digital Audio Broadcasting, DAB) auch das bundesweite Hörfunkangebot weiter ausweiten, wobei im Jahr 2004 die Anzahl der DAB-tauglichen Empfangsgeräte in Deutschland bei etwa 120.000 Stück und somit auf einem noch recht niedrigen Niveau lag (vgl. Sjurts 2005; 224, 241).

[34] Darüber hinaus ist festzustellen, dass die Mediennutzung auch im Kontext anderer persönlicher Aktivitäten stattfindet bzw. mehrere Medien gleichzeitig benutzt werden (vgl. van Eimeren/Ridder 2005; 501).

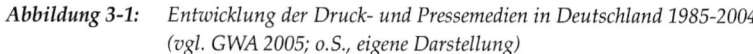

Abbildung 3-1: *Entwicklung der Druck- und Pressemedien in Deutschland 1985-2004 (vgl. GWA 2005; o.S., eigene Darstellung)*

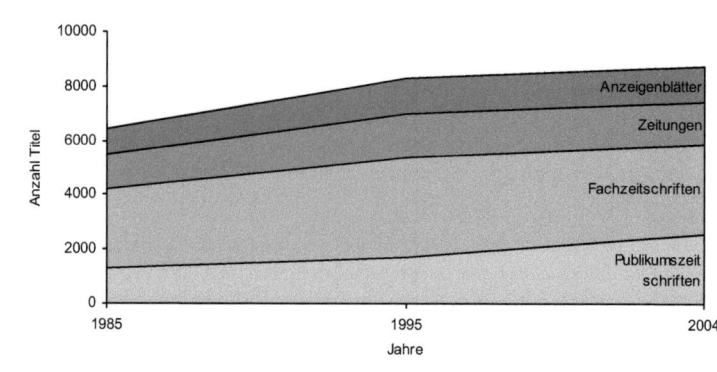

Der ‚Information Overload' des Konsumenten verschärft sich noch weiter unter Berücksichtigung des Informationsangebots im Internet.[35] Zwischen den Jahren 1994 und 2004 ist nach Angaben des Network Information Center (NIC) die Anzahl der ‚de-Domains' in Deutschland von etwa 1.600 auf über 9,3 Millionen angewachsen (vgl. o.V. 2005a), was einer jährlichen Wachstumsrate von etwa 238 Prozent entspricht. Solche Entwicklungen werden zuweilen sogar radikal als „Informationsverschmutzung" (Schönhut 1999; 26) bezeichnet. Weltweit werden derzeit über 76 Millionen Domains gezählt (vgl. o.V. 2005e; 2).[36] Bereits an dieser Stelle wird deutlich, dass sich die Frage, wer denn nun eigentlich in der Rolle des Vermittlers werblicher Medienangebote handelt, kaum mehr beantworten lässt. In Zeiten von Viral Marketing und Multimedia kann es praktisch jeder sein, der in irgendeiner Weise an das offene Kommunikationsnetz Internet angeschlossen ist (vgl. Tropp 1997; 124, Tropp/Piskurek 2006: 344f.).

Ob der Konsument die ihm dargebotene Vielfalt an Medienangeboten zukünftig überhaupt noch überblicken geschweige denn nutzen kann und nutzen will, bleibt abzuwarten. Peiser (1999; 125) bemerkt nämlich zu Recht, dass Möglichkeit der Auswahl letztendlich auch Notwendigkeit der Auswahl bedeutet, was von den Rezipienten

---

[35] Im Zuge der Digitalisierung existiert für viele klassische Medienprodukte mittlerweile auch ein Pendant im Internet. Im Jahr 2004 wurden bspw. von den Zeitungsverlagen in Deutschland mehr als 40 E-Paper-Versionen ihrer Blätter angeboten, die als digitale Bildschirmversion der Zeitung ein exaktes Abbild der Print-Ausgabe darstellen (vgl. Sjurts 2005; 16, ZAW 2005; 223).

[36] Angesichts dieses Informationsüberflusses sind die Voraussetzungen für das Vorliegen eines vollkommenen Marktes besonders hinsichtlich der Markttransparenz im Internet nicht gegeben – weder in nationaler und erst Recht nicht bei globaler Marktbetrachtung (vgl. Meffert 2000; 924).

durchaus als belastend empfunden werden kann. In diesem Zusammenhang ist auf das Paradox hinzuweisen, dass der Einsatz von Medientechniken zwar mit der Absicht erfolgt, Kommunikation zu vereinfachen, indem eben jene dank ihrer Strukturierungsfähigkeit Komplexität zu reduzieren vermögen, zugleich bringt die mediale Kommunikation allerdings auch eine eigene Informationskomplexität hervor und wirkt somit in gewissem Maße komplexitätssteigernd (vgl. Thiedeke 1997; 32f.).[37]

Eine steigende Programm- oder Titelzahl führt zudem nicht zwangsläufig zu einem mannigfaltigen inhaltlichen Angebot. So hat sich durch die sukzessive Ausdehnung des Medienangebots im Massenmarkt der Publikumszeitschriften die publizistische Vielfalt nicht erhöht. Es „haben sich vielmehr wenige große Cluster jeweils recht ähnlicher Titel herausgebildet" (Sjurts 2005; 134). Der Kopierwahn ist darüber hinaus auch im Privatfernsehen zu beobachten, wo erfolgreiche TV-Formate nicht selten von der Konkurrenz nachgeahmt werden (vgl. Eck 2005; 48).[38]

Ähnlich verhält es sich bei den beworbenen Produkten und Marken selbst. Diese sind auf technischer Ebene oder in ihrer sachlichen Funktionalität zunehmend austauschbar und heben sich von den Konkurrenzprodukten nicht länger über ihre Produkteigenschaften und -leistungen, sondern über Bedeutungskonstruktion seitens des Konsumenten ab. So ist der Produktwettbewerb längst einem Kommunikationswettbewerb gewichen, und die Kommunikation nimmt im Marketing-Mix der Unternehmen die Rolle des dominierenden Profilierungsinstruments ein.

Mit dem Ziel der Aufmerksamkeitsproduktion schalten die Werbetreibenden letztlich immer mehr Werbung und vermehren so das ohnehin schon übermäßige Informationsangebot.[39] Im deutschen Fernsehen werden bspw. täglich um die 5.500 Werbespots ausgestrahlt, die sich im Jahr 2003 auf über 960.000 Werbeminuten addiert haben (vgl. Brauck 2005; 92, Turner 2004; 215).[40] Und in den deutschen Zeitungen wurden im Jahr 2004 rund 618.000 Anzeigenseiten gebucht, was fast ein Drittel des gesamten Heftumfangs ausmachte (vgl. ZAW 2005; 213). Unter Berücksichtigung weiterer Kommunika-

---

37 Um ihren Kunden auf der eigenen Website ein umfangreiches Leistungsangebot präsentieren zu können, hat sich bspw. der Umfang des Internetauftritts vieler Banken enorm vergrößert. Aufgrund der daraus resultierenden Datenflut verlassen die Kunden oftmals die Homepage dieser Firmen, noch bevor sie eine für sie geeignete Information gefunden haben (vgl. Reichardt 2000; 62).

38 Das inflationäre Auftauchen dieser ‚Me-too-Titel' führt zu einer „Verwechslung und Austauschbarkeit der Produkte und verunsichert Konsumenten wie Werbungtreibende gleichermaßen" wie der Zentralverband der deutschen Werbewirtschaft (ZAW) konstatiert (vgl. ZAW 2005; 148).

39 Die Situation verschärft sich noch weiter unter Berücksichtigung der intensiven Eigenwerbung der Medien. Diese haben im Jahr 2004 nach Einschätzungen des ZAW (Zentralverband der deutschen Werbewirtschaft) ca. 1,4 Milliarden Euro netto in die Markt-Kommunikation investiert (vgl. ZAW 2005; 199).

40 Zum Vergleich: im Jahr 1996 wurden im deutschen Fernsehen noch 602.000 Werbeminuten gezählt (vgl. Turner 2004; 215).

tionsinstrumente wie bspw. Ambient Media oder Verkaufsförderung summieren sich die täglichen Werbeimpulse, mit denen sich ein Verbraucher durchschnittlich konfrontiert sieht, auf eine Menge von 3.000 Stück, von denen er laut empirischer Untersuchungen letztlich weniger als zehn Prozent wahrnimmt (vgl. Böker 2005; 19, Feldmeier 2004; 98).

Aufmerksamkeit kann somit in zweifacher Hinsicht als knappes Gut aufgefasst werden. Zum einen, weil sich eine Vielzahl nahezu austauschbarer, hinsichtlich Qualität kaum differenzierbarer Produkte und Leistungen um die Aufmerksamkeit des Verbrauchers bemüht, zum anderen, da eine wachsende Zahl an Informationsangeboten über eine ihrerseits expandierende Medienstruktur zirkuliert und ebenfalls um die Aufmerksamkeit des Rezipienten konkurriert (vgl. Thiedeke 1997; 10, Tropp 2004; 71f.). In dieser „Ökonomie der Aufmerksamkeit" (Frank 1998) inflationiert die über die Massenmedien realisierte werbliche Kommunikation. Mit anderen Worten: „Aufmerksamkeit wird immer teurer" (Turner 2004; 215).[41] Die verknappte Aufmerksamkeit sowie die Zunahme an beworbenen Marken führen letztlich in das Paradox eines sich durch die Überflutung mit Werbung auf immer neuer Stufe selbst erzeugenden Glaubwürdigkeitsdefizits der Werbung, deren Kommunikationsangebote ohnehin schon grundsätzlich immer um Vertrauen ringen müssen (vgl. Tropp 2004; 143).

In dieser Gesamtkonstellation stellen Finanzdienstleistungsinstitute ihre Werbekonzepte mehr und mehr auf den Prüfstand und suchen nach neuen Kommunikationskonzepten (vgl. Karle 2006; 42). Angesichts der hohen Wettbewerbsintensität in der Branche geht es für die Finanzdienstleister vor allem darum, durch eine trennscharfe Positionierung bei den Kunden Präferenzen zu schaffen und sich gleichzeitig von der Konkurrenz zu differenzieren. Dabei sieht sich das Markenmanagement der Banken und Versicherungen besonders mit der bereits oben konstatierten Austauschbarkeit von Produkten und Dienstleistungen in der Finanzwirtschaft konfrontiert, durch die eine Profilierung über die Basisleistung faktisch ausgeschlossen wird. In Anbetracht dieser Tatsache rückt der gezielte Transfer eines positiv besetzten Markenimages auf neue resp. bestehende Finanzprodukte in das konzeptionelle Zentrum des Markenmanagements, was sich allerdings nur über einen prägnanten, unverwechselbaren, institutsspezifischen Kommunikationsauftritt verwirklichen lässt (vgl. Kummer/ Scholtz-Ligma 1997; 5). Für die Finanzdienstleistungsinstitute wird es somit zu einer Notwendigkeit, ihre Marke klar und vor allem aktiv zu positionieren. Denn nur durch eine aktive Positionierung, bei der es darum geht, „eine neue, dem Kunden bis zu diesem Zeitpunkt unbekannte, für seine Kaufentscheidung aber wichtige Eigenschaftsdimension […] in einzigartiger Weise zu besetzen" (Tomczak/Roosdorp 1996; 29), lässt sich ein faktischer komparativer Wettbewerbsvorteil erzielen, da auf diese Weise mit der Marke ein eigener Markt bedient wird.

---

[41] Der teuerste Sendeplatz der deutschen Fernsehgeschichte hatte im Rahmen der Fußball-Europameisterschaft 2004 einen Preis von 189.000 Euro für 30 Sekunden Sendezeit (vgl. Turner 2004; 215).

Die Frage, ob sich ein trennscharfes Profil im Markt für Finanzdienstleistungen eher über die Kommunikation rein rationaler Argumente wie Filialdichte, Preise und Zinsen erreichen lässt und eine emotionale Positionierung dagegen fragwürdig erscheint, ist differenziert zu betrachten. In der Tat sprechen sich viele Konsumenten für eine eher sachlich-nüchterne kommunikative Ansprache von Kreditinstituten aus, was wohl vor allem aus der zum Teil sehr stark ausgeprägten Erklärungsbedürftigkeit der Bankdienstleistung resultiert (vgl. Kummer/Scholtz-Ligma 1997; 2).[42] Zudem können sich laut Verbraucheranalyse 2005 immerhin 15,5 Prozent der Deutschen ab 14 Jahre vorstellen, bei günstigeren Konditionen ihre Bank zu wechseln, was ebenfalls für einen rationalen Werbestil spricht (Karle 2006; 43). Auf der anderen Seite spielen aber auch eher emotional besetzte Werte wie Vertrauen und Image bei der Wahl eines Finanzdienstleistungsinstitutes aus Kundensicht eine wichtige Rolle, wie Umfrageergebnisse aus der Stern-Studie ‚Markenprofile 11' belegen. Viele Finanzdienstleister setzen bei ihrem Kommunikationsstil auch deshalb auf weiche Faktoren, um sich in dem von Tarifen und Konditionen geprägten Markt für Finanzdienstleistungen dem reinen Zahlenvergleich entziehen zu können, oder um bei einem ähnlichen Preis-Leistungs-Verhältnis den Zuschlag zu erhalten. Aufgrund der oben diskutierten Informationsüberlastung und der damit verbundenen nur oberflächlichen Wahrnehmung der Kommunikationsangebote müssen diese ihre kommunikative Wirkung, wie etwa die Schaffung von Aufmerksamkeit und Hinwendung zur Marke, in Sekundenbruchteilen entfalten. Vor allem im Bereich der Printmedien belegen hier Anzeigentests, dass gerade „emotional gestaltete Anzeigen mit hohem Bildanteil deutlich bessere Aufmerksamkeitswerte erzielen und auch insgesamt positiver beurteilt werden als nüchternrationale Textanzeigen" (Kummer/Scholtz-Ligma 1997; 2).

Auf der einen Seite sollte bei einer trennscharfen Positionierung eines Finanzdienstleisters also auf das emotionale Moment einer Marke nicht verzichtet werden, auf der anderen Seite sollten die Rezipienten allerdings auch nicht mit emotionalen, sach- und faktenentleerten Motiven bombardiert werden, wie ING-DiBa-Chef Ben Tellings jüngst in einem Interview bemerkte (vgl. Zimmer/Janke 2006; 30). Finanzdienstleister sollten daher stets auch konkrete, sachliche Angebote kommunizieren, um diese mit einer darauf abgestimmten Imagewerbung zu flankieren, womit die Institute „den anspruchsvollen Spagat zwischen preisorientierter und markenbildender Kommunikation bestehen [müssen]" (Karle 2006; 43).[43]

---

[42] Vgl. dazu die Ausführungen in Kapitel 2.1.
[43] So stellte sich die HypoVereinsbank in einem Fernsehspot „vor allem als nüchterne, an den gesunden Menschenverstand appellierende Bank dar, die es nicht nötig hat, den Kunden mit Schnickschnack wie Bonusprämien oder -artikeln zu locken" (Janke 2006; 18). Trotz der Originalität der Werbung benannte sie allerdings eher Aspekte, die für die Bank eher untypisch sind (vgl. ebd.).

3.3 Individualisierung und Personalisierung der Marketing-Kommunikation

Wie im vorherigen Kapitel aufgezeigt wurde, hat sich das Wahrnehmungsspektrum der Rezipienten in Relation zur Menge der medial dargebotenen Kommunikationsangebote erheblich reduziert. Eine massenmediale Kommunikation, die nach dem Gießkannenprinzip praktiziert wird, ist heute wenig Erfolg versprechend. So ist es nicht verwunderlich, dass die klassische Mediawerbung heute ein Bedeutungsverlust im Kommunikations-Mix erlebt und die personale, direkte Kommunikation demgegenüber eine Renaissance durchlebt (vgl. Pasquier et al. 2004; 79, o.V. 2003; 9). Die Unternehmen setzen also verstärkt auf solche Kommunikationsinstrumente, über welche sich eine personalisierte, individualisierte und zielgerichtete Kundenansprache realisieren lässt, wobei die Zielgruppen in möglichst kleine Segmente eingeteilt werden. Dieser Trend zur Individualisierung ist somit nicht nur als Folge eines übermäßigen Informationsangebots zu begreifen, sondern, wie bereits ansatzweise in Kapitel 3.1 beschrieben, darüber hinaus auch als Ausdruck gesellschaftlich stark differenzierter Präferenzmuster, die eben letztlich zu einer „Fragmentierung oder zumindest Heterogenisierung von Märkten und Marktsegmenten [führen]" (Mann 2004; 17).

Der persönliche Verkauf ist ohne Zweifel das Kommunikationsinstrument mit dem höchsten Individualisierungsgrad (vgl. Belz 2003; 7), zugleich stellt er allerdings auch das teuerste Element des Kommunikations-Mix dar, weshalb die Unternehmen zumeist alternative Kommunikationstechniken einsetzen, um dem Konsumenten ihre Botschaften in personalisierter Form zu übermitteln (vgl. Fill 2001; 475). An dieser Stelle kommt das Direkt- resp. Dialogmarketing[44] zum Einsatz, dem man mit Belz (2003; 7) eine Position zwischen der klassischen Werbung und dem persönlichen Verkauf zuordnen kann. Das Direktmarketing „umfasst alle Marketingaktivitäten, bei denen Medien und Kommunikationstechniken mit der Absicht eingesetzt werden, eine interaktive Beziehung zu Zielpersonen herzustellen, um sie zu einer individuellen, messbaren Reaktion **im Sinne einer Transaktion mit direkter Distribution bzw. Versandhandel** zu veranlassen" (Elsner 2003; 7, Hervorh. i. Orig.). Dabei stützt sich das Direktmarketing auf eine leistungsfähige technologische Infrastruktur, die eine effiziente Informationsverarbeitung ermöglicht und verwendet verschiedene Medien wie bspw. den Werbebrief (Mailing), die Response-Anzeige, das Direct-Response-Television (DRTV) oder das Internet. Ein wesentliches Ziel im Direktmarketing liegt also darin, beobachtbares Verhalten beim Konsumenten auszulösen, indem man ihm über ein Response-Element (z.B. Coupon in einer Anzeige) oder über eine Antwortmöglichkeit im selben Medium (z.B. E-Mail) die Möglichkeit dazu gibt. Durch den Einsatz und die Nutzung dieser Feedback-Möglichkeiten erfährt die Art der Realisation der Kopplung zwischen Konsument und Unternehmen eine wesentliche Verände-

---

[44] Während das Dialog-Marketing auf das Marketing-Mixinstrument der Kommunikationspolitik fokussiert, impliziert Direktmarketing darüber hinaus auch vertriebspolitische Aspekte.

rung gegenüber ihrer Realisation bei der klassischen Werbung, derart dass nun beide Seiten als gleichwertige Kommunikationspartner begriffen werden (vgl. Tropp 2004; 67).

Im Direktmarketing lässt sich durch die personalisierte Anrede eine höhere Aufmerksamkeit erzielen als durch die unpersönliche Ansprache der klassischen Massenkommunikation. Die persönliche Ansprache verhindert dabei eine Ablenkung des Rezipienten durch konkurrierende Werbebotschaften und realisiert so einen höheren Werbewirkungsgrad (vgl. Holland 2004; 18). Nicht zuletzt dadurch hat das Direktmarketing in den letzten Jahren einen enormen Aufschwung erlebt. Im Jahr 2004 haben über eine Million Unternehmen in Deutschland einen Gesamtbetrag von etwa 32 Milliarden Euro für Direktmarketing ausgegeben. So ist der Prozentsatz der Unternehmen, die im Jahr 2004 in Direktmarketing investierten, im Vergleich zum Vorjahr um 2,2 Prozent auf 83,6 Prozent angestiegen. Bei den Dienstleistungsunternehmen liegt der Anteil sogar bei etwa 89 Prozent (vgl. Direkt Marketing Monitor 2005; 33f.).

Allerdings finden mittlerweile auch viele Mailings keine Beachtung mehr, da deren Inhalt oftmals nicht an den individuellen Interessen des Empfängers ausgerichtet ist. Um heute die Aufmerksamkeit des Verbrauchers über eine individuelle Ansprache wecken zu können, reicht eine personalisierte Anrede allein nicht mehr aus. Es bedarf vielmehr einer genauen Kenntnis und Analyse seiner Bedürfnisse und seines Profils, deren Resultate in die richtigen kommunikativen Maßnahmen abzuleiten sind (vgl. Renner 2005; 36). Als Basis hierfür dienen Data-Warehouse-Konzepte, in deren Rahmen sich verschiedene Datenbestände aus unterschiedlichen Quellen integrieren lassen, die mittels Data Mining systematisch analysiert und für eine Individualisierung von Kommunikationsinhalten aufbereitet werden können. Aufgrund dieser technischen Möglichkeiten ist heute eine individualisierte Massenansprache (mass customized communication) mit relativ niedrigen Kosten verbunden und negiert den vermeintlichen Effizienzvorsprung der standardisierten Massenkommunikation (vgl. Mann 2004; 12).

Dem Individualisierungstrend und der oben erwähnten Fragmentierung der Absatzmärkte wird letztlich mit dem so genannten One-to-One-Marketingansatz Rechnung getragen, bei dem jeder (potenzielle) Kunde ein eigenes Marktsegment bildet, welches ganz spezifisch zu bearbeiten ist (ebd.; 18).[45] Dabei soll im Idealfall jeder einzelne Kunde mit dem für ihn passenden konkreten Angebot persönlich angesprochen werden. Für eine Umsetzung dieses Konzepts der individuellen Kundenbeziehung eignet sich das Internet in besonderer Weise, da es die Möglichkeit bietet, Kundendaten digital zu generieren und zu individuellen Profilen zusammenzustellen (vgl. Reichardt 2000; 61).

---

[45] Zum Konzept des One-to-One-Marketings siehe die Ausführungen in Kapitel 6.2.

3.4 Der Siegeszug des Internets

Das Internet hat wie kaum eine andere Technologie in den letzten Jahren den Alltag der Menschen revolutioniert und deren Gewohnheiten sowohl am Arbeitsplatz als auch in der Freizeit verändert. Die schnelle Verbreitung des Mediums ist dabei ebenso bemerkenswert wie seine vielfältigen Einsatzmöglichkeiten. Aus Marketing-Perspektive kann das Internet beispielsweise sowohl als interaktives Kommunikationsmedium als auch als Vertriebskanal genutzt werden (vgl. Tropp 2004; 143). Darüber hinaus fungiert es für die Internetanwender als Informations- und Unterhaltungsmedium (vgl. AGOF 2006; 3). Dementsprechend hoch ist die Akzeptanz in der Gesellschaft gegenüber dem neuen Medium: bei der Allensbacher Computer- und Technikanalyse (ACTA) 2005 des Instituts für Demoskopie Allensbach (2005; 104) zeigten sich über zwei Drittel der Probanden gegenüber dem Internet interessiert.[46] Aus der Studie ‚internet facts 2005-III' von der Arbeitsgemeinschaft Online-Forschung (AGOF) geht hervor, dass inzwischen knapp 58 Prozent der Deutschen online sind.[47] Hochgerechnet entspricht dies in etwa 37,5 Millionen Bundesbürgern. Nach der ARD/ZDF-Online-Studie 2005 liegt der Anteil bei 57,9 Prozent und somit in einer ähnlichen Größenordnung (vgl. van Eimeren/Frees 2005; 363).[48] In den von der Forschungsgruppe Wahlen (2005a; 1) erhobenen Internet-Strukturdaten wird ferner davon ausgegangen, dass 63 Prozent der deutschen Erwachsenen im zweiten Quartal 2005 über einen Internet-Zugang verfügten.[49]

Aus den aktuell ermittelten Zahlen der ARD/ZDF-Online-Studie ergibt sich für das Jahr 2005 ein fünfprozentiger Anstieg des Anteils der Internetnutzer in Deutschland. Wie in Abbildung 3-2 ersichtlich nehmen die Zuwachsraten der Jahre 2004 und 2005 mit jeweils vier Prozent deutlich moderatere Werte als Ende der neunziger Jahre an und weisen auf eine gewisse Sättigung hin (vgl. van Eimeren/Frees 2005; 363f.). Mit Rekurs auf die AGOF-Studie (2006; 9) ist beispielsweise festzustellen, dass der Anteil der 14- bis 29-Jährigen unter den Nicht-Nutzern bei 5,2 Prozent und damit auf einem sehr niedrigen Niveau liegt. Speziell das Potenzial der 14- bis 19-Jährigen, von denen 95,7 Prozent zumindest gelegentlich das Medium nutzen, ist weitgehend ausgeschöpft. Resultat dieser Entwicklung ist, dass im Jahr 2005 die höchsten Zuwachsraten erstmals die bisher eher online-abstinenten Nutzergruppen der ab 50-Jährigen verzeichneten (vgl. van Eimeren/Frees 2005; 364f.). Aufgrund dieser zunehmenden Ausschöpfung der in den jeweiligen Bevölkerungsgruppen vorhandenen Potentiale, gleichen sich die soziodemografischen Strukturen der Internetnutzer denen der deutschen Gesamtbevölkerung immer mehr an, und auch das bis 2003 noch konstatierte Gefälle

---

[46] Basis: Bundesdeutsche Gesamtbevölkerung zwischen 14 und 64 Jahre (vgl. Institut für Demoskopie Allensbach 2005; 91).

[47] Basis: Bundesdeutsche Gesamtbevölkerung ab 14 Jahre (vgl. AGOF 2006; 5).

[48] Basis: Bundesdeutsche Gesamtbevölkerung ab 14 Jahre (vgl. van Eimeren/Frees 2005; 362).

[49] Basis: Bundesdeutsche Gesamtbevölkerung ab 18 Jahre (vgl. Forschungsgruppe Wahlen 2005; 1).

zwischen Ost- und Westdeutschland ist laut ARD/ZDF-Online-Studie deutlich zurückgegangen (vgl. AGOF 2006; 7, van Eimeren/Frees 2005; 363f). Die gestiegene Attraktivität des Internets ist dabei nicht allein auf fallende Verbindungspreise sowie auf sinkende Kosten für Hard- und Software zurückzuführen. Gerade für ältere Menschen und Nicht-Berufstätige hat „das Internet in den letzten Jahren den Nimbus des schwer erlernbaren, komplizierten […] Mediums verloren" (van Eimeren/Frees 2005; 365).

Abbildung 3-2:   *Zuwachsraten der Internetnutzung in Deutschland 1998-2005 (vgl. van Eimeren/Frees 2005; 363, eigene Darstellung)*

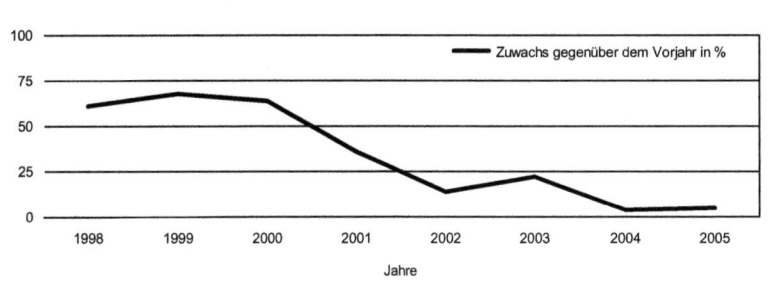

An seiner regelmäßigen Nutzung wird deutlich, dass sich das Internet in breiten Teilen der Gesellschaft als Medium neben den klassischen Medien etabliert hat: während 57,8 Prozent der Deutschen ab 14 Jahren mindestens einmal im Jahr online gehen, erreicht das Medium bereits 51,9 Prozent der Internetnutzer innerhalb eines Monats (vgl. AGOF 2006; 5). Mit Blick auf die ARD/ZDF-Online-Studie ist dieser Trend zu bestätigen: demnach nutzen 57,9 Prozent der Deutschen das Internet und 56,7 Prozent der Befragten gaben an, das Internet innerhalb der letzten vier Wochen genutzt zu haben (vgl. van Eimeren/Frees 2005; 364).

Für die zunehmende Einbindung des Internets in den Alltag der Menschen spricht auch die Tatsache, dass die meisten Onliner im Durchschnitt zwei verschiedene Orte nutzen um sich Zugang zum Internet zu verschaffen. Dabei wird das Internet von zu Hause aus an mehr als vier Tagen pro Woche, am Arbeitsplatz an knapp vier Tagen pro Woche genutzt, und die durchschnittliche Nutzungsdauer pro Nutzungstag beträgt 73,6 Minuten (vgl. AGOF 2005; 11).[50] Das Institut für Demoskopie Allensbach (2005; 127) ermittelt für mehr als zwei Drittel der Onliner eine Nutzungsdauer, die

---

[50] Der Wert bezüglich der durchschnittlichen Nutzungsdauer des Internets pro Nutzungstag entstammt der internet facts 2005-II, da hierzu in der aktuelleren AGOF-Studie internet facts 2005-III keine Angaben gemacht wurden.

zwischen 30 und 120 Minuten pro Tag liegt und deren Durchschnitt somit einen vergleichbaren Wert annimmt. Dieses intensive Nutzungsverhalten lässt sich unter anderem dadurch erklären, dass bestimmte Aktivitäten wie das Kommunizieren mit anderen Personen, der Erwerb von Produkten und Dienstleistungen oder das Recherchieren nach Informationen zunehmend ins Internet verlagert werden (vgl. AGOF 2006; 11).

Im Zusammenhang mit der fortschreitenden Onlineverbreitung stellt sich auch die Frage, inwiefern sich das Mediennutzungsverhalten der Verbraucher hinsichtlich Radio, Fernsehen und Printmedien aufgrund der Internetnutzung verändert hat. Hier ist festzustellen, dass es zu keiner Verdrängung, sondern vielmehr zu einer generellen Erweiterung des Medienkonsums gekommen ist (vgl. van Eimeren/Ridder 2005a; 502, ZAW 2005; 309).[51] Da sich das Internet als Medium mit informativer und unterhaltender Komponente profiliert, macht es einerseits dem rationalen Informationsmedium Zeitung vor allem bei den jüngeren Medienkonsumenten Konkurrenz, bei denen sich andererseits teilweise auch der Fernsehkonsum infolge der Internetnutzung verringert hat. Als meinungsbildendes Medium wird das Internet gegenüber dem Fernsehen von der jungen Nutzerschaft mittlerweile sogar bevorzugt (vgl. van Eimeren/Ridder 2005a; 495, o.V. 2005c; o.S., o.V. 2005d; o.S.).

Aufgrund der hohen Relevanz, die das Internet für breite Schichten der Gesellschaft innehat, aber auch wegen dessen Kosteneffizienz setzen Unternehmen verstärkt auf die Online-Kommunikation. Nach den Ergebnissen einer Expertenbefragung messen heute weniger als acht Prozent der Unternehmen dem Internet als Kommunikationskanal eine geringe Bedeutung zu. Über 80 Prozent der Befragten waren sich darüber hinaus einig, dass der hohe Stellenwert des Internets als Kommunikationsweg in Zukunft auch nicht mehr abnehmen wird (vgl. Mercer 2003; 9, 12f.).

3.5 Technologisierung der Finanzdienstleistungsbranche

Die Entwicklungen der modernen IKT beeinflussen nicht nur die medialen Gewohnheiten der Verbraucher und ihre Kommunikationsprozesse, sie führen auch zu tief greifenden Veränderungen in den Banken und Versicherungen selbst. Dies betrifft zum einen die Organisation der einzelnen Institute und die Ausgestaltung ihrer Vertriebs- und Kommunikationswege, zum anderen die Wertschöpfungsstrukturen innerhalb der Branche. Die Frage, die geklärt werden muss, lautet daher: Wie lautet der Status quo der technologischen Gegebenheiten der Banken und wie ist es um die Akzeptanz und den Nutzen dieser Entwicklungen bei den Bankkunden bestellt?

---

[51] Siehe dazu die Ausführungen in Kapitel 3.1.

3.5.1 Technisierung der Bankenorganisation

Seit den ausgehenden Fünfziger Jahren wird die Organisation in Kreditinstituten verstärkt durch den Einsatz elektronischer Datenverarbeitungsanlagen geprägt. Wurden die IKT von den Finanzdienstleistungsinstituten anfangs primär als Rationalisierungsinstrument eingesetzt, gewannen in der Folgezeit zunehmend auch Aspekte des Marketings im Sinne eines verbesserten Kundenservice an Bedeutung. Parallel dazu konnten, begünstigt durch die hohen Speicherkapazitäten der EDV-Anlagen (Elektronische Datenverarbeitung) einerseits, sowie durch eine verbesserte Datenbeschaffung und -verarbeitung andererseits, mit entsprechenden Software-Lösungen die Entscheidungsgrundlagen des Managements verbessert werden (vgl. Süchting/Paul 1998; 269, Wings 1999; 26). In den ausgehenden Siebziger Jahren hat sich bei den Kreditinstituten eine zügige Terminalisierung der Arbeitsplätze vollzogen. Seitdem sind die Mitarbeiter im Kundenkontakt wie Kassierer oder Berater, aber auch Angestellte im innerbetrieblichen Bereich über Online-Systeme an das zentrale EDV-System angebunden, was zu einer erheblichen Verbesserung der Qualität im Kundenservice geführt hat. Die Beratung standardisierter Bankleistungen verläuft heute weitgehend computergestützt, und mit Expertensystemen lässt sich auch die Abwicklung von komplexen Kredit- und Geldanlageformen unterstützen (vgl. Süchting/Paul 1998; 272f.). Heute stellen Datenbanken und Expertensysteme unverzichtbare Instrumente dar, die vor allem im Backoffice und im Marktunterstützungsbereich zum Einsatz kommen. Insbesondere Datenbanken ermöglichen es, die Informationsflut, mit der Banken konfrontiert sind, zu kanalisieren (vgl. Büschgen/Büschgen 2002; 40).

3.5.2 Electronic Banking

Im Bankgeschäft vollzieht sich die zunehmende Technisierung an der Schnittstelle von Kunde und Bank bereits seit den achtziger Jahren (vgl. Schüler 2002; 17). Die Vertriebsform ist seitdem durch eine EDV-unterstützte Erfassung, Verarbeitung und Übermittlung von Finanzdaten und Transaktionen gekennzeichnet, welche in der Literatur mit dem Begriff ‚Electronic Banking' beschrieben wird (vgl. Schartner 2002; 220). Die Beziehung zwischen Bank und Kunde ist von diesen technologischen Entwicklungen überaus stark betroffen, was sich bspw. an der Einführung der neuen, elektronischen Zahlungssysteme aufzeigen lässt. Man unterscheidet hier Zahlungssysteme, die auf einem materiellen Trägermedium wie der Chipkarte beruhen, vom softwarebasierten Zahlungsverkehr, der über Computernetze wie dem Internet abgewickelt wird (vgl. Büschgen/Büschgen 2002; 39). Dabei haben insbesondere die kartengestützten Zahlungssysteme in den letzten Jahren an Bedeutung gewonnen, wie die folgenden Zahlen bestätigen. Die Anzahl der ausgegebenen Bankkunden-Karten in Deutschland stieg zwischen den Jahren 2002 und 2005 von 76,1 Millionen auf über 90 Millionen Stück, und die über die GeldKarte abgewickelten Bezahltransaktionen kletterten von knapp 300.000 im Jahr 1996 auf über 38 Millionen im Jahr 2004 (vgl. Bundesverband deutscher Banken 2005; o.S.).[52]

Als stationäre elektronische Vertriebsformen konnten sich zunächst SB-Automaten wie etwa Geldausgabeautomaten oder Kontoauszugsdrucker etablieren. Die Zahl der Geldautomaten in Deutschland lag Ende 1996 bei etwa 38.600 Stück und stieg bis Ende 2004 kontinuierlich auf zuletzt 52.595 Stück an (vgl. Bundesverband deutscher Banken 2005; o.S.). Die Anwendungsmöglichkeiten der Automaten sind vielfältig: neben der Standardfunktion, Geld vom eigenen Konto abheben zu können, lassen sich je nach Zusatzeinrichtung auch Kontostände abrufen sowie Mitteilungen und Wertbriefe eingeben. Weiterentwickelte Multifunktionsgeräte erlauben dem Kunden sogar das Einzahlen und Wechseln von Bargeld, übernehmen einfache Beratungsleistungen und ermöglichen dem Kunden bei Bedarf eine videogestützte Beratung mit einem qualifizierten Mitarbeiter (vgl. Süchting/Paul 1998; 275, Wild 2003; 16). In so genannten Sprachautomaten kommen schließlich Sprachsysteme zum Einsatz, die dem Kunden eine verbale und damit einfachere Art der Bedienung ermöglichen (vgl. Duerand 2005; 77). Mit dem verstärkten Einsatz von SB-Automaten ist eine Entlastung im Schalterverkehr zu beobachten, was dazu führt, dass am Schalter Bedienungspersonal freigesetzt wird und sich lange Wartezeiten abbauen. Doch der Einsatz von Kontoauszugsdruckern und anderen Formen der Kundenselbstbedienung ist vor allem kostenseitig zu sehen. Durch die Verlagerung kostenintensiver Routinetätigkeiten in das Bankenfoyer konnten die Vertriebskosten im Mengengeschäft um fast fünfzig Prozent gesenkt werden (vgl. Schüler 2002; 76, Süchting/Paul 1998; 276, Wild 2003; 15f.).

Noch stärkere Einsparungen lassen sich mit den unterschiedlichen Elementen des Direct Banking erzielen, welche im nächsten Abschnitt näher erläutert werden. So zeigt sich anhand einer in den USA erhobenen Studie von Booz Allen & Hamilton aus dem Jahr 1998, dass eine standardisierte Banktransaktion über das Internet um mehr als das Hundertfache billiger ist, als wenn sie über den Bankschalter abgewickelt worden wäre (vgl. Deplazes 2002; 25).

Die Vorteile, die sich für den Kunden aus dem Electronic Banking ergeben, sind reichhaltig: zum einen werden die gesunkenen Transaktionskosten in Form von geringeren Gebühren an den Kunden weitergegeben, zum anderen genießt dieser bei der Abwicklung des Zahlungsverkehrs je nach Anwendung ein erhöhtes Maß an Bequemlichkeit und Komfort. Aus Kundensicht liegt der wesentliche Vorteil jedoch in der 24-stündigen Verfügbarkeit des Computersystems, sodass der Kunde unabhängig von den Öffnungszeiten der Bankfiliale einen Teil seiner Bankgeschäfte abwickeln kann (vgl. Schartner 2002; 221).

Aus Sicht der Geldinstitute ergibt sich durch die technikgestützte Selbstbedienung jedoch das Problem der Entpersonalisierung im Kundenkontakt, was einerseits zu

---

[52] In diesem Zusammenhang ist der Hinweis interessant, dass mittlerweile knapp 36 Prozent der Deutschen das Bezahlen per Fingerabdruck dem Bezahlen per EC- oder Kreditkarte vorziehen würden (vgl. Institut für Demoskopie Allensbach 2005; 102).

einer höheren Wechselbereitschaft der Kunden führt und andererseits Cross-Selling-Potenziale vernichtet.[53] Die Banken steuern hier entgegen, indem sie die SB-Technik zum einen räumlich in die Filiale einbetten und zum anderen unter Einbezug der Internet-Technologie wieder verstärkt den persönlichen Kontakt zum Mitarbeiter herstellen (vgl. Wild 2003; 16).[54]

3.5.3 Direct Banking

Neben der stationären Form des Electronic Banking hat sich als Folge der zunehmenden Verbreitung von Online-Diensten und Internettechnologien das Telebanking bzw. Direct Banking als weitere elektronische Vertriebsform herausgebildet.[55] Dem Direct Banking subsumiert Schüler (2002; 60) die Formen des PC- und des Telefonbanking, wobei der Bereich PC-Banking sowohl Homebanking (direkt, proprietär) als auch PC-Banking über Online-Dienste und über das Internet umfasst. In seiner Arbeit nimmt Schüler (ebd.; 67f.) eine Differenzierung der Begriffe ‚Onlinebanking' und ‚Internetbanking' vor. Danach interagiert der Kunde mit seiner Bank beim Onlinebanking direkt oder über geschlossene (proprietäre) Online-Dienste, beim Internetbanking hingegen über das offene weltumspannende Computernetzwerk Internet. Wild (2003; 14) weist unseres Erachtens aber zu Recht darauf hin, dass die proprietären Dienste wie bspw. Btx (Bildschirmtext) mittlerweile vom Internet abgelöst wurden, weshalb hier nicht näher auf diese Form des PC-Banking eingegangen wird. Vielmehr wird hier der Auffassung von Büschgen/Büschgen (2002; 204) gefolgt, die den Begriff des Onlinebanking synonym mit dem des Internetbanking verwenden.

Ein wichtiges Element des Direct Banking stellt das Telefonbanking dar, das als „systemisch geplante und gesteuerte Anrufentgegennahme einer Bank" (Haze 2000; 38) und darüber hinaus als eigenständiger Vertriebskanal verstanden wird, bei dem der Kunde über das Telefon auf eigene Initiative hin bestimmte Bankleistungen abrufen kann (vgl. Schüler 2002; 62).[56] Die eingehenden Anrufe werden dabei von organisatorischen Einheiten entgegengenommen, die sich entweder aus speziell geschulten Mit-

---

53 Die Automatisierung von Dienstleistungen wird also zum Hemmschuh der persönlichen Kommunikation und führt damit zu einer Verringerung des direkten Kundenkontaktes, wie auch Meffert/Bruhn (2003; 468) konstatieren.

54 In der „Kombination von high tech und high touch" (Pasquier 2004; 79) sehen Experten heute ein verheißungsvolles Kommunikationsinstrument.

55 Schüler (2002; 59) verwendet die Begriffe Direct Banking und Telebanking synonym, gibt dem Begriff Direct Banking allerdings den Vorzug, da sich dieser in der aktuellen Literatur zunehmend durchgesetzt hat.

56 Schüler (2002; 63) weist zu Recht darauf hin, dass das Telefonbanking aus Bankensicht allerdings nicht nur passiv, sondern auch aktiv im Sinne eines Direktmarketinginstruments eingesetzt werden kann (Outbound-Telefonmarketing).

arbeitern zusammensetzen oder aus Computersystemen bestehen.[57] Die am weitesten verbreitete Organisationsform im Telefonbanking ist das Callcenter, dessen Einsatzbereich mittlerweile über den reinen telefonischen Kontakt hinausgeht. Über so genannte ‚Call-Me-Buttons' kann ein Mitarbeiter bspw. auch auf E-Mail- und Fax-Anfragen aus dem Internet reagieren. Dementsprechend wird das klassische Callcenter inzwischen auch mit Begriffen wie ‚Communicationcenter', ‚Contactcenter' oder ‚Multimediacenter' betitelt (vgl. Büschgen/Büschgen 2002; 196f.). Das Leistungsspektrum des Telefon Banking umfasst vor allem die Abwicklung von Routineleistungen wie etwa Kontostandsabfragen, Sperrannahmen von Kunden-, Kredit- oder EC-Karten, den Kauf/Verkauf von Wertpapieren, ein allgemeines und ein leistungsspezifisches Informationsangebot sowie eine Beschwerdenannahme (vgl. ebd.; 200).

Dem Bankkunden eröffnet sich beim *Onlinebanking* ein breites und tiefes Leistungsangebot. Auf der einen Seite werden ihm transaktionsorientierte Leistungen zur Verfügung gestellt, wie etwa das Tätigen von Überweisungen oder das Einrichten und Beenden von Daueraufträgen, sowie die Möglichkeit einer Depotverwaltung und das Durchführen von Wertpapierorders. Zum anderen bieten die Banken ihren Kunden Informationsdienste an, welche sowohl Produkt- und Finanzmarktinformationen, als auch kulturelle und regionale Informationen, sowie Modellrechnungen umfassen können (vgl. Schüler 2002; 69). Die Internet-Auftritte der Banken und Sparkassen zählen ferner zu den am häufigsten genutzten Seiten in Deutschland. Dies verstehen einige Bankhäuser als Chance und bieten auf ihrer Site weitere kommerzielle Leistungen wie bspw. eine bankeigene virtuelle Shopping Mall oder einen Mietwagenservice an. Über solche Services entwickeln sich die Websites einzelner Institute zu so genannten Finanzportalen weiter, sofern sie dem Besucher die im WWW gängige Suchfunktion abnehmen und ihm gebündelt die gewünschten Informationen oder Services anbieten (Reichardt 2000; 64f.).[58]

Das Internet als Vertriebsmedium hat auf die persönliche Interaktion zwischen Bank und Kunde eine substituierende Wirkung, welche jedoch mit steigendem Erklärungsbedarf der Bankleistung abnimmt (vgl. Deplazes 2002; 19).[59] So findet die Beratung komplexer Bankprodukte noch immer in der klassischen Filiale oder im mobilen Vertrieb statt. Der Einsatz von intelligenten Beratungstools im Internet sowie die Einbindung von netzbasierten Kommunikationstechnologien wie bspw. Video-Conferencing ermöglichen es aber, dass auch erklärungsbedürftige Leistungen über das Web angeboten werden können (vgl. Wild 2003; 14). Reichardt (2000; 35f.) konstatiert jedoch,

---

[57] Daraus resultieren Kommunikationsformen im Sinne einer Mensch-Mensch- bzw. Mensch-Maschine-Kommunikation, die auch in so genannten hybriden Lösungsformen kombiniert werden können (vgl. Schüler 2002; 62).

[58] Finanzportale eignen sich bspw. hervorragend für die so genannte Bill Consolidation. Hier sammelt eine Institution die Rechnungen der verschiedenen Aussteller und hält diese dann auf einer Website resp. einem Finanzportal zum Abruf bereit (vgl. Reichardt 2000; 68).

[59] Vgl. dazu die Ausführungen in Kapitel 2.2.3.

dass mit dieser Entpersonalisierung im Kundenkontakt eine höhere Wechselbereitschaft der Kunden einhergeht, da die persönliche Beziehung von hoher Relevanz für den Aufbau von Kundentreue ist. Demgegenüber weist Schüler (2002; 75) darauf hin, dass durch Online-Angebote auch einige Wechselgründe aufgehoben werden. So leistet das Internetbanking vor allem Abhilfe bei der räumlichen Entfernung der Bankfiliale. Das Internetbanking bietet den Bankkunden vielmehr die Möglichkeit, ihre Bankgeschäfte von überall in der Welt aus abwickeln zu können, sofern ihnen ein internet-tauglicher PC zur Verfügung steht.

Das heute gebräuchlichste Verfahren, das zum Schutz von Transaktionen im Internet eingesetzt wird, ist das PIN/TAN-Verfahren. Darüber hinaus existiert noch eine Reihe von alternativen Verfahren: zum einen das HBCI-Verfahren (Home Banking Computer Interface), welches einen ebenfalls gängigen Standard darstellt, zum anderen weniger gebräuchliche Verfahren wie OFX (Open Financial Exchange), sowie die Verfahren nach dem FTAM-Standard (File Transfer, Access, and Management) bzw. nach dem Multi-Banking-Standard (vgl. Schartner 2002; 225). Im PIN/TAN-Verfahren kommt ein zweistufiger Sicherheitsmechanismus zum Einsatz. In einem ersten Schritt erhält der Kunde durch Angabe von Kontonummer und persönlicher Identifikationsnummer (PIN) Zugriff auf sein Online-Konto. Während zur Kontostandsabfrage bereits die Eingabe der PIN genügt, wird zum Durchführen von Überweisungen zusätzlich noch eine TAN (TransAction Number) abgefragt, die zur Autorisierung einer Transaktion benötigt wird. Die TAN kann der Kunde einer Liste entnehmen, die er zuvor von seiner Bank in einem verschlossenen Umschlag erhalten hat, wobei er für jede neue Transaktion auch eine neue TAN angeben muss und diese somit nach der Transaktion nicht wieder verwendbar ist. Zu berücksichtigen ist, dass das PIN/TAN-Verfahren für sich allein genommen kaum Sicherheit bietet, da sowohl die PIN als auch die jeweilige TAN im Klartext, also unverschlüsselt übertragen wird. Darüber hinaus wird für jeden Authentifikationsvorgang dasselbe Authentifikationsmerkmal in Form der PIN abgefragt. Zur Beseitigung dieser Schwachstellen wird das PIN/TAN-Verfahren meist durch eine mittels SSL (Secure Socket Layer) geschützten Verbindung ergänzt (vgl. ebd.; 227f.).[60]

Als Folge der beschriebenen zunehmenden Akzeptanz des Internets in der Gesellschaft[61] sowie der Intention von Finanzdienstleistungsunternehmen, ihre Leistungen zusätzlich über das neue Medium anzubieten, hat sich Onlinebanking innerhalb kürzester Zeit zu einem stark frequentierten Vertriebskanal entwickelt. Die Anzahl der in

---

[60] In der Zwischenzeit entwickelte, modifizierte PIN/TAN-Verfahren setzen auf dem traditionellen Verfahren auf und sollen dem Bankkunden gegenüber Online-Tricktätern mehr Sicherheit bieten. Bei der iTAN-Methode beispielsweise darf während eines Überweisungsvorgangs keine beliebige Zahl aus der Papierliste eingegeben werden, sondern nur eine vom Bankcomputer festgelegte Nummer. Bei der mTAN-Methode hingegen wird per SMS eine nur kurzfristig geltende TAN versandt (vgl. Praetorius 2006; 103).
[61] Siehe die Ausführungen in Kapitel 3.4.

Deutschland geführten Online-Konten hat sich dabei zwischen den Jahren 1998 mit 7 Mio. und 2002 mit knapp 30 Mio. mehr als vervierfachen können (vgl. Bundesverband deutscher Banken 2003; 1). Im Jahr 2004 wurden schließlich rund 35 Millionen Online-Konten gezählt. Bei den privaten Banken werden mittlerweile vier von fünf Girokonten als Online-Konten geführt, was in etwa 12,4 Millionen Konten entspricht (vgl. ZAW 2005; 173f.). Laut den Ergebnissen der AGOF-Studie ‚internet facts 2005-III' erledigen mittlerweile bemerkenswerte 54 Prozent aller Internetnutzer ihre Bankgeschäfte zumindest gelegentlich über das Web (vgl. AGOF 2006; 14).[62] Damit zählt das Onlinebanking zu den beliebtesten Services im Internet. Onlinebanking ist zudem vor allem bei der jüngeren Bevölkerung relevant: von den Personen, die zwischen 25 und 40 Jahre alt sind, wickeln bereits 57 Prozent ihre Bankgeschäfte über das Internet ab, die über 60-Jährigen lediglich zu etwa 17 Prozent (vgl. Bundesverband deutscher Banken 2005a; 1). Abbildung 3-3 zeigt den zeitlichen Verlauf der Entwicklung des Onlinebanking in Deutschland und stützt sich dabei auf die Ergebnisse einer repräsentativen Umfrage des ipos-Instituts, die im Auftrag des Bundesverbandes deutscher Banken (BdB) durchgeführt wurde.

Abbildung 3-3: *Wachstumsdynamik des Onlinebanking in Deutschland (vgl. Bundesverband deutscher Banken 2005a; 1)*

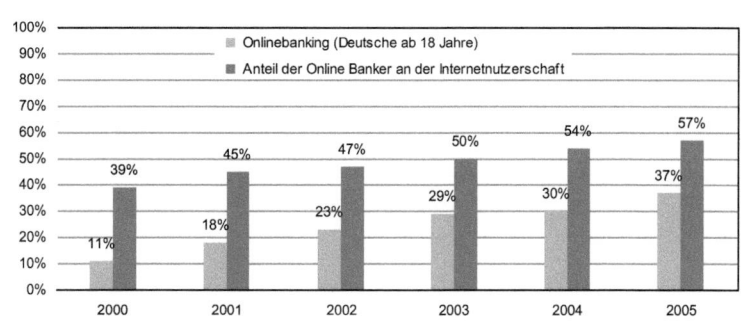

Während sich über das Internet, wie bereits in Kapitel 2.2.3 erläutert wurde, vor allem einfache und standardisierte Bankleistungen vertreiben lassen, weisen die Ergebnisse einer empirischen Untersuchung darauf hin, dass bei weiterführenden Online-Finanzdienstleistungen eine erhebliche Diskrepanz zwischen gezeigtem Interesse und tatsächlicher Nutzung besteht. Demnach waren Anfang 2002 knapp 30 Prozent der Inter-

---

[62] Basis: Bundesdeutsche Gesamtbevölkerung ab 14 Jahre (vgl. AGOF 2006; 5).

netnutzer an einer Abwicklung ihrer Aktiengeschäfte über das Internet interessiert, wobei nur 17 Prozent diese Möglichkeit letzten Endes wahrgenommen haben. Noch stärkere Unterschiede ergaben sich bei dem Online-Kauf/-Verkauf von festverzinslichen Wertpapieren und bei der Aufnahme von Krediten über das Internet. Gerade bei der Onlineabwicklung von Krediten zeigten knapp zehn Prozent der Internetnutzer ein Interesse, wobei nur 1,2 Prozent der User diesen Service tatsächlich beansprucht haben (vgl. Felfernig et al. 2003; 44).

Trotz der vielfältigen Sicherheitsverfahren bleibt die Verunsicherung innerhalb der Bevölkerung hinsichtlich der Sicherheit von Online-Transaktionen frappant. Fast die Hälfte der deutschen Bevölkerung ist der Meinung, dass Onlinebanking als nicht sicher einzustufen ist. Demgegenüber haben die Onlinebanking-Nutzer weniger Sicherheitsbedenken: rund drei Viertel von ihnen sind von der Sicherheit des Mediums überzeugt (vgl. Bundesverband deutscher Banken 2005a; 2). Die Tatsache, dass die Experten der amerikanischen Anti-Phishing Working Group im Juli 2005 rund 14.000 Phishing-Reports[63] registrierten, was im Vergleich zum Vorjahr einer zehnfachen Steigerung entspricht, könnte diese Ängste in der Bevölkerung allerdings wieder schüren (vgl. Lochmaier 2005; 8). Der gegenwärtig als sicherste Lösung angesehene HBCI-Standard wird inzwischen von etwa 40 Prozent der Banken angeboten, jedoch nur von relativ wenigen Kunden genutzt, was zum einen an dem geringen Bekanntheitsgrad dieses Angebots liegt, zum anderen an den momentan noch relativ hohen Hardware-Anschaffungskosten für den Anwender (vgl. Praetorius 2006; 105).

Die mobile Datenübertragungstechnologie ist mit den Worten von Zobel (2001; 31) als „discontinuous innovation" und somit als „Meilenstein in der technologischen Entwicklung" (ebd.) anzusehen. Sie bietet Unternehmen neue Möglichkeiten der individuellen Kundenansprache über ein interaktives Medium und eröffnet insbesondere Banken und Versicherungen die Möglichkeit, ihre Dienstleistungen in völlig neuer Form und Qualität über einen neuen Vertriebskanal anzubieten (vgl. auch Silberer/ Wohlfahrt 2001; 162).

Der in der aktuellen Fachliteratur verwendete Begriffsapparat im Bereich Mobile Business (M-Business) ist höchst uneinheitlich. Insbesondere die begriffliche Einordnung von M-Business und Mobile Commerce (M-Commerce) wird in den einzelnen Publikationen unterschiedlich diskutiert.[64] Deshalb erscheint es sinnvoll, zunächst diese

---

[63] Phishing-Attacken stellen eine Form der Online-Manipulation dar, bei der Betrüger versuchen, einem Bankkunden mittels einer gefälschten Mitteilung seines Kreditinstitutes Geheimdaten zu entlocken. Dies geschieht zumeist über täuschend echt nachgebildete Online-Seiten der Banken, auf denen der Kunde fälschlicherweise seine PIN und/oder TAN eingibt, oder durch die unbemerkte Installation von Spionageprogrammen auf dem Computer des Anwenders. Das gängige PIN/TAN-Verfahren bietet hierbei keinen vollwertigen Schutz (vgl. Lochmaier 2005; 8, Praetorius 2006; 103).

[64] Vgl. stellvertretend Nicolai/Petersmann (2001; 4f.), Turowski/Pousttchi (2004; 1), Zobel (2001; 2f.).

beiden Begriffe voneinander abzugrenzen, bevor auf den Begriff des *Mobile Banking* eingegangen wird.

Michelsen/Schaale (2002; 11) verstehen unter M-Business im weiteren Sinn „jede Unterstützung von Geschäftsaktivitäten auf der Basis von mobilen Endgeräten". Mit Blick auf die unterschiedlichen Bereiche, in denen Geschäftsprozesse ablaufen, kann man mit Möhlenbruch/Schmieder (2002a; 30) zwischen Mobile Procurement, mobilem Intrabusiness und M-Commerce unterscheiden. Aus dieser Differenzierung resultiert zwangsläufig ein engeres Verständnis von M-Commerce, welches analog der Endung ‚Commerce' sämtliche Aktivitäten und Prozesse subsumiert, die sich in irgendeiner Form auf Handelstransaktionen beziehen.[65] Somit lassen sich dem M-Commerce neben Mobile Marketing und Mobile Payment (M-Payment) auch das Mobile Banking zuordnen (vgl. ebd.). Letzteres wird verstanden als „die Abwicklung von Finanzdienstleistungen mit monetärem Gegenwert mittels drahtloser Datenübertragung über mobile Endgeräte" (Silberer/Wohlfahrt 2001; 163).

Die technischen Grundlagen des M-Business im Allgemeinen setzen sich zusammen aus Infrastruktur, Dienste-Plattformen, Übertragungsstandards und portablen, drahtlos angebundenen Endgeräten, über die die mobile Kommunikation und Interaktion realisiert werden kann (vgl. Möhlenbruch/Schmieder 2002; 74). Neben dem Handy (Mobiltelefon; Smartphone), das in der Gesellschaft am weitesten verbreitete mobile Endgerät, unterscheidet man des Weiteren die Endgerätgruppen portabler Computer bzw. Notebook (= Laptop; Subnotebook; Table PC) und elektronisches Notizbuch bzw. Handheld (= Palmtop = Palm = Pocket PC = Organizer = Personal Digital Assistant: PDA), welche eher bei professionellen Usern Verwendung finden (vgl. Döring 2005; 90). Mit Rekurs auf Wild (2003; 15) ist allerdings eine sich abzeichnende Verschmelzung dieser Endgeräte festzustellen, welche die Grenzen zwischen Mobiltelefon und Notebook zunehmend verblassen lässt.

Die Übertragungsstandards unterscheiden sich im Wesentlichen in zwei Punkten: zum einen in der jeweiligen Bandbreite, welche als Maß für die Geschwindigkeit des Datenaustauschs bezeichnet wird, zum anderen in der Art der Datenübertragung (vgl. Wiecker 2002; 427, Turowski/Pousttchi 2004; 33). Diese kann entweder verbindungsorientiert oder paketorientiert ablaufen.[66] Der GSM-Standard (Global System for Mo-

---

[65] Nicolai/Petersmann (2001; 5) zählen zu M-Commerce im weiteren Sinne auch geschäftliche Aktivitäten, welche Handelstransaktionen ausklammern wie etwa die Optimierung interner Geschäftsprozesse über das mobile Internet.

[66] Das Frequenzband des GSM 900-Netzes ist in 124 Kanäle gegliedert, welche wiederum in jeweils acht Timeslots aufgeteilt sind. Bei einer verbindungsorientierten resp. leitungsvermittelten Datenübertragung wird genau ein Timeslot eines Kanals während der gesamten Verbindung exklusiv geschaltet und kann von anderen Teilnehmern nicht mehr benutzt werden (vgl. Wiecker 2002; 430f). Bei dieser Art der Datenübertragung wird die Netzkapazität statisch aufgeteilt, und die Abrechnung erfolgt nach der Ressource Verbindungszeit (vgl. Turowski/Pousttchi 2004; 33). Werden die zu übertragenden Daten in einzelne, jeweils codierte Pakete aufgeteilt und über ein geteiltes Medium versendet spricht man von einer paketorien-

bile Communication) beschreibt eine leitungsvermittelte Datenübertragung von maximal 9,6 kbit/s und ist damit für Zugriffe auf Internetinhalte nur bedingt geeignet. GSM verkörpert den Mobilfunkstandard der zweiten Generation.[67] GPRS (General Packet Radio System), das als Erweiterung des GSM-Netzes zu betrachten ist, ermöglicht bei einer theoretischen Geschwindigkeit von bis zu 115 kbit/s eine signifikant höhere Bandbreite, die jedoch aufgrund starker Auslastungseffekte der GSM-Netze nicht in vollem Umfang genutzt werden kann (vgl. Wiecker 2002; 431f). Durch die paketorientierte Datenübertragung liegt der wesentliche Nutzen von GPRS im Einsatz für den mobilen Datenaustausch, der zum Beispiel über WAP-Portale (Wireless Application Protocol) realisiert werden kann, sowie in seiner so genannten ‚Always-On'-Funktionalität (vgl. ebd.; 432, Turowski/Pousttchi 2004; 39). Mittels WAP lassen sich Internetinhalte derart gestalten, dass sie auch auf den kleinen Handydisplays wiedergegeben werden können.

Im UMTS-Standard (Universal Mobile Telecommunication System), dem Mobilfunkstandard der dritten Generation, beträgt die theoretische Übertragungsrate bis zu 2000 kbit/s für stationäre Teilnehmer, die sich in bestimmten Gebäuden oder an Hotspots wie Bahnhöfen und Flughäfen aufhalten. Flächendeckend lassen sich bis zu 384 kbit/s realisieren. Ein Problem stellt jedoch die in Deutschland bislang noch unzureichende Versorgung mit Mobilfunknetzen nach dem UMTS-Standard dar, was in vielen Regionen zu niedrigen Übertragungsraten führt und sich negativ auf die Qualität UMTS-basierter Angebote auswirken kann (vgl. Mielke 2002; 195f.).

Im Bereich der Kurzstreckenkommunikation ermöglicht das Funksystem Bluetooth neben der Abwicklung von Zahlungsvorgängen insbesondere Interaktionen mit Personen oder Geschäften in der näheren Umgebung (vgl. Zobel 2001; 41). Wireless LAN (WLAN) ist eine weitere mobile elektronische Kommunikationstechnik auf lokaler Ebene, die je nach räumlichen Gegebenheiten eine Reichweite zwischen 30 und 300 Metern erzielt (vgl. Turowski/Pousttchi 2004; 49).

Von den Geldinstituten werden mittlerweile eine ganze Reihe *mobiler Anwendungen* angeboten, mit denen Standard-Services wie das Tätigen von Überweisungen, das Durchführen von Kontostandsabfragen, das Beziehen von Listen bereits abgewickelter Transaktionen oder das Erteilen oder Beenden von Daueraufträgen nutzbar sind. Um diese Services in Anspruch nehmen zu können, benötigt der Bankkunde lediglich ein mobiles Endgerät mit SMS-Funktion. Komplexe Vorgänge wie die Beantragung eines Kredits sind bisher jedoch noch nicht für eine mobile Abwicklung ausgerichtet. Die Entwicklung deutet aber darauf hin, dass zukünftig auch über das Kontomanagement

---

tierten Datenübertragung. Dieses Verfahren hat eine dynamisch aufgeteilte Netzkapazität zur Folge und rechnet in der Regel nach der Ressource Übertragungsvolumen ab (vgl. ebd.; 34).

67 Die analogen Übertragungstechniken der 1. Generation wurden mit dem GSM-Standard zugunsten einer digitalen Technik abgelöst (vgl. Wiecker 2002; 430).

hinausgehende Handlungen möglich sind. So kann mit SMS-Diensten der Bankkunde bereits auch ein momentan noch eingeschränktes Investitionsmanagement vornehmen, indem er Devisen- und Kursinformationen abrufen, Musterdepots verwalten sowie Stopp-Marken mit Limits für seine Orders setzen kann (vgl. Michelsen/Schaale 2002; 129f., Reichardt 2000; 73).

Zu berücksichtigen ist, dass sich per SMS keine Daten direkt abfragen lassen, da diese Services nach dem Push-Prinzip funktionieren. Die Nutzung einer mobilen Bankanwendung per SMS ist somit durch das Abschicken einer SMS-Nachricht an das Finanzinstitut im Sinne einer Push-Push-Aktion auszulösen. Über WAP-fähige Mobiltelefone lassen sich Internet-Inhalte indessen auch in Echtzeit nach dem Pull-Mechanismus abfragen (vgl. Schüler 2002; 64). Local Based Services[68] erlauben es dem Bankkunden bspw. Informationen einzuholen, mit denen er ad hoc den Standort der nächsten Bankfiliale bzw. des nächsten Bankautomaten ausfindig machen kann (vgl. Dickinger et al. 2003; 109).

Beim Brokerage ist das Bedürfnis nach Echtzeitinformationen in besonderer Weise ausgeprägt. Speziell die Händler von Optionsscheinen sehen sich mit extremen Kursrisiken konfrontiert, welche innerhalb kürzester Zeit auftreten können. Für diese Anleger nimmt der mobile Zugang zu Finanzinformationen und zum Brokerage einen wichtigen Stellenwert ein, da er ihnen eine unmittelbare Reaktion auf die veränderten Kurse erlaubt. Gerade die durch den WAP-Standard realisierte Datenproaktivität ermöglicht in Verbindung mit der Ad-hoc-Ubiquität mobiler Anwendungen die Entwicklung intelligenter, individualisierter Push-Services wie z.B. proaktive Warnmeldungen bei fallenden Aktienkursen. Da das Gros der Investoren einen langfristigen Anlagehorizont verfolgt und nur ein relativ kleines Segment an Daytradern existiert, ist der mobile Wertpapierhandel jedoch nur als ein Nischenprodukt einzustufen (vgl. Michelsen/Schaale 2002; 130f., Zobel 2001; 55, 184f.).

Mit Mobiltelefonen können weiterhin Zahlungen vorgenommen werden. So lässt sich mit multimediafähigen Endgeräten auch eine direkte Abwicklung von Wertpapiergeschäften und geldwerten Transaktionen realisieren. Mittlerweile existieren in Deutschland zahlreiche miteinander konkurrierende mobile Paymentverfahren, die mit steigender Akzeptanz ein Substitut für andere Zahlungsmöglichkeiten wie das Zahlen per EC- oder Kreditkarte darstellen.[69] Die Abrechnung kann dabei per Bankeinzug oder

---

[68] Durch die Lokalisierungsfunktion des Mobiltelefons, sowie durch dessen Interaktionsfähigkeit lassen sich auf Regionen zugeschnittene, kontextspezifische Services realisieren, welche allgemein mit dem Begriff ‚Local Based Services' bezeichnet werden (vgl. Zobel 2001; 50).

[69] An dieser Stelle ist zu ergänzen, dass beim M-Commerce im Vergleich zum herkömmlichen E-Commerce ein erhöhter Sicherheitsstandard erreicht wird, da der Benutzer einerseits über die SIM-Karte (Subscriber Identification Module) des Mobilfunkanbieters eindeutig identifizierbar ist, zum anderen weil alle Zahlungstransaktionen in einem geschlossenen Netz abgewickelt werden (vgl. Reichardt 2000; 71).

zum Beispiel über die Telefonrechnung erfolgen (vgl. Henkel 2002; 332f., Michelsen/ Schaale 2002; 130, Reichardt 2000; 73).

Für Assekuranzunternehmen bieten sich mobile Vertriebskanäle weniger an, da ihre Produkte zumeist sehr erklärungsbedürftig sind. Das Potenzial mobiler Lösungen liegt hier vielmehr im Bereich der Schadensabwicklung. Durch das Zusammenwachsen von Mobilfunkgerät und Digitalkamera lassen sich bereits heute mobile Lösungen entwickeln, mit denen Schadensfälle vor Ort aufgenommen und bearbeitet werden können (vgl. Michelsen/Schaale 2002; 131).

Die Banken, die Mobile Banking als Vertriebskanal anbieten, versprechen sich zum einen ein hohes Rationalisierungspotenzial, das aus deutlich niedrigeren Transaktionskosten resultiert, zum anderen sehen sie darin Chancen, eine intensivere Kundenbindung erzielen zu können, da ihr Mobile-Banking-Engagement für den Kunden einen zusätzlichen Benefit darstellt. Dies wirkt sich unter Umständen auch positiv auf die Neukundengewinnung der Kreditinstitute aus, da das Anbieten eines mobilen Internetzugangs bei der Auswahl einer Bank ein entscheidendes Kriterium darstellen könnte (vgl. Büschgen/Büschgen 2002; 217, Silberer/Wohlfahrt 2001; 171f.).

Nachdem sich der Mobilfunkmarkt im Jahr 2000 mit einem Wachstum von 106 Prozent auf 48 Millionen Kunden mehr als verdoppelte, nähert sich der Markt vier Jahre später mit einem Zuwachs von 10 Prozent einer Sättigung an. Nach Angaben der Bundesnetzagentur besaßen Ende 2004 bereits 86 Prozent der deutschen Bevölkerung ein Mobiltelefon[70], wobei die Penetration im Kernsegment der 14- bis 29-Jährigen bei über 100 Prozent lag und dieses somit weitgehend ausgeschöpft ist. Das Segment der 50- bis 69-Jährigen lässt mit einer Durchdringung von 58 Prozent hingegen ein hohes Ausschöpfungspotenzial offen (vgl. Geiger 2005; 7f.). Unter den Internet-Nutzern ist der Anteil derer, die ein Mobiltelefon besitzen, besonders hoch: er liegt mittlerweile bei 97 Prozent (vgl. Oehmichen/Schröter 2005; 404).

Im Vergleich zu anderen europäischen Ländern ist die Marktdurchdringung in Deutschland allerdings noch unterdurchschnittlich. In Italien beispielsweise liegt die Marktpenetration bei 110 Prozent, und ein großer Teil der Nutzer besitzt demnach schon mehr als eine aktive SIM-Karte. Ein Grund für den vergleichsweise gehemmten Anstieg der Marktdurchdringung in Deutschland ist das in der Vergangenheit stabil gewesene Oligopol aus zwei sehr starken und zwei kleinen Mobilfunkbetreibern, das die Preise langfristig hochhalten konnte. Mit Blick auf die Discount-Angebote, die seit kurzer Zeit verstärkt in den Markt drängen, ist jedoch ein deutlicher Rückgang der deutschen Mobilfunkpreise zu beobachten, was eine intensivere und damit auch selbstverständlichere Nutzung mobiler Dienste zur Folge hat (vgl. Geiger 2005; 2f.).

---

[70] Mobiltelefon ist hier gleichzusetzen mit „aktiver SIM-Karte" und umfasst sowohl Mobiltelefone mit als auch ohne Vertrag (vgl. Geiger 2005; 7).

Im Vergleich zu der relativ hohen Marktpenetration mobiler Endgeräte hat sich das Mobile Banking über zum Beispiel SMS-gestützte Anwendungen nicht so rasant durchsetzen können. Den endgültigen Durchbruch erwartet man jedoch mit dem erfolgreichen Verschmelzen von Internet-Technologie und Mobilfunktechnik (vgl. Wild 2003; 15). Nach einer repräsentativen Erhebung des Instituts für Demoskopie Allensbach (2005; 148) nutzen bereits 5,1 Prozent der Deutschen das Internet über ihr Mobiltelefon, und nach dem von der Unternehmensberatung AT Kearney (2004; 18) erhobenen ,Mobinet Index 2004', der sich auf die Befragung von 4.500 Mobilfunkkunden weltweit stützt, haben sich in Deutschland schon mehr als ein Viertel der Besitzer eines multimediatauglichen Mobilfunkgeräts über dieses Zugang zum Internet verschafft.[71] Europaweit nutzen bereits 21 Prozent aller Besitzer multimediafähiger Handys mobile Informationsdienste[72] – entweder per SMS oder über das Mobile Internet. Transaktionen werden von dieser Nutzergruppe allerdings bisher nur zu sechs Prozent durchgeführt, wobei sich der Prozentsatz im Vergleich zum Vorjahr verdoppelte (vgl. ebd.; 25f.). Die steigende Nutzung der Non-Voice-Dienste (SMS, Daten- und Informationsdienste) spiegelt sich auch in den Umsätzen der Netzanbieter wider. So haben sich die aus den Non-Voice-Diensten erzielten Umsätze zwischen den Jahren 1999 und 2004 fast verzehnfacht. Der aus den Datendiensten erzielte Anteil am Gesamtumsatz pro Kunde lag zwar im Jahr 2004 bei nur vier Prozent und die Umsätze mit SMS hingegen bei 14 Prozent, allerdings wächst der Datenumsatz in deutlich höheren Raten als die SMS-Umsätze (vgl. Geiger 2005; 8, 13).

Von den Mobilfunkkunden, die den Service des Mobile Internet beanspruchen, werden insbesondere die entstehenden Kosten negativ bewertet. Aber auch Sicherheitsängste sowie die langen Ladezeiten stellen für die User bedeutende Probleme dar. Diejenigen Handybesitzer, die auf die Nutzung mobiler Datendienste verzichten, tun dies entsprechend vor allem wegen den für sie anfallenden Kosten, aber auch aufgrund ihrer mangelnden Vertrautheit mit der Technik (vgl. AT Kearney 2004; 15f.).

Obgleich also der mobile Webzugang aus Kundensicht heute noch mit einigen Problemen behaftet ist, bleibt festzuhalten, dass er einen nachhaltigen Aufschwung erfährt, der sowohl aus der Alltagsdurchdringung des Internets resultiert, als auch als eine Folge der in dem Mobilfunkgerät konvergierenden Medien anzusehen ist. Die sich abzeichnenden Erfolge bei der Entwicklung marktfähiger Sprachsysteme versprechen schließlich für die Zukunft eine bedienungsfreundlichere Nutzung mobiler Anwendungen (vgl. Duerand 2005; 83).

---

[71] Die Penetration von multimediafähigen Mobiltelefonen liegt in Europa inzwischen bei 47 Prozent (vgl. AT Kearney 2004; 14).
[72] Gemeint sind Informationen der Kategorien: Nachrichten, Wetter, Horoskope, sowie Sport und Finanzen (vgl. AT Kearney 2004; 25).

4 Strukturelle Veränderungen im Bankgewerbe

Die dargestellten Entwicklungen der modernen IKT haben vor allem im Markt für Retail-Produkte[73] einen Veränderungsprozess ausgelöst, der in Abbildung 4-1 anhand eines Ursachen-Wirkungs-Diagramms dargestellt ist. Die Revolution im Bankwesen manifestiert sich dabei insbesondere in Form einer Konsolidierungs- und Konzentrationswelle, deren Ausmaß bisher einmalig für die Bankbranche ist (vgl. Swoboda 2000a; 43).

Abbildung 4-1: *Bedeutung der Technologie (vgl. Bernet 1997; 337, n. Deplazes 2002; 12)*

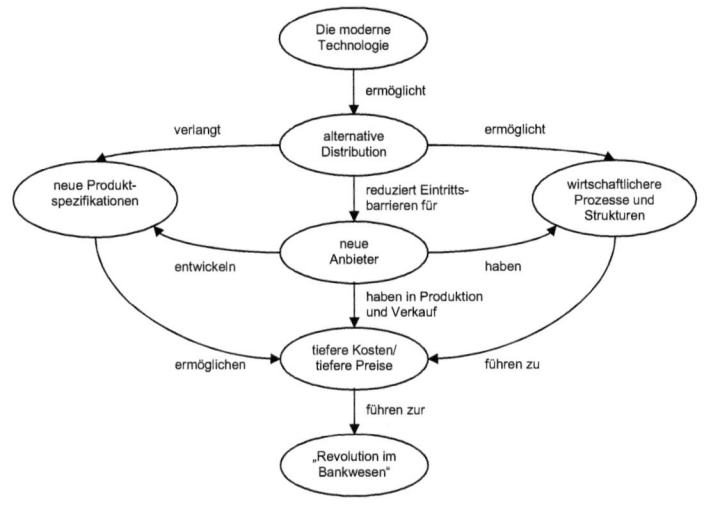

---

73 Retail-Banking umfasst das standardisierte Massengeschäft mit Privatkunden, welche vor allem Basisleistungen in Anspruch nehmen und ein relativ geringes Bedürfnis nach Beratungsleistungen aufweisen. Demgegenüber zielt das Private Banking auf eine ganzheitliche, umfassende und individuelle Betreuung im Vermögensmanagement über sämtliche Anlageklassen hinweg (siehe Swoboda 2004; 159f., 322f.).

Eine Schlüsselrolle in dem Restrukturierungsprozess nehmen die neuen, alternativen Distributionsformen wie etwa Internet, Handy oder Callcenter ein. Sie ermöglichen zum einen kostengünstigere Prozesse, bedingen zum anderen aber auch veränderte Produktspezifikationen. So eignen sich für den elektronischen Vertrieb vor allem einfache und weitgehend standardisierte Produkte, was bei den Banken in den letzten Jahren zu einer Standardisierung und Rationalisierung des Mengengeschäfts geführt hat (vgl. Deplazes 2002; 12, Swoboda 2000a; 43). Des Weiteren wurde durch die zunehmende Verbreitung der kostengünstigen, digitalen Vertriebsformen die traditionelle Markteintrittsbarriere eines dichten und engmaschigen Filialnetzes niedergerissen, was mit dem Auftauchen neuer Anbieter von Finanzdienstleistungen eine deutlich intensivere Wettbewerbsdynamik zur Folge hat.

Mit Deplazes (2002.; 23) kann man die neuen Wettbewerber jeweils in unterschiedliche Gruppen einordnen: es lassen sich zum einen Produktanbieter oder Anbieter einzelner Wertschöpfungsstufen von Bankleistungen identifizieren, zum anderen drängen neue Akteure aus dem Ausland, aus dem banknahen Umfeld (Non- und Nearbanks) sowie Anbieter aus dem IT-Bereich in den Markt. Eine bedeutende Rolle spielen hier insbesondere Finanzsoftware-Anbieter wie etwa Microsoft oder Intuit, die mit ihren Produkten MS Money bzw. Quicken mehr und mehr die dominierende Schnittstelle zum eigentlichen Bankgeschäft verkörpern und mit ihrer steigenden Leistungsfähigkeit letztlich Beratungsleistungen übernehmen, die zuvor über den klassischen Kundenberater in der Filiale abgewickelt wurden. Insbesondere Internet-Provider verfügen über eine breite Kundenbasis und können in Kooperationen mit Finanzdienstleistern auf die Margen traditioneller Institute durch Vermittlungsgebühren Druck ausüben (vgl. Deplazes 2002; 24f., Schüler 2002; 7).

Zu den Non- und Nearbanks lassen sich einerseits Anbieter wie Versicherungen, Kartengesellschaften und die Post zählen. In diese Gruppe fallen allerdings ebenso Handelsunternehmen sowie Anbieter aus der Automobil- und Telekommunikationsbranche. Diese neuen Akteure profilieren sich meist nur über einen begrenzten Ausschnitt aus dem Produktsortiment herkömmlicher Banken, indem sie ihrem breiten Kundenstamm standardisierte Finanzdienstleistungen anbieten, welche das eigentliche Kernprodukt ergänzen (vgl. Deplazes 2002; 24).

Ausländische Finanzdienstleister können heute mit einem zielgruppengenauen Internetangebot bei überschaubarem Risiko relativ kostengünstig internationale Märkte erschließen, wobei die Deregulierung und Globalisierung der Finanzmärkte dies unterstützt. Besonders der Eintritt europäischer Konkurrenten in den deutschen Bankenmarkt wird durch die Liberalisierungsprinzipien der zweiten Bankrechtskoordinierungsrichtlinie erheblich erleichtert (vgl. Swoboda 2000a; 46).

Verfügt ein Marktakteur in einem begrenzten Leistungsbereich über ein überlegenes Preis-Leistungs-Verhältnis, kann er als Nischenanbieter Marktanteile zu Lasten der arrivierten Institute gewinnen. Beim Internet Brokerage lassen sich Spezialisierungsvorteile bspw. durch eine Bündelung von Abwicklungskapazitäten erzielen, was an dem erheblichen Rückgang der Transaktionskosten für Wertpapiergeschäfte zu beobachten ist. Diese schlagen sich schließlich am Markt in Form von vergleichsweise günstigen Kommissionen nieder (vgl. Deplazes 2002; 23f.).[74] Neben der Spezialisierung einzelner Anbieter führt die technologieinduzierte Wettbewerbsdynamik auch zur Bildung strategischer Allianzen. Ein Beispiel dafür sind am Markt agierende Fonds-Supermärkte in Form von Business-to-Business-Plattformen, die den Finanzintermediären wie etwa Kreditinstituten oder Maklerpools die Möglichkeit bieten, sämtliche zum Handel zugelassene Fonds zu beurteilen, zu kaufen und zu verwalten (vgl. Felfernig et al. 2003; 43).

Die Veränderungen im Markt für Retail-Produkte lassen sich anhand Porters Strukturmodell systematisieren (vgl. Porter 1999; 28f.). Die Wettbewerbsdynamik kann demnach anhand von fünf Wettbewerbskräften beurteilt werden (vgl. Abbildung 4-2).

Abbildung 4-2:   *Wettbewerbskräfte im Bankenmarkt gemäß Porters Strukturmodell (in Anlehnung an Schüler 2002; 9)*

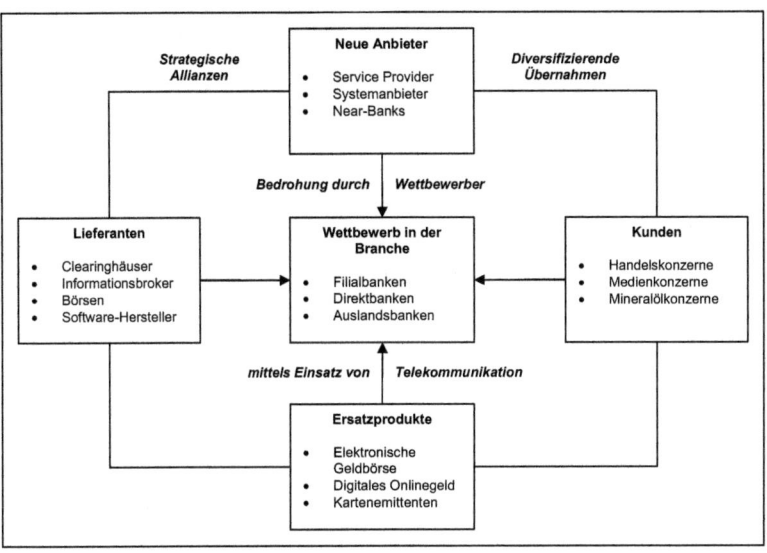

---

74 Das Aufbrechen der Wertschöpfungskette zwischen Produktion, Vertrieb und Abwicklung von Bankprodukten wird in der Literatur auch als Dekonstruktion bezeichnet (vgl. Swoboda 2000a; 47).

Schüler (2002; 8) führt die zunehmende Rivalität innerhalb der Finanzdienstleistungsbranche in erster Linie auf die Aktivitäten der Direktbanken zurück. Da sich der Preis
dabei immer mehr zu dem dominierenden Wettbewerbsfaktor entwickelt, ergeben sich
Wettbewerbsverschärfungen vor allem für die klassischen Filialbanken (vgl. Schüler
2002; 8, Wings 1999; 33). So ködert die DiBa neue Kunden mit attraktiven Tagesgeld-
zinsen und realisiert nach eigenen Angaben pro Tag 2.000 Neuzugänge. Gut die Hälfte
davon sind ehemalige Kunden der Sparkassen (vgl. Hajek 2005; 108f.). Noch weiter
geht die Comdirect, die in einer besonders aggressiven Abwerbe-Aktion potenziellen
Neukunden „bis zu 500 Euro Handgeld" (ebd.; 107) verspricht und in einer weiteren
Kampagne für ein Girokonto wirbt, das nicht nur kostenlos ist, sondern sogar den
Kunden jeden Monat einen Euro gutschreibt.

Deplazes (2002; 28) sieht in der gestiegenen Markttransparenz, als Folge des Anstiegs
der Internetnutzung, den zentralen Treiber des Wettbewerbs. Das Medium ermöglicht
dem Kunden, sich zeitnah und umfassend über Finanzprodukte zu informieren, es
erhöht auf diese Weise den Anspruch des Kunden hinsichtlich der Beratungsqualität
sowie dessen Preisempfindlichkeit und stärkt auf diese Weise seine Verhandlungsposi-
tion. Damit hat sich der Markt für Finanzprodukte weg von einem Anbieter- und hin
zu einem Nachfragermarkt entwickelt, in welchem sich der Privatkunde selbstbewuss-
ter verhält und seine Bedürfnisse klar formuliert (vgl. auch Büschgen/Büschgen 2002;
40, Felfernig et al. 2003; 43, Swoboda 2004; 71). Schüler (2002; 8) ergänzt in diesem
Zusammenhang, dass sich auch bisherige Großkunden verselbstständigen, indem sie
eigene Bankhäuser gründen und somit aus dem Kundenportfolio ihrer bisherigen
Bank herausfallen.

Die genannten neuen Mitbewerber aus dem Non- und Nearbanks-Bereich sowie die
Finanzsoftware-Hersteller verschärfen die Wettbewerbsintensität und lassen die bestehenden Branchengrenzen erodieren (vgl. Walter 2003; 54). Darüber hinaus zeichnen
sich die neuen, standardisierten Bankprodukte durch einen hohen Substitutionsgrad
aus und werden von den Kunden als gleichwertig wahrgenommen. Große Einzelhan-
delsketten bieten ihren Kunden bspw. an, ein verzinstes Konto zu betreiben, das zwar
primär der Ausführung von Zahlungen dient, „aber in gewissem Sinne auch eine
Sparfunktion [erfüllt]" (Deplazes 2002; 29).

Seit dem Wegfallen der Staatsgarantien im Juli 2005 hat sich auch der Druck innerhalb
des öffentlich-rechtlichen Verbundsystems erhöht, das in seiner Historie durch eine
Arbeitsteilung zwischen Sparkassen und Landesbanken gekennzeichnet war (vgl.
Burgmaier 2005; 60, Süchting/Paul 1998; 32). So beklagt ein Funktionär des Sparkas-
sen- und Giroverbands, dass „seitdem [...] nicht nur die Konkurrenz der Landesbanken untereinander härter geworden [ist], sie greifen nun auch direkt die Sparkassen
an" (zit. n. Burgmaier 2005; 62).

Als Folge der verschärften Wettbewerbsbedingungen zeichnen sich im Bereich des
Geschäftsbankensystems vor allem zwei Entwicklungslinien ab. Zum einen ist eine
rückläufige Anzahl rechtlich selbstständiger Kreditinstitute feststellbar (siehe Ab-

bildung 4-3), damit verbunden vollzieht sich im Filialbereich ein kontinuierlicher Konsolidierungsprozess. Diese Konzentrationswelle resultiert letztlich auch aus den Bestrebungen seitens der Geldinstitute, über Zusammenschlüsse Skalen-, Verbund- und/ oder Marktmacht-Effekte zu erzielen (vgl. Swoboda 2004; 20).

Abbildung 4-3:   *Anzahl der Banken in Deutschland (vgl. Bundesverband deutscher Banken 2005, eigene Darstellung)*

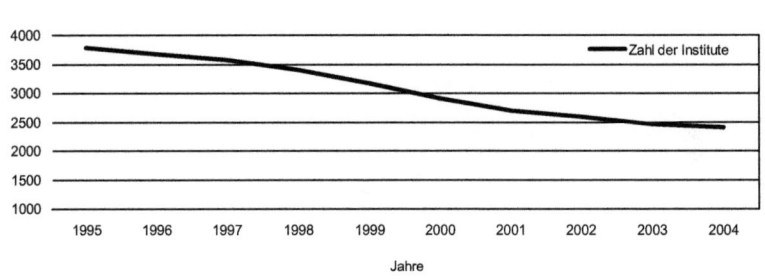

Dies wirkt sich auf das bis weit in die neunziger Jahre verfolgte Konzept aus, über ein engmaschiges Geflecht aus Filialen physische Kundennähe herzustellen. Denn dieses krankt an relativ hohen Kosten, die sich nur unter der Bedingung eines stabilen Wettbewerbsumfeldes auf die Produktpreise abwälzen lassen (vgl. Deplazes 2002; 13). Die Entwicklungen der modernen IKT haben jedoch zu der aufgezeigten, nachhaltig veränderten Wettbewerbssituation geführt, und die positive Entwicklung der Online-Konten sowie der in Abbildung 4-4 dargestellte Rückgang an Zweig- und Geschäftsstellen weisen darauf hin, dass zur Abwicklung von Bankgeschäften heute *scheinbar* kein flächendeckendes Filialnetz mehr erforderlich ist.

Abbildung 4-4: *Zahl der inländischen Bankstellen (vgl. Bundesverband deutscher Banken 2005, Deutsche Bundesbank, eigene Darstellung)*

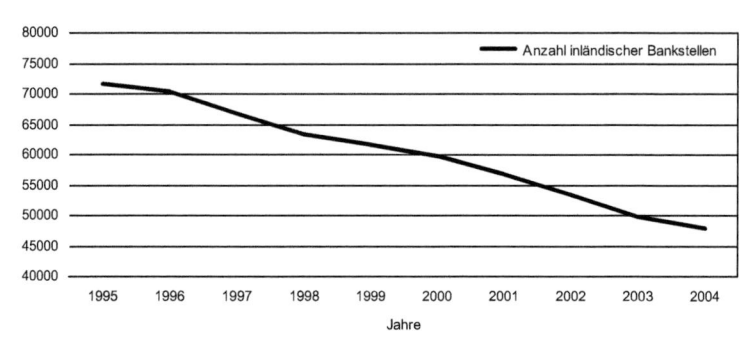

Aufgrund des gestiegenen Wettbewerbs rückt die Bankfiliale daher als wesentlicher Kostenfaktor häufig in den Mittelpunkt von Kostensenkungsprogrammen. So musste bspw. der genossenschaftliche Finanzverbund feststellen, dass der Erfolgsfaktor eines außerordentlich dichten Filialnetzes sinkende Marktanteile zuletzt nicht verhindern konnte. Die daraus resultierende Kostenexplosion und rückläufigen Margen mündeten in einer Vielzahl an Fusionen, die wiederum einen Geschäftsstellenabbau zur Folge hatten. Neue mediale Vertriebskanäle fungieren im Gegensatz dazu als kostengünstige Alternativen zu den vergleichsweise teuren Bankfilialen und sollen den Kunden einen schnelleren und bequemeren Zugang zu standardisierten Bankgeschäften bieten (vgl. Engstler 2003; 33, Häglsperger 2003; 31). Der persönliche Kontakt konzentriert sich indessen auf vermögende Kundengruppen, die auf Wunsch von Experten in speziellen Kompetenzzentren betreut werden. Engstler (ebd.) sieht damit den traditionellen „Vertriebsauftrag der Filiale [...] massiv in Frage gestellt", verweist allerdings in diesem Zusammenhang auch auf die Strategien neuer Wettbewerber wie etwa Direktbanken, die verstärkt in stationäre Vertriebseinheiten investieren, um einen verbesserten Kundenkontakt herzustellen.[75] Zudem zeigten sich bei einer Studie des Fraunhofer Instituts für Arbeitswirtschaft und Organisation (IAO) mit dem Titel ‚IT-Szenarien Finanzdienstleister 2002 plus' deutlich weniger Experten kleiner und mittlerer Filialbanken kritisch gegenüber der klassischen Bankfiliale als dies in der Vergangenheit der Fall war. Dieser Stimmungswandel resultiert aus der Überlegung heraus, neue und

---

[75] So lautet das ursprüngliche Vertriebsprinzip von Direktbanken, sich auf einen Distributionskanal wie etwa Telefon oder Internet zu konzentrieren und andere Vertriebswege bewusst auszuklammern (vgl. Swoboda 2000; 26f.). Einige Online-Broker wie bspw. die Commerzbank-Tochter Comdirect betreiben allerdings seit geraumer Zeit recht erfolgreich auch eigene Geschäftsstellen (vgl. Ridder 2006; 19).

traditionelle Vertriebskanäle zu kombinieren, um damit durch „eine Stärkung der Kundenbindung [...] Vertriebspotenziale über alle Vertriebswege hinweg" (ebd.; 34) zu erschließen. Dieses Konzept des Multi-Channel-Banking wird aktuell von den meisten Instituten vorangetrieben, wie die Ergebnisse der IAO-Studie belegen.[76] Dies scheint in Einklang zu stehen mit den Bedürfnissen der Kunden, die sich auch in Zukunft mehrere Zugangswege zu ihrer Bank wünschen (vgl. o.V. 2005; 45). In einer aktuellen Studie von Booz Allen & Hamilton hat sich gezeigt, dass vier von fünf Deutschen die Filiale als wichtigsten Banking-Kanal einstufen, was die hohe Bedeutung des stationären Vertriebs im Privatkundengeschäft verdeutlicht. In einer anderen jüngst durchgeführten Untersuchung gaben 74 Prozent der befragten Geldinstitute an, für die Erhöhung ihrer Marktanteile den Filialbetrieb zu forcieren (vgl. Ridder 2006; 18f.). Inwieweit sich der Konsolidierungsprozess im Filialbereich vor dem Hintergrund dieser Entwicklungen tatsächlich fortsetzen wird, bleibt daher abzuwarten. Unstrittig ist dagegen, dass die Fusionswelle weiterrollen wird. Dies wird vor allem auf den deutschen Sparkassen- und Genossenschaftsbereich zutreffen, da hier ein großer Teil der Institute noch nicht den steigenden Anforderungen im Bankgeschäft effektiv begegnen kann (vgl. Swoboda 2004; 21, 79).

Der Versicherungsbranche prognostiziert Reichardt (2000; 38) mit Rekurs auf eine Studie des ehemaligen Beratungsunternehmens Andersen Consulting[77] einen vergleichbar tief greifenden Strukturwandel, der in erster Linie auf den stärker werdenden Wettbewerb mit international agierenden Konkurrenten zurückzuführen ist. Von Relevanz sind hier Überlegungen, den klassischen Außendienstvertrieb zum Teil durch erheblich kostengünstigere elektronische Distributionsformen zu ersetzen.

Zusammenfassend kann die Entwicklungsrichtung der Strukturänderungen im Bankgewerbe auf die Formel einer Zunahme an heterogenen, alternativen Vertriebskanälen im Sinne eines Multi-Channel-Banking-Ansatzes gebracht werden. Darüber hinaus deutet sich im Privatkundengeschäft eine Ausdifferenzierung an, derart dass das Privatkundengeschäft organisatorisch als auch markentechnisch in Retail-Banking einerseits und in Private Banking andererseits aufgeteilt wird. Diese organisatorische Trennung ist bereits heute bei der Deutschen Bank beobachtbar, welche ihr Privatkundengeschäft in die Bereiche Private Wealth Management (Private Banking) sowie Privat- und Geschäftskunden (Retail-Banking) aufgegliedert hat (vgl. Swoboda 2004; 39ff.).

---

[76] Zu den Ausführungen zur Strategie des Multi-Channel-Banking siehe Kapitel 6.6.
[77] Anderson Consulting firmiert seit dem 1. Januar 2001 weltweit unter dem Namen Accenture.

5 Zukunftsszenarien

Die erfolgte Darstellung des Ist-Zustands im Bankgewerbe mit Schwerpunkt auf die kommunikativen und medialen Rahmenbedingungen sowie deren Auswirkungen auf die strukturelle Entwicklung der Branche wird nun um die Zukunftsperspektive erweitert. Es sollen alternative Zukunftsbilder erarbeitet und diskutiert werden, aus denen sich anschließend strategische zukunftsfähige Marketingansätze ableiten lassen. Dieser „Blick in die Zukunft" (Gausemeier et al. 1995; 14) erfolgt mittels Einsatz der Szenario-Technik, die im Folgenden knapp umrissen wird.[78]

5.1 Die Methode

Der Begriff ‚Szenario' lässt sich etymologisch auf das altgriechische Wort ‚skené' zurückführen und wurde ursprünglich im Theater- bzw. Filmjargon verwendet. Im Zusammenhang mit dem Vorhersagen von Zukünften ergibt sich für den Begriff ‚Szenario' folgende Definition: ein Szenario ist zu verstehen als „die Beschreibung einer möglichen zukünftigen Situation und das Aufzeigen des Entwicklungsverlaufs, der zu dieser Zukunftssituation führt" (Geschka et al. 1980, zit. n. Alexander 1996; 11). Szenarien schildern, wie sich heutige Trends in der Zukunft entwickeln werden. Da sich die Zukunft niemals eindeutig bestimmen lässt,[79] werden bei der Szenario-Technik mehrere alternative Entwicklungsmöglichkeiten berücksichtigt (vgl. Gausemeier et al. 1995; 83, Retzmann 2001; 2, de Vries 2004; 176,). Anstatt auf Prognosen, welche „eine gewisse Zwangsläufigkeit der Zukunftsentwicklung postulieren" (Scharioth et al. 2004; 2), stützen sich Szenarien eher auf Projektionen und Vorhersagen, denen vornehmlich subjektive Eintrittswahrscheinlichkeiten zugeordnet werden. Die Zukunft wird dabei in möglichst komplexen Zukunftsbildern beschrieben, um damit der Umweltkomplexität und -dynamik im Rahmen einer ganzheitlichen Betrachtung Rechnung tragen zu können (vgl. Gausemeier et al. 1995; 34, 83f., Tropp 2004; 57).

Damit lässt sich die Szenario-Technik beschreiben als „eine integrierte, systematische und vorausschauende Betrachtung, bei der ausgehend von einer heutigen Situation,

---

78 Neben dem Begriff ‚Szenario-Technik' finden in der Literatur auch die Begriffe ‚Szenario-Analyse' resp. ‚Szenario-Methode' eine gebräuchliche Verwendung, die wir im Anschluss an Alexander (1996; 12) synonym verwenden.

79 De Vries (2004; 175) unterscheidet zwischen solchen Trends, die vorherbestimmt sind, sich also mit einem Maß an Sicherheit vorhersagen lassen (im Folgenden verstanden als Megatrends), und solchen Trends, die nicht vorherbestimmt sind und deren Voraussage kritisch ist.

unter Zugrundelegung und Beachtung des zeitlichen Bezugs plausibler Entwicklungen und Ereignisse, das Zustandekommen und der Rahmen zukünftiger Situationen aufgezeigt werden sollen" (Oberkampf 1976, zit. n. Alexander 1996; 28). Dabei ist zu berücksichtigen, dass Szenarien niemals als ‚richtig' oder ‚falsch' angesehen werden können. Die einzige Bedingung für ihre Gültigkeit ist vielmehr, dass sie in sich konsistent und in Wirtschaftskontexten „relevant for the business" (de Vries 2004; 177) sind.

Mittels dieser Technik wollen wir Zukunftsbilder für das marketingpolitisch relevante Handlungsfeld von Finanzdienstleistungsinstituten im Jahr 2011 entwickeln. Im Mittelpunkt der Untersuchung steht dabei die Entwicklung eines Trendszenarios, bei dem es sich in gewissem Sinne um ein „Weiter-so-wie-bisher-Szenario" (Retzmann 2001; 3) handelt, mit dessen Eintreten also durchaus gerechnet werden kann. Es soll darüber hinaus als „framework for discussion" (de Vries 2004; 175) dienen und somit einen Orientierungsrahmen in Kommunikationen zur Marketingzukunft der Finanzdienstleister stellen. Bei der Erstellung des Trendszenarios zielen wir folglich darauf ab, einen möglichst komplexen Zukunftsentwurf zu realisieren, welcher das marketingpolitisch relevante Handlungsfeld der Finanzdienstleistungsinstitute im Jahr 2011 so plausibel und stimmig wie möglich darstellt.

Um das „window of opportunity" (Gausemeier et al. 1995; 114) der zukünftigen Entwicklungen vollständig abbilden zu können, ist das Trendszenario um ein Best-Case-Szenario sowie um ein Worst-Case-Szenario zu ergänzen, welche als periphere Szenarien extreme Zukunftsentwicklungen darstellen sollen.[80] Das zwischen diesen Extrempositionen liegende Möglichkeitsspektrum resultiert aus dem Zeitverlauf von der Gegenwart zur Zukunft und lässt sich, wie in Abbildung 5-1 dargestellt, als ein exponentiell sich öffnender Trichter darstellen. Während das Best-Case-Szenario eine Art ‚Wunsch-Szenario' darstellt, das eine positiv bewertete Zukunft beschreibt, bildet das Worst-Case-Szenario demgegenüber einen negativ bewerteten Zukunftszustand ab. Diese Bewertung erfolgt dabei aus Sicht der Finanzdienstleistungsinstitute. Auf den Schnittflächen des Trichters befinden sich schließlich alle weiteren denkbaren Zukünfte.

---

[80] Das Eintreten solcher Extremszenarien ist zwar unwahrscheinlich, darf allerdings niemals unmöglich sein (vgl. Retzmann 2001; 2f.).

Abbildung 5-1: Der Szenario-Trichter

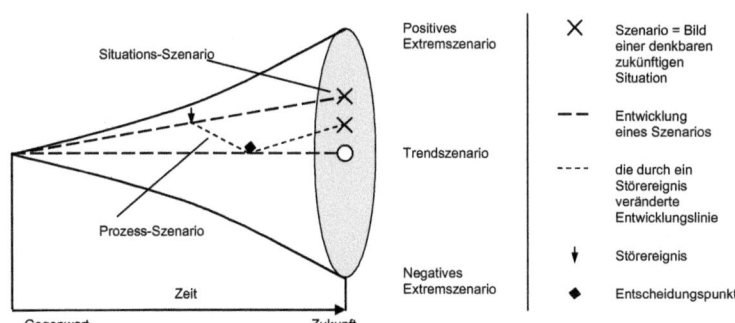

Anhand den von Gausemeier et al. (1995; 103f.) vorgestellten Dimensionen des Szenario-Managements kann unsere Analyse und deren Ergebnisse folgendermaßen spezifiziert werden.

Da aus dem zu entwickelnden Trendszenario zukunftsfähige Marketingstrategien abgeleitet werden sollen, dient dieses als ein Orientierungsszenario. Dieser Orientierungsrahmen wird von einer Fülle externer Faktoren beeinflusst, auf die die Finanzdienstleistungsinstitute selbst keinen direkten Einfluss haben. Aus dieser Überlegung heraus sind die hier erstellten Szenarien als nicht-lenkbare, umfeldorientierte Szenarien zu verstehen.

Aus der oben stehenden Definition des Szenariobegriffs geht hervor, dass sich ein Szenario grundsätzlich aus zwei Komponenten zusammensetzt: auf der einen Seite beschreibt es einen festen Zeitpunkt einer zukünftigen Situation, andererseits zeigt es auch den Entwicklungsverlauf auf, der zu diesem festen Zeitpunkt führt. Da die Szenarien, die wir entwickeln, den Entwicklungsverlauf weitgehend ausklammern und schwerpunktmäßig auf eine zukünftige Situation abstellen, sind sie folglich als Situations-Szenarien zu begreifen (siehe Abbildung 5-1). Zudem gehen sie von einem Ist-Zustand aus, weshalb sie als startpunktgesteuerte, explorative Szenarien zu begreifen sind. Des Weiteren haben die Szenarien einen deskriptiven Charakter, da sie auf der Grundlage von Kausalitätsbeziehungen erarbeitet werden.

Die Szenarien stützen sich darüber hinaus ausschließlich auf Projektionen, da die zukünftigen Situationen nicht mit Eintrittswahrscheinlichkeiten versehen werden. Als Zeithorizont wählen wir das Jahr 2011, weil dies einen Zeitraum umfasst, in welchem die Rahmenbedingungen (hoffentlich) nicht derart stark variieren können, dass die

Szenarien unglaubwürdig oder gar utopisch erscheinen. Außerdem zeigt die Erfahrung, dass ein Szenario aufgrund der Entwicklungsdynamiken in den Sozialsystemen meist nach einer Frist von etwa drei bis vier Jahren überarbeitet werden muss (vgl. Scharioth et al. 2004; 5). Mit einem Zeithorizont von vier Jahren handelt es sich bei den hier erstellten Szenarien somit um kurz- bzw. mittelfristige Szenarien (vgl. Gausemeier et al. 1996; 115, Retzmann 2001; 4). Eine regionale Abgrenzung kann nur insoweit erfolgen, als dass sich die Szenarien primär auf Deutschland und ferner auf den europäischen Ballungsraum beziehen.

5.2   Die Analyse

Bei der Erstellung der Szenarien haben wir uns in erster Linie auf die Analyse und Interpretation von geeigneter Literatur gestützt, die entweder zukünftige Umweltsituationen aufzeigt oder Rückschlüsse auf eben jene zulässt.[81] Diese hermeneutisch zu gewinnenden Informationen sollen dabei in den Bezugsrahmen der Szenario-Technik eingepasst werden.

In der Literatur wird eine Nachvollziehbarkeit bezüglich des Vorgehens bei der Szenarioerstellung gefordert (vgl. Alexander 1996; 28). Um dieser Anforderung gerecht zu werden, sind im Folgenden alle relevanten Schritte und Zwischenergebnisse des Prozesses der Szenarioerstellung in detaillierter Weise dargestellt. Bei der Erarbeitung der Szenarien haben wir uns weitestgehend an einer Phasenkonzeption orientiert, wie sie von dem Battelle Institut entwickelt wurde. Demnach sind bei der Szenario-Technik die folgenden sechs Schritte zu durchlaufen (vgl. ebd.; 29):

Phase 1 und 2:

In einem ersten Schritt gilt es, das Untersuchungsfeld, also den eigentlichen Gegenstand des Szenarios zu definieren, was hier das marketingpolitisch relevante Handlungsfeld von Finanzdienstleistungsinstituten im Jahr 2011 ist. Für das Untersuchungsfeld selbst ist kein Zukunftsentwurf zu realisieren. Offensichtlich ist jedoch, dass die Zukunft des Untersuchungsfeldes allerdings mit der Zukunft anderer Umfeldbereiche untrennbar verbunden ist. So meinen auch Scharioth et al. (2004; 7), dass sich die Zukunftsbilder für das Untersuchungsfeld aus den in den Umfeldern beschriebenen Entwicklungen ableiten lassen. Hier setzt die zweite Phase an, in der die Umfelder, die für das Untersuchungsfeld von Relevanz sind, identifiziert und strukturiert werden. Für eine solche Umweltanalyse eignen sich prinzipiell der wirtschaftli-

---

[81]   Als Quellen bieten sich dafür bspw. Marktinformationen, abgeschlossene Szenario-Projekte und Delphi-Studien, aktuelle Technologieinformationen oder Veröffentlichungen von Forschungsinstituten an (vgl. Gausemeier et al. 1995; 184).

che, der technologische, der politisch-rechtliche sowie der soziale Umweltsektor (vgl. Alexander 1996; 29, 131).

Phase 3:

Der dritte Schritt sieht die Ermittlung von kritischen Deskriptoren und Entwicklungstendenzen in den jeweiligen Umfeldern vor. Innerhalb dieser Phase geht es zunächst darum, Einflussfaktoren zu identifizieren, die sich für eine Beschreibung der einzelnen Umfelder eignen (vgl. Gausemeier et al. 1995; 167). In Abbildung 5-2 haben wir unsere aus der Literaturrecherche gewonnenen Deskriptoren den jeweiligen Umweltsektoren zugeordnet.

Abbildung 5-2: *Zuordnung der Deskriptoren zu den Umweltfaktoren*

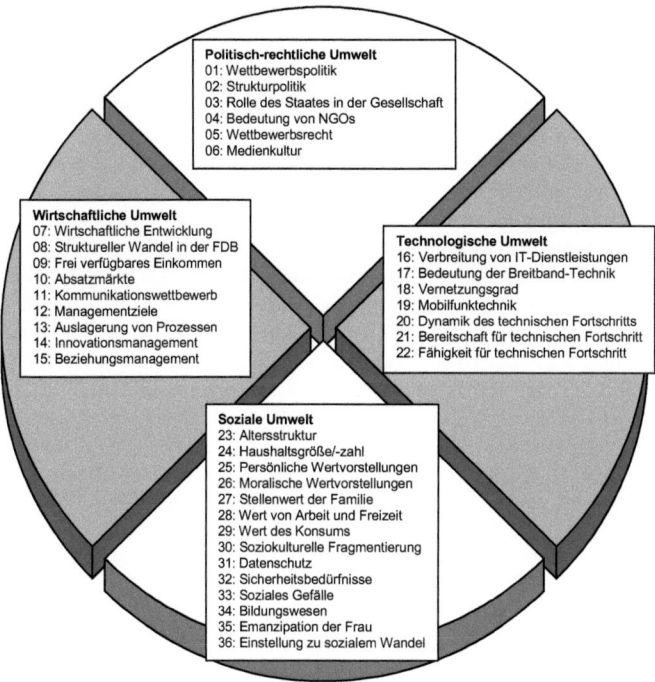

Aus pragmatischen Gründen empfiehlt es sich, den Einflussfaktoren-Katalog auf die für das Untersuchungsfeld besonders relevanten Einflussgrößen, auf die Schlüsselfaktoren, zu reduzieren. Für diesen Zweck bietet sich eine Interdependenzanalyse an, mit der sich die Beziehungen zwischen den Einflussfaktoren erfassen lassen. Die Deskriptoren können auf diese Weise nach ihrer Wichtigkeit für das Untersuchungsfeld selektiert werden (vgl. ebd.; 187, 190f.). Abbildung 5-3 zeigt die komplette Einflussmatrix, aus der sich die wechselseitigen Abhängigkeiten der in der Untersuchung identifizierten Einflussfaktoren ablesen lassen.

Aufgrund der Tatsache, dass die Einflussanalyse 1.260 Einzelbewertungen erfordert hat, soll hier lediglich beispielhaft an dem Deskriptor ,Dynamik des technischen Fortschritts' aufgezeigt werden, nach welchen Maßstäben die jeweiligen Bewertungen erfolgt sind. Für jeden einzelnen Einflussfaktor ist sowohl Bewertungsrichtung als auch Bewertungsintensität auf Basis einer Literaturanalyse recherchiert und anschließend intuitiv in einen konkreten Zahlenwert, der den Einflussgrad angibt, transformiert worden.

Eine dynamische und liberale Wettbewerbspolitik fördert den technischen Fortschritt (vgl. Alexander 1996; 147), weshalb dem Deskriptor ,Wettbewerbspolitik' (01) eine stark beeinflussende Wirkung (Stärke 3) auf den Deskriptor ,Dynamik des technischen Fortschritts' (20) zugeschrieben wird. Der technologische Fortschritt (20) hat seinerseits eine verstärkende Wirkung (Stärke 2) auf den Kommunikationswettbewerb (11) (vgl. de Vries 2004; 175) sowie auf die Veränderung von ,Altersstrukturen' (23), da zum Beispiel durch verbesserte Medizintechnik die Geburtenrate und Lebenserwartungen steigen (vgl. Alexander 1996; 150). Auf der einen Seite beeinflusst der Bildungsgrad der Bevölkerung (34) die ,Dynamik des technischen Fortschritts' (20), andererseits hat der technische Fortschritt einen Wandel von Bildungsmethoden zur Folge und wirkt somit umgekehrt auf den Einflussfaktor ,Bildungswesen' (34) ein (Stärke 2) (vgl. ebd.). Festzustellen ist ferner, dass der technologische Umweltsektor von einem äußerst dynamischen Wandel geprägt ist, während Reaktionen und Entwicklungsverläufe im politisch-rechtlichen Bereich demgegenüber langwieriger sind (vgl. ebd.; 149). Demzufolge liegt es nahe, dem Einflussfaktor ,Dynamik des technischen Fortschritts' (20) eine schwache und zeitlich verzögerte Wirkung (Stärke 1) auf Deskriptoren wie ,Strukturpolitik' (02) oder ,Wettbewerbspolitik' (01) beizumessen. Die ,Verbreitung von IT-Dienstleistungen' (16) hängt demgegenüber in hohem Maße (Stärke 3) von der ,Dynamik des technischen Fortschritts' (20) ab (vgl. Meffert/Bruhn 2003; 422).

Abbildung 5-3: Einflussmatrix zur Ermittlung der Schlüsselfaktoren

Einflussmatrix

Fragestellung:
„Wie stark beeinflusst Einflussfaktor A (Zeile) Einflussfaktor B (Spalte)"

Einflussgrad:
0 = kein Einfluss
1 = schwach
2 = mittel
3 = (sehr) stark

Spaltenlegende:
- 01: Wettbewerbspolitik
- 02: Strukturpolitik
- 03: Rolle des Staates in der Gesellschaft
- 04: Bedeutung von NGOs
- 05: Wettbewerbsrecht
- 06: Medienkultur
- 07: Wirtschaftliche Entwicklung
- 08: Struktureller Wandel in der FDB
- 09: Frei verfügbares Einkommen
- 10: Absatzmärkte
- 11: Kommunikationswettbewerb
- 12: Managementziele
- 13: Auslagerung von Prozessen
- 14: Innovationsmanagement
- 15: Beziehungsmanagement
- 16: Verbreitung von IT-Dienstleistungen
- 17: Bedeutung der Breitband-Technik
- 18: Vernetzungsgrad
- 19: Mobilfunktechnik
- 20: Dynamik des technischen Fortschritts
- 21: Bereitschaft für technischen Fortschritt
- 22: Fähigkeit für technischen Fortschritt
- 23: Altersstruktur
- 24: Haushaltsgröße/-zahl
- 25: Persönliche Wertvorstellungen
- 26: Moralische Wertvorstellungen
- 27: Stellenwert der Familie
- 28: Wert von Arbeit und Freizeit
- 29: Wert des Konsums
- 30: Soziokulturelle Fragmentierung
- 31: Datenschutz
- 32: Sicherheitsbedürfnisse
- 33: Soziales Gefälle
- 34: Bildungswesen
- 35: Emanzipation der Frau
- 36: Einstellung zu sozialem Wandel

	01	02	03	04	05	06	07	08	09	10	11	12	13	14	15	16	17	18	19	20	21	22	23	24	25	26	27	28	29	30	31	32	33	34	35	36	Aktivsumme
Einflussfaktor 01		2	3	1	2	2	3	3	1	2	1	2	1	1	1	2	0	0	2	3	0	0	0	0	0	0	1	0	0	2	0	1	0				36
Einflussfaktor 02	2		2	0	0	0	2	2	0	1	0	0	0	0	0	0	0	0	0	0	0	0	0	0	0	0	0	0	0	0	0	2	0	0	0		11
Einflussfaktor 03	2	1		1	0	1	1	1	3	1	0	1	0	0	0	0	3	2	3	0	0	1	0	0	0	0	0	0	1	2	2	3	0	0			29
Einflussfaktor 04	1	1	1		0	1	1	0	0	0	3	0	0	1	0	0	0	0	0	0	0	0	0	1	0	0	0	0	0	1	0	0	0				11
Einflussfaktor 05	3	1	0	0		1	2	0	0	1	2	1	0	0	0	0	0	0	0	0	0	0	0	0	1	0	0	0	0	0	0	0	0	0			12
Einflussfaktor 06	2	2	2	2	0		1	0	0	0	3	0	0	0	0	2	2	1	0	0	3	3	0	2	2	3	1	0	0	2	2	2					41
Einflussfaktor 07	2	2	2	0	0	2		2	3	2	3	3	1	1	2	1	2	0	1	3	2	2	2	0	1	1	1	3	2	0	0	0	3	1	1	1	52
Einflussfaktor 08	1	2	1	0	0	0	1		0	0	0	0	1	0	0	1	0	0	0	0	0	0	0	0	0	0	0	0	0	0	0	0	0	0	0	0	7
Einflussfaktor 09	0	0	0	0	0	1	3	1		2	2	2	0	1	2	3	2	1	2	1	1	2	1	0	2	2	1	2	3	0	0	1	1	1	0	0	40
Einflussfaktor 10	2	2	1	0	0	2	3	2	1		2	3	3	2	3	0	1	1	0	0	0	0	0	2	1	1	0	1	0	0	0	0					37
Einflussfaktor 11	0	0	0	0	1	2	2	1	0	3		3	0	2	3	2	0	1	1	0	0	0	1	2	0	0	2	2	1	0	0	0	0	0			29
Einflussfaktor 12	1	0	0	1	0	0	2	2	1	2	2		3	3	3	1	0	0	0	2	0	0	0	2	2	1	1	0	0	0	0	1	2	0	0		32
Einflussfaktor 13	0	0	0	0	0	1	1	0	1	0	0	1		2	0	0	0	0	0	0	0	0	0	0	0	0	0	0	0	0	0	0	0	0	0	0	6
Einflussfaktor 14	0	0	0	0	0	0	2	1	0	3	3	0	2		1	3	1	1	1	3	1	0	0	0	0	0	0	2	0	0	0	0	0	0	0	0	24
Einflussfaktor 15	0	0	0	0	0	1	1	0	2	2	1	1	2		1	0	0	0	0	0	1	1	0	2	2	0	1	0	0	0	0	0					18
Einflussfaktor 16	0	0	0	0	1	2	0	2	1	1	1	1		2	2	1	0	0	0	2	0	0	1	0	1	1	0	0	0	0	0	0					25
Einflussfaktor 17	0	0	2	0	0	2	0	1	0	2	1	0	1	1	1	3		3	3	2	1	0	0	0	0	0	0	1	0	0	0	0	0	0	0	0	25
Einflussfaktor 18	0	0	0	2	0	3	1	1	0	2	2	0	0	1	0	3	2		2	2	1	0	0	2	2	0	1	1	2	0	0	0	0				32
Einflussfaktor 19	0	0	0	0	0	2	0	1	0	0	1	0	0	0	0	3	2	3		1	2	0	0	1	1	2	1	0	0	0	0	0					32
Einflussfaktor 20	1	1	1	2	0	2	2	2	0	3	2	1	2	2	0	3	3	3	3		3	3	2	1	1	1	1	3	1	1	3	1	2	2	3	1	62
Einflussfaktor 21	0	0	0	1	0	1	1	2	0	1	0	0	0	1	0	2	2	3	2	2		2	0	0	1	1	2	0	1	0	0	0	0	2	3		31
Einflussfaktor 22	0	0	1	1	0	1	1	1	0	1	0	0	0	0	0	2	0	2	1	2	3		0	0	1	2	0	2	0	1	0	0	2	2	1	3	30
Einflussfaktor 23	0	0	1	0	0	2	1	0	1	2	0	1	0	0	0	2	1	1	1	1	2	2		3	1	2	2	1	1	1	0	1	1	0	0	1	33
Einflussfaktor 24	0	2	0	0	0	1	0	1	0	0	0	1	1	1	0	1	0	0	2		0	0	1	0	2	0	1	0	0	0	0	0					17
Einflussfaktor 25	0	0	0	1	0	1	0	0	0	0	2	0	1	0	0	0	0	1	2	0	0	2		2	1	3	2	3	3	2	0	0	3	1			30
Einflussfaktor 26	2	1	1	2	2	2	0	0	0	0	0	2	3	0	0	0	0	0	0	1	0	0	0	0	1		2	2	1	2	0	1	1	2	2		32
Einflussfaktor 27	0	0	0	0	0	1	1	0	1	0	0	0	0	0	0	0	0	0	0	0	2	3	2		0	0	1	0	0	1	0	0	1	0			17
Einflussfaktor 28	0	0	0	0	2	3	0	1	0	0	0	0	1	1	0	0	0	1	0	0	0	0	1	1	0		0	1	0	0	1	0	1	0			14
Einflussfaktor 29	0	0	0	0	1	3	0	2	1	3	2	0	3	2	3	3	1	0	0	0	0	0	1	1	0	1		1	0	0	0	0	1	0			28
Einflussfaktor 30	0	0	0	0	3	0	0	3	3	0	0	3	0	1	1	0	1	0	0	0	1	0	0	2	2		0	0	0	1	2						27
Einflussfaktor 31	0	0	0	0	1	0	0	1	1	0	0	1	2	0	2	2	3	0	0	0	1	0	0	1	0	2		0	0	0	0	0					16
Einflussfaktor 32	0	0	0	0	1	0	0	0	0	0	0	1	0	1	1	3	0	0	0	1	0	0	0	0	0	0	3		0	0	1						14
Einflussfaktor 33	1	1	1	1	0	2	2	0	0	0	0	0	0	0	2	0	3	0	1	0	1	2	1	2	1	1	0	2		2	0	1					27
Einflussfaktor 34	0	0	2	0	0	2	0	2	0	0	2	0	0	2	0	0	0	2	1	3	0	0	1	1	0	0	0	0	3		2	1					24
Einflussfaktor 35	0	0	0	0	1	0	0	0	0	0	0	0	0	0	0	0	0	0	0	0	0	1	2	1	3	1	0	1	0	0	1	0					11
Einflussfaktor 36	0	1	1	0	0	0	0	0	1	0	0	0	0	1	0	0	0	0	2	0	0	1	1	0	0	1	0	1	0	1	1				12
Passivsumme	20	20	24	15	5	40	44	27	19	42	36	32	15	25	30	46	22	29	32	30	32	21	10	10	30	37	17	33	29	27	18	14	26	18	23	19	917

Zur Identifizierung der Schlüsselfaktoren lassen sich aus der Einflussmatrix mehrere Kennwerte ableiten. Gausemeier et al. (1996; 208) schlagen vor, bei umfeldorientierten Szenarien die Schlüsselfaktoren über den so genannten Dynamik-Index (DI) zu ermitteln. Der DI eines Einflussfaktors lässt sich durch die Multiplikation von Aktiv- und Passivsumme[82] errechnen und verdeutlicht, inwieweit der Einflussfaktor in das Gesamtsystem eingebunden ist. Dabei gilt: je höher der DI, desto stärker die Vernetzung des Einflussfaktors im System und desto höher die Relevanz des Faktors für die Erstellung der Szenarien. In Abbildung 5-4 sind die Deskriptoren in absteigender Reihenfolge nach ihrem DI sortiert worden. Ergänzend soll die zu ermittelnde Grundmenge der Schlüsselfaktoren anhand eines weiteren Kennwerts, dem so genannten Abbildungsgrad, gebildet werden. Dieser gibt anhand des kumulierten DI an, zu wie viel Prozent die ausgewählten Schlüsselfaktoren das Gesamtsystem abbilden. Im Rahmen der vorliegenden Untersuchung soll der Abbildungsgrad in etwa bei 70 Prozent liegen, was auch in der Literatur als geeignete Zielgröße angegeben wird (vgl. ebd.; 211f.).

Abbildung 5-4: *Aus der Einflussmatrix resultierende Schlüsselfaktoren des Gesamtsystems*

Rang	DI	Deskriptoren	Nr.	Abbildungsgrad
1	2.288	Wirtschaftliche Entwicklung	07	8,98%
2	1.860	Dynamik des technischen Fortschritts	20	16,28%
3	1.640	Medienkultur	06	22,72%
4	1.554	Absatzmärkte	10	28,82%
5	1.184	Moralische Wertvorstellungen	26	33,47%
6	1.150	Verbreitung von IT-Dienstleistungen	16	37,98%
7	1.044	Kommunikationswettbewerb	11	42,08%
8	1.024	Managementziele	12	46,10%
9	992	Bereitschaft für technischen Fortschritt	21	50,00%
10	928	Vernetzungsgrad	18	53,64%
11	900	Persönliche Wertvorstellungen	25	57,17%
12	812	Wert des Konsums	29	60,36%
13	800	Mobilfunktechnik	19	63,50%
14	760	Frei verfügbares Einkommen	09	66,48%
15	729	Soziokulturelle Fragmentierung	30	69,34%
16	720	Wettbewerbspolitik	01	72,17%
...	...	...	...	...
Total	25.475	Gesamtsystem		100,00%

---

[82] Aktivsumme des Einflussfaktors i = Zeilensumme,
   Passivsumme des Einflussfaktors i = Spaltensumme (vgl. Gausemeier et al. 1995; 193).

Wie in Abbildung 5-4 ersichtlich, werden bei der Szenarioerstellung in unserer Untersuchung letztlich 16 Deskriptoren herangezogen, die zusammen rund 72 Prozent des Gesamtsystems abbilden. Im Folgenden werden den einzelnen Deskriptoren Merkmale zugeordnet, mit denen sich ihre zukünftigen Entwicklungsmöglichkeiten beschreiben lassen. Faktoren, die nur einen einzigen Entwicklungsverlauf nehmen können, erhalten den Status ‚unkritisch', solche mit mehreren Alternativen den Status ‚kritisch'. Daneben wird zu jedem Faktor eine Definition sowie ein knapp umrissener Ist-Zustand formuliert, um eine konzeptionelle Basis für das Entwickeln der jeweiligen Zukunftsprojektionen zu schaffen. Die Ermittlung von Zukunftsalternativen für die jeweiligen Deskriptoren erfolgt auf Basis einschlägiger Literatur.[83] Grafische Hilfsmittel und eine bildhafte Formulierung sollen ferner die Darstellung der einzelnen Projektionen erleichtern.

---

[83] Bei der Ermittlung möglicher Zukunftsprojektionen bieten sich neben intuitiv-kreativen Methoden und dem Heranziehen von geeigneter Literatur vor allem Trendextrapolationen, das Beschleunigen von Entwicklungen, das Einbeziehen anderer Umfeldparameter, sowie, bei Extremszenarien, das Überzeichnen einzelner Merkmalsentwicklungen an (vgl. Alexander 1996; 162, Gausemeier et al. 1995; 232f.).

Deskriptor 07:	Wirtschaftliche Entwicklung

Definition:
: Zur Beschreibung der wirtschaftlichen Entwicklung eines Wirtschaftsraumes lassen sich sowohl quantitative Indikatoren wie bspw. die Entwicklung des Bruttoinlandsprodukts (BIP), als auch qualitative Messgrößen heranziehen, welche gemäß dem Konzept der Nachhaltigkeit eine ökologische und soziale Dimension mit einschließen (vgl. Sehrer 2004; 185).

Umweltsektor:
: Wirtschaftlicher Sektor

Ist-Zustand:
: Die wirtschaftliche Entwicklung in Deutschland zwischen den Jahren 1995 und 2005 ist in folgendem Schaubild anhand des BIP dargestellt. Bei den einzelnen Projektionen wurden die Wachstumsraten der letzten fünf Jahre berücksichtigt. Projektion 07A stützt sich dabei auf die niedrigste Wachstumsrate (0,9 Prozent), Projektion 07C auf die höchste Wachstumsrate (2,5 Prozent) dieses Zeitraumes. Projektion 07B ergibt sich schließlich aus der durchschnittlichen Wachstumsrate der letzten fünf Jahre (1,72 Prozent).

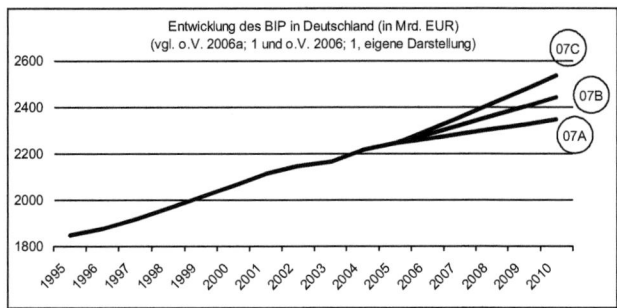

Entwicklung des BIP in Deutschland (in Mrd. EUR)
(vgl. o.V. 2006a; 1 und o.V. 2006; 1, eigene Darstellung)

Status:
: kritisch

Projektion 07A:
: ‚Ellenbogen-Ökonomie'
: Das Wirtschaftswachstum in Deutschland wie auch im restlichen europäischen Wirtschaftsraum liegt auf einem niedrigen Niveau. Diese Entwicklung führt zu Verteilungskämpfen innerhalb der Industrienationen, bei denen das Allgemeinwohl dem persönlichen Vorteil geopfert wird (Gausemeier et al. 1995; 245).

Projektion 07B:
: ‚Gebremstes Wachstum'
: Die wirtschaftliche Entwicklung in Deutschland verläuft weiterhin nur mäßig. Dem Aufschwung im Jahr 2006 folgte 2007 ein Jahr der Rezession, von der sich Deutschland in der Folgezeit jedoch leicht erholen konnte (vgl. Fischer 2005; 32).

Projektion 07C:
: ‚Stetiges und nachhaltiges Wachstum'
: In Deutschland sowie im restlichen Europa liegt ein gemäßigtes, aber stetiges Wirtschaftswachstum vor. Wirtschaftswachstum und Umwelterhaltung schließen sich dabei nicht aus. Die Bedürfnisse der Konsumenten werden befriedigt, ohne den zukünftigen Generationen die Lebensgrundlage zu entziehen (vgl. Scharioth et al. 2004; 288).

Deskriptor 20:   **Dynamik des technischen Fortschritts**

Definition: Unter technischem Fortschritt versteht man die „Herstellung neuartiger oder wesentlich verbesserter Produkte und Materialien sowie [die] Anwendung neuer Verfahren, die eine rationellere Produktion der bekannten Produkte und Materialien erlaubt" (o.V. 2000; 3021). Technischer Fortschritt wird nur durch Innovationen möglich. Bei diesen werden die Phasen Invention, Innovation und Diffusion unterschieden. Bei der letzten Phase (Diffusion) geht es um die wirtschaftliche Verwertung einer Innovation mittels Marketingaktivitäten und Technologietransfer, durch die sich ihre Anwendung ausbreitet (vgl. ebd.).

Umweltsektor: Technologischer Sektor

Ist-Zustand: Eine umfassende Darstellung zum aktuellen Stand des technischen Fortschritts ist hier nicht das Ziel und würde den Rahmen sprengen. Mit Hilfe der Kondratieff-Zyklen lassen sich jedoch bedeutende Basisinnovationen aufzeigen, die zumindest einen groben Überblick über die technische Entwicklung bis heute geben dürften. Darüber hinaus gibt Kapitel 3 an mehreren Stellen den aktuellen Stand der Technik im Bereich der IKT am Beispiel der Bankbranche wieder.

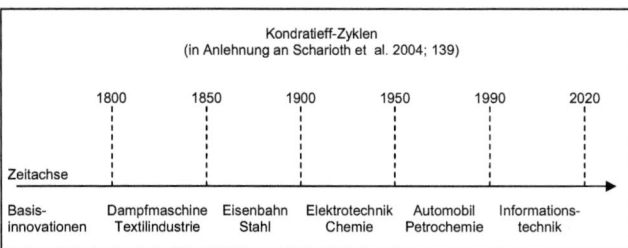

Merkmale:

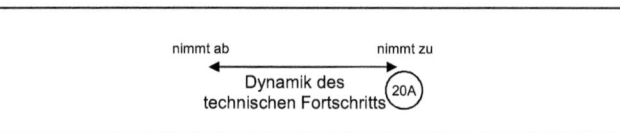

Status: unkritisch

Projektion 20A: ‚Welt steigender Innovationskraft'
Durch die Internettechnologien und die hohe Informationsverfügbarkeit konnte die Innovationsgeschwindigkeit in den letzten Jahren ständig gesteigert werden (vgl. Scharioth et al.; 270). Trends zur Miniaturisierung und Erfolge bei Energie- und Speichertechnologien ermöglichen erste Ansätze des Ubiquitous Computing und haben darüber hinaus die Attraktivität mobiler Endgeräte gesteigert. Die kontinuierliche Steigerung der Übertragungskapazitäten der Glasfaser hat die wirklichkeitsnahe Darstellung weit entfernter Personen, die so genannte Telepräsenz, zur Realität werden lassen. Neue Arbeitsformen wie etwa virtuelle Konferenzen und Telework haben die Mobilität erhöht und den Alltag flexibilisiert. Video-On-Demand ist bereits eine gängige Anwendung, das semantische Internet, welches die Informationssuche im virtu-

ellen Informationsdschungel erleichtern soll, eignet sich jedoch bisher lediglich für Firmenwebs (vgl. Horx 2004; 52, Lange 2005; 84f., Pease 2002; 2). Durch die neuen Technologien hat sich in erster Linie die Bequemlichkeit der Menschen erhöht (vgl. Wiggenhorn 2004; 210).

Deskriptor 06:   *Medienkultur*

Definition:

Unter dem Begriff ‚Medienkultur' wird mit Schmidt (1994: 600) ein Programm verstanden, das sich durch die dauerhafte mediale Thematisierung für wichtig gehaltener Dichotomien (gut/böse, wirklich/fiktiv etc.) im Wirklichkeitsmodell eines sozialen Systems konstituiert. Für die Art der Thematisierung sind die technische Weiterentwicklung bereits bestehender Medien, die Entwicklung neuer Medien sowie die Medienkonzentration von großer Bedeutung. Letztere gilt als entscheidendes Maß für die Medien- und damit Kulturkontrolle, da sie die Fremdbestimmung fördert (vgl. Gausemeier et al. 1995; 238).

Umweltsektor: Politisch-rechtlicher Sektor

Ist-Zustand:

Eine ausführliche Ist-Darstellung in Bezug auf die Digitalisierung der Medien ist in Kapitel 3.1 nachzulesen. Im Hinblick auf die Medienkonzentration in Deutschland ergibt sich folgende Situation: gemessen an den Marktanteilen wird der Pressemarkt zu knapp zwei Dritteln von vier Großverlagen kontrolliert, und der Privatfernsehmarkt wird auch nach der Insolvenz der Kirch-Gruppe von zwei großen Fernsehanbietern dominiert: zum einen von der ProSiebenSat.1 Media AG, zum anderen von der dem Bertelsmann-Konzern angehörenden RTL-Group (vgl. Vogel 2004; 323, Kiefer 2004; 14). Die beiden Veranstaltergruppen kamen im Jahr 2005 auf einen durchschnittlichen Zuschaueranteil von knapp 50 Prozent, und weitere 44 Prozent entfielen auf die Programmangebote der öffentlich-rechtlichen Sender (vgl. KEK 2006; 1). Um die Entwicklung politischer Freiheit und kultureller Vielfalt garantieren zu können, ist neben einer Medienkonzentration auf nationaler Ebene auch die transnationale Medienkonzentration innerhalb der EU zu überwachen (vgl. o.V. 2004b; 1).

Merkmale:

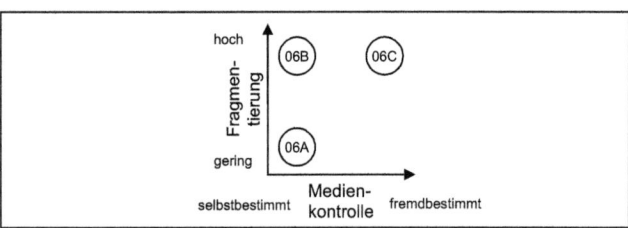

Status: kritisch

Projektion 06A: ‚Medienkonsum als kollektiver Prozess'

Die Angebotsausweitung der Medien und die damit verbundene Fragmentierung der Medienmärkte haben sich deutlich langsamer vollzogen als dies noch vor etwa fünf Jahren prophezeit worden ist. Zu einem Hemmschuh wird dabei in erster Linie das mangelnde Interesse seitens der Bevölkerung an

Special-Interest-Medien. Da sich das Medienhandeln im Kontext der Familie oder des Freundeskreises als kollektiver Prozess darstellt, der heute oftmals aus dem Wunsch nach Gemeinsamkeit heraus motiviert ist, haben sich gerade im Fernsehmarkt viele Spartenkanäle nicht durchsetzen können. Das Gros der Fernsehkonsumenten ist deshalb auch nicht bereit, für mehr Fernsehangebote mehr Geld auszugeben (vgl. Röser 2003; 2, Steinkirchner/Berke 2006; 42).

Projektion 06B: ‚Die entmasste Mediendemokratie'
Der Einfluss der Medien auf Politik und Wirtschaft ist ungebrochen (vgl. Scharioth et al. 2004; 284). Auf den Medienmärkten haben sich aufgrund einer verschärften Wettbewerbssituation allerdings die Machtverhältnisse zwischen Anbietern und Nachfragern verschoben, derart dass die Anbieter dazu gezwungen sind, kundennäher zu agieren. Zielgruppen- und spartenbezogene Medieninhalte werden an den persönlichen Interessen der Rezipienten ausgerichtet, wobei die Segmente in immer kleinere Untergruppen, bis hin zu einer einzigen Person, heruntergebrochen werden. Die Folge ist eine explosionsartige Zunahme an medialen Inhalten, welche mehr und mehr in dem Medium Internet konvergieren. Suchmaschinen wie Yahoo und Google haben unterdessen die Funktion von Programmzeitschriften übernommen und helfen dem Konsumenten beim Aufspüren der für ihn attraktivsten Inhalte (vgl. Gausemeier et al. 1995; 239, Steinkirchner/Berke 2006; 41f.).

Projektion 06C: ‚Die Macht der Gatekeeper'
Die Zahl der Medienangebote hat sich in den letzten vier Jahren explosionsartig vermehrt. Trotz eines enorm breiten Spektrums an verfügbaren Medienkanälen und -produkten ist die Vielfalt an medialen Inhalten jedoch vergleichsweise gering geblieben. Suchmaschinen wie Yahoo und Google sowie andere Online-Dienste, die den Rezipienten Zugang zu medialen Inhalten ermöglichen, kanalisieren den Informationsfluss und erhalten auf diese Weise publizistische und ökonomische Macht. Mit dieser Vereinheitlichung der Informationsversorgung geht auch einher, dass sich die Zahl unabhängiger Stimmen, die auf sich aufmerksam machen können, erheblich verringert hat. (vgl. o.V. 2004b; 2, o.V. 2005i; 27, Scharioth et al. 2004; 284).

Deskriptor 10: *Absatzmärkte*

Definition: Unter dem Begriff ‚Absatzmarkt' versteht man den Markt, welcher der Produktion nachgelagert ist und auf dem die Produkte resp. Leistungen eines Unternehmens abgesetzt werden (vgl. o.V. 2000; 21).

Umweltsektor: Wirtschaftlicher Sektor

Ist-Zustand: Durch die Errungenschaften der modernen IKT haben sich die Absatzmärkte stark verändert: Unternehmen sehen sich heute mit gesättigten, globalisierten, integrierten Märkten konfrontiert, in denen sich zum einen die Produkte und Leistungen teilweise kaum mehr unterscheiden lassen und in denen zum anderen die Marktbedingungen verstärkt von den Konsumenten diktiert werden (vgl. Engeser 2005; 121, Kotler et al. 2002; 23, Tropp 2004; 72, de Vries 2004; 175). Mit den Möglichkeiten der digitalen Technologie haben sich einige Absatzmärkte sukzessiv weg von Massenmärkten, hin zu Individualmärkten entwickeln können, in denen es für die Unternehmen „nicht mehr darum

[geht], Kunden für Produkte zu finden, sondern Produkte für Kunden" (Kotler et al. 2002; 32). Es ist ferner zu beobachten, dass die Luxus- und Niedrig-preissegmente auf Kosten des mittleren Marktsegments kontinuierlich ange-wachsen sind (vgl. Horx 2003; 14).

Merkmale:

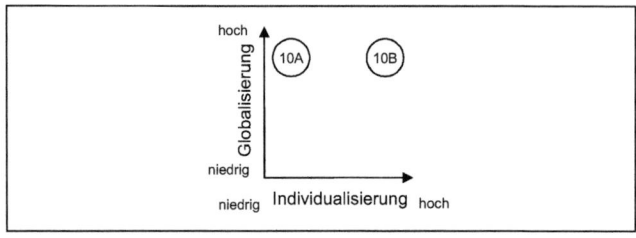

Status: kritisch

Projektion 10A: ,Polarisierung der Absatzmärkte'
Das Gros der auf den hochgradig globalisierten Absatzmärkten angebotenen Waren und Dienstleistungen ist weitgehend standardisiert und profiliert sich über einen vergleichsweise niedrigen Preis. Neben diesen Discount- resp. Massengütern werden auf einigen wenigen Märkten auch hochwertige, kun-denspezifische Produkte und Leistungen angeboten, die in erster Linie von solventen Verbrauchern nachgefragt werden, welche über einen hohen Grad an Konsumkompetenz verfügen. Bei den meisten Konsumenten sind dage-gen der Wille und die Fähigkeit, das eigene Produkt selbst zu gestalten, eher schwach ausgeprägt (vgl. (Horx 2003; 7, Scharioth et al. 2004; 290).

Projektion 10B: ,Demokratisierte Leistungs- und Warenwelt'
Die Kosten für individuell angepasste Produkte und Dienstleistungen sind in den meisten Absatzmärkten durch die digitale Technologie erheblich gesun-ken, was dazu geführt hat, dass maßgeschneiderte Leistungen nicht länger ein Privileg der Wohlhabenden sind. Diese sind nunmehr auch für die breite Masse erschwinglich. So hat das kundenspezifische Massenprodukt zu einer unüberschaubaren Produktvielfalt geführt (vgl. Kotler et al. 2002; 25, Schari-oth et al. 2004; 275). Da mit der Gestaltung maßgeschneiderter Leistungen auch ein bestimmter Aufwand seitens des Konsumenten verbunden ist, eig-net sich die individuelle Massenanfertigung jedoch nicht für alle Produkt- und Verbrauchertypen gleichermaßen. Auf speziellen Cheap-Sites im Internet und mit Hilfe von intelligenten Suchprogrammen, die das Netz ständig auf den niedrigsten Preis hin durchsuchen, können Konsumenten sehr viel preisbe-wusster agieren und bspw. auch Premium-Produkte zu Schnäppchenpreisen erwerben. Der Privatkunde holt sich dabei das für ihn beste Produkt zu den besten Konditionen (vgl. Swoboda 2004; 79, Horx 2003; 7f.).

Deskriptor 26:   *Moralische Wertvorstellungen*

Definition: Moral, verstanden als normativer Grundrahmen für das menschliche Verhal-
                   ten in einer Gesellschaft, ist im Unterschied zum Recht äußerlich nicht er-
                   zwingbar. Sie formuliert Pflicht, greift zurück auf Vernunft und wendet sich in
                   mahnendem Sinne an das Gewissen (vgl. Bausch 1994; 20).

Umweltsektor: Sozialer Sektor

Ist-Zustand: In breiten Teilen der Gesellschaft sind Werte wie Glaubwürdigkeit und Ehr-
                   lichkeit sehr stark ausgeprägt und von hoher Relevanz. Darüber hinaus
                   wächst in einigen Teilen der Gesellschaft die Besorgnis über die Folgen der
                   aktuellen globalen Entwicklung (vgl. de Vries 2004; 174).

Merkmale:

Status: kritisch

Projektion 26A: ‚Die Egoismus-Gesellschaft'
                   Klare, allgemein verbindliche Moralvorstellungen sind dem Streben nach dem
                   persönlichen Vorteil gewichen. Dies gilt sowohl für Unternehmen und Organi-
                   sationen, als auch für das einzelne Individuum. Ein Verantwortungsbewusst-
                   sein gegenüber den Interessen nachfolgender Generationen existiert faktisch
                   nicht (vgl. Scharioth et al. 2004; 285, 287).

Projektion 26B: ‚Verantwortungsbewusste Gesellschaft'
                   In der Gesellschaft bestehen klare moralische Wertvorstellungen. Fairness,
                   Rücksicht und verantwortungsbewusstes Handeln sind populäre Tugenden,
                   an denen sowohl Unternehmen, Organisationen als auch jeder Einzelne ge-
                   messen werden (vgl. ebd.; 270). Die Gesellschaft fühlt sich nicht nur sich
                   selbst, sondern auch der nachfolgenden Generation verpflichtet. Viele Kon-
                   sumenten bevorzugen Marken, welche nachweislich mit ethischen Standards
                   verbunden sind. Für diese Verbraucher wird es immer wichtiger, wo und wie
                   Produkte hergestellt werden (vgl. de Vries 2004; 182).

Deskriptor 16:   *Verbreitung von IT-Dienstleistungen*

Definition: Nach dem Gabler Wirtschaftslexikon ist der Terminus IT (Informationstechno-
                   logie) ein „Oberbegriff für alle mit der elektronischen Datenverarbeitung in
                   Berührung stehenden Techniken" (o.V. 2000; 1658). IT-Dienstleistungen resp.
                   E-Services lassen sich demgemäß als selbstständige, marktfähige Leistun-
                   gen definieren, welche „durch die Bereitstellung von elektronischen Leis-
                   tungsfähigkeiten des Anbieters [...] und durch die [...] Hilfe eines elektroni-
                   schen Datenaustauschs [...] auf eine nutzenstiftende Wirkung [...] abzielen"
                   (Bruhn 2002a, zit. n. Meffert/Bruhn 2003; 418).

Umweltsektor: Technologischer Sektor

Ist-Zustand: Die Entwicklungen im Banken- und Mobilfunkmarkt dokumentieren den Einzug von elektronischen Dienstleistungen in die verschiedenen Lebensbereiche der Konsumenten. Sie sind in Kapitel 3.5 ausführlich geschildert worden, weshalb an dieser Stelle auf eine weitere Formulierung des Ist-Zustands verzichtet wird.

Merkmale:

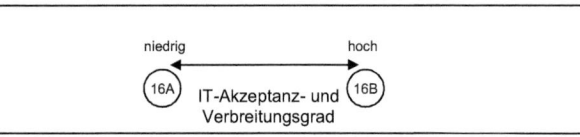

niedrig   hoch

(16A) IT-Akzeptanz- und (16B)
Verbreitungsgrad

Status: kritisch

Projektion 16A: ‚Dominanz humanzentrierter Dienstleistungen'
Der zunehmende Einzug technikgestützter Dienstleistungen in die verschiedenen Lebensbereiche der Menschen hat zu einem neuen Zeitgeist geführt, der das Verhältnis von Mensch und Technik problematisiert. Befürchtet wird, dass mit der zunehmenden Entpersonalisierung an der Kundenschnittstelle die menschliche Kommunikationsfähigkeit zusammenbricht. Triebfeder des Bedenkens sind darüber hinaus auch „Ängste vor dem Verfall des Humankapitals" (vgl. Gausemeier et al. 1995; 243). Für die Mehrheit der Verbraucher ist ‚high touch' folglich wichtiger als ‚high tech'. Weil das Bedürfnis nach sozialen Kontakten sowie nach persönlicher Kommunikation bei den Konsumenten überaus stark ausgeprägt ist, durchlebt der stationäre Handel eine Renaissance (vgl. ebd.; 242).

Projektion 16B: ‚Omnipräsenz der Informationstechnologie'
Mit der starken Verbreitung von Breitbandzugängen sind IT-Dienstleistungen in nahezu alle Domänen des gesellschaftlichen Lebens eingedrungen (vgl. D'Amico 2004; 1). Der Einkauf über das Internet ist durch zusätzliche Service- und Unterhaltungsangebote bedeutend attraktiver und für viele Verbraucher zu einer Selbstverständlichkeit geworden (vgl. Wiggenhorn 2004; 208). Die Zahl digitaler Zahlungsvorgänge ist infolgedessen stark gestiegen, was dazu geführt hat, dass das Bezahlen mit Münzen und Geldscheinen zu einer Ausnahme geworden ist (vgl. Aschenbrenner 2001; 1). In klassischen Anwendungsgebieten wie dem Callcenter hat die Spracherkennung an Bedeutung gewonnen (vgl. Duerand 2005; 83). Die Informationstechnologie dringt auch in immer neue, bisher dem Menschen vorbehaltene Dienstleistungsbereiche vor. So können intelligente Software-Agenten heute Beratungsleistungen übernehmen, und es existieren erste marktreife Online-Übersetzungssysteme (vgl. Duerand 2005; 83, Gausemeier et al. 1995; 243, Pease 2002; 1).

Deskriptor 11:   *Kommunikationswettbewerb*

Definition: Der klassische Produktwettbewerb, bei dem sich die Markenartikel noch über ihre Produkteigenschaften und -leistungen profiliert haben, ist durch die zunehmende funktionale Austauschbarkeit der Produkte zu einem Kommunikationswettbewerb evolviert. Wie in Kapitel 3.2 aufgezeigt, geht es für die Unternehmen folglich darum, bei den Konsumenten mittels Medienangeboten die ökonomisch wirksame Konstruktion eines über den funktionalen Produktnutzen hinausgehenden zusätzlichen Nutzens auszulösen. Voraussetzung dafür ist das Erzielen von Aufmerksamkeit bei den Konsumenten (vgl. Tropp 2004; 71f.).

Umweltsektor: Wirtschaftlicher Sektor
Ist-Zustand: Siehe Kapitel 3.2

Merkmale:

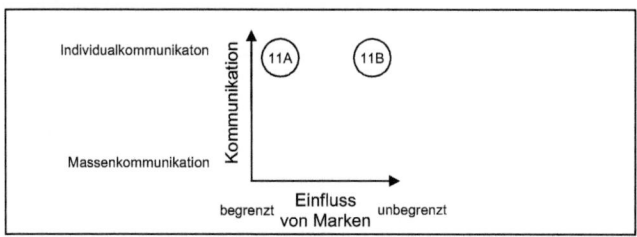

Status: kritisch

Projektion 11A: ‚Markeninvasion und Meinungsdifferenzen'
Um sich im globalen Wettbewerb behaupten zu können und die Aufmerksamkeit der Konsumenten auf die eigenen Produkte und Leistungen zu lenken, hat das Gros der Unternehmen seine Kommunikationsaktivitäten intensiviert. In ihren Kommunikationsstrategien kommt der Marke die höchste Priorität zu (vgl. de Vries 2004; 177, Pasquier et al. 2004; 46). Das Markenbewusstsein der Verbraucher variiert jedoch stärker denn je von Marktsegment zu Marktsegment. Auf der einen Seite treten Markenenthusiasten in Erscheinung, welche Markenartikel in erster Linie wegen ihrer einzigartigen Erlebnisangebote erwerben. Auf der anderen Seite existieren Verbraucher, die sich darüber bewusst sind, dass Marken mehr versprechen als sie leisten. Sie stellen folglich auch den Mehrwert von Markenartikeln für sich in Frage. Zwischen diesen beiden Extrempositionen lassen sich Konsumenten identifizieren, denen Marken in erster Linie als Orientierungsinstrument dienen (vgl. de Vries 2004; 176, 181f.). In gesättigten und unübersichtlichen Märkten fungieren Marken für diese Konsumenten primär als Komplexitätsreduktoren (vgl. Tropp 2004; 118). Diese Entwicklungen haben dazu geführt, dass die undifferenzierte Massenkommunikation weiter an Bedeutung verloren hat. Immer mehr Unternehmen setzen demgegenüber auf individualisierte Kommunikationstechniken. Parallel dazu haben auch die Kommunikationsinstrumente, welche eine personalisierte Ansprache erlauben, an Bedeutung gewonnen. Beispiele hierfür sind das Internet- und das analoge Direktmarketing (vgl. Pasquier et al. 2004; 75, 79).
Der Erfolg der Marketingkommunikation hängt heute schließlich mehr denn je von ihrer Glaubwürdigkeit ab. Auf falsche Versprechen und enttäuschte Erlebniserwartungen reagieren die Konsumenten überaus kritisch. Viele Unternehmen sehen im Markenmanagement ihre Kernkompetenz und lagern andere Aufgabenbereiche aus (vgl. Boltz 2004; 192, de Vries 2004; 180f.).

Projektion 11B: ‚Branded Society'
Aufgrund der verstärkten Unternehmensaktivitäten in der Markenkommunikation sind die Konsumenten mehr denn je von Marken umgeben. Diese sind mittlerweile in nahezu alle Bereiche des öffentlichen Lebens eingedrungen

(vgl. Pasquier et al. 2004; 46, de Vries 2004; 175, 180). Die meisten Verbraucher sind mit dieser Entwicklung zufrieden. In Zeiten verkürzter Produktlebenszyklen und unübersichtlichen Märkten schaffen Marken Orientierung und ersparen den Verbrauchern Zeit und Aufwand (vgl. Lüdtke 2004; 103, de Vries 2004; 177). Werbeaktivitäten, verstanden als langfristige Investition in eine Marke, werden von den Unternehmen dabei kontinuierlich gesteigert (vgl. Pasquier et al. 2004; 47, de Vries 2004; 178). Mit dem Betreiben von ‚Flagship stores' in besonders guter Umgebung wird den Kunden ein attraktives Angebot zur Erlebniskonstruktion präsentiert und der Marke ein besonderer Glanz verliehen (vgl. Boltz 2004; 197). Die Unternehmen versuchen ständig neue Konzepte zu entwickeln, wobei ihnen hierbei keine Grenzen gesetzt sind und sich die Markenkommunikation immer wieder neu erfindet (vgl. de Vries 2004; 177f.).

Deskriptor 12: Managementziele

Definition:	Das Gabler Wirtschaftslexikon definiert Unternehmensziele als „die der unternehmerischen Betätigung zugrunde liegenden Zielsetzungen" (o.V. 2000; 3189). Als die bedeutendste Zielsetzung des unternehmerischen Zielsystems gilt das Streben nach Gewinn und Rentabilität. Neben diversen Sicherungszielen wie etwa dem Liquiditätssicherungsziel werden im Zielsystem eines Unternehmens regelmäßig auch soziale und ökologische Ziele berücksichtigt (vgl. ebd.; Glombitza 2005; 24).
Umweltsektor:	Wirtschaftlicher Sektor
Ist-Zustand:	Einige Unternehmen sensibilisieren bereits heute ihr Verantwortungsbewusstsein gegenüber den Bereichen Umwelt und Gesellschaft und stellen sich zunehmend einer über den Unternehmenszweck hinausgehenden Verantwortung. Die Unternehmen reagieren damit auf das gewachsene Machtpotenzial der NGOs und der damit verbundenen Neustrukturierung des öffentlichen Raums, sowie auf die von der Gesellschaft geforderte Verantwortungsübernahme durch die Unternehmen, nachdem diese im Zuge der Privatisierung vermehrt in traditionell staatlichen Bereichen operieren (vgl. Glombitza 2005; 15, 18f. und 63).

Merkmale:

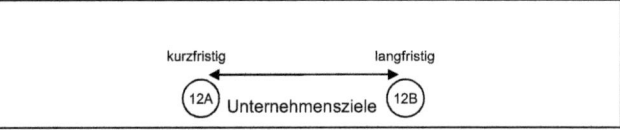

Status:	kritisch
Projektion 12A:	‚Shareholder-Orientierung' Das Gros der Unternehmen orientiert sich heute ausdrücklich an den Interessen der Shareholder, weshalb „die Kurzfristigkeit des wirtschaftlichen Handelns weiter [anhält]" (Scharioth et al. 2004; 290). In einigen Teilen der Bevölkerung wächst somit die Besorgnis im Hinblick auf eine nachhaltige Entwicklung beziehungsweise die Kritik an „einem globalisierten Raubtierkapitalismus" (Sehrer 2004; 183).

Projektion 12B: ‚Stakeholder-Orientierung'
Die Unternehmen haben erkannt, dass sich ein dauerhaft wirtschaftlicher Erfolg nicht allein durch eine kurzfristige Profitmaximierung realisieren lässt, sondern vielmehr durch marktorientiertes, aber verantwortungsbewusstes Handeln. Neben rein wirtschaftlichen Zielen verfolgt das Management der Unternehmen deshalb auch ökologische und soziale Ziele. In der Gesellschaft ist das Interesse an einer nachhaltigen Entwicklung ebenfalls überaus stark ausgeprägt (vgl. Glombitza 2005; 27, Scharioth et al. 2004; 275, de Vries 2004; 174).

Deskriptor 21: **Bereitschaft für technischen Fortschritt**

Definition: Mit dem Begriff ‚Bereitschaft für technischen Fortschritt' soll die Offenheit der Gesellschaft gegenüber technischen Neuerungen bezeichnet werden.

Umweltsektor: Technologischer Sektor

Ist-Zustand: Während der Großteil der jugendlichen Menschen gegenüber technologischen Neuerungen sehr aufgeschlossen ist, zeigen sich viele der älteren Personen gegenüber technischen Veränderungen zurückhaltender (vgl. Kapitel 3.4). Dies liegt unter anderem daran, dass sie hinsichtlich der Nutzung von Technik altersbedingt beeinträchtigt sind. Aktuelle Untersuchungen aus der Sozialwissenschaft zeigen allerdings, dass sich gerade die „ältere[n] Menschen mehrheitlich durch eine hohe allgemeine Technikaufgeschlossenheit auszeichnen und die Auffassung vertreten, dass Technik zu einer weiteren Verbesserung der Lebensqualität beiträgt" (Voß et al. 2003; 59). Vor dem Hintergrund einer alternden Gesellschaft ist dies ein wichtiger Hinweis, will man Rückschlüsse auf die zukünftige Offenheit in der Gesellschaft bezüglich der Bereitschaft für technische Neuerungen schließen (vgl. ebd.; 57).

Merkmale:

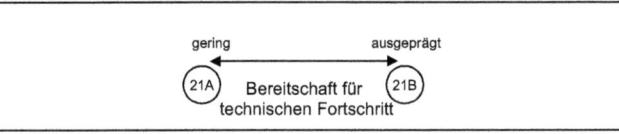

Status: kritisch

Projektion 21A: ‚Die Entfremdung von Mensch und Technik'
Die multimediale Informationsüberlastung einerseits, sowie fehlendes technisches Wissen andererseits, haben besonders bei älteren Menschen zu einer dramatisch abnehmenden Technikakzeptanz geführt (vgl. Gausemeier et al. 1995; 244).

Projektion 21B: ‚Ausgeprägte Technikakzeptanz'
Die Gesellschaft zeichnet sich durch eine große Offenheit gegenüber neuen Technologien aus. Triebfeder der Technikakzeptanz sind bereits erzielte Steigerungen von Produkt- und Dienstleistungsqualitäten sowie die damit verbundene Steigerung der Lebensqualität. Die Menschen haben im Umgang mit neuen Technologien darüber hinaus auch mehr Routine gewonnen, was die Bereitschaft für technische Neuerungen gleichermaßen gefördert hat.

Technikskepsis tritt hingegen lediglich in Wandlungs- und Implementierungsphasen auf (vgl. Gausemeier et al. 1995; 244, Scharioth et al. 2004; 292).

Deskriptor 18: *Vernetzungsgrad*

Definition: Mit ‚Vernetzungsgrad' soll die Dichte und Anzahl der Verknüpfungen zwischen den einzelnen Elementen im System der Kommunikationsmedien
beschrieben werden. Eine Voraussetzung für die Vernetzungsfähigkeit der
Kommunikationsmedien sind einheitliche Normen und Standards.

Umweltsektor: Technologischer Sektor

Ist-Zustand: Weltweit besteht ein hohes Interesse, die Normen und Standards in der Kom-
munikationsindustrie zu vereinheitlichen. Dies ist nötig, da mit dem Aufbau
der Infrastruktur hohe Investitionskosten verbunden sind, die eine hohe Pla-
nungssicherheit erfordern. Neben der Basisstruktur gibt es noch diverse
Dienste und Technologien, bei denen unklar ist, inwieweit sie sich am Markt
durchsetzen können. So hat sich der WAP-Standard aufgrund langer Ladezeiten, hoher Preise und einer komplizierten Konfiguration nicht am Markt
behaupten können (vgl. Geiger 2005; 5, Wiggenhorn 2004; 213).

Merkmale:

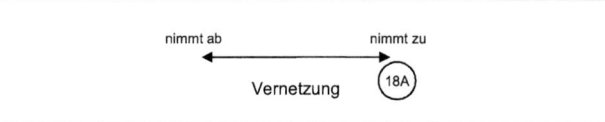

Status: unkritisch

Projektion 18A: ‚Weltweite Verbindungsmöglichkeiten'
Der Vernetzungsgrad der Kommunikationsmedien ist überaus hoch. Die Endgeräte aus den Bereichen Internet, Funk und Fernsehen sind durch Daten-
Highways interaktiv verknüpft, und es dringen weltweit mehr und mehr integrierte Anwendungen in Haushalte, Unternehmen und öffentliche Einrichtungen vor. Die zunehmende Ausstattung der Endgeräte mit Funksystemen wie
Bluetooth oder WLAN hat zu einer verstärkten Nutzung lokaler, dezentraler
Netze geführt, sowie die Anbindungsmöglichkeiten der Kommunikationsmedien untereinander enorm erweitert (vgl. Gausemeier et al. 1995; 244, Geiger
2005; 5, Scharioth et al. 2004; 295).

Deskriptor 25:	*Persönliche Wertvorstellungen*

Definition:	Werte „sind als Auffassungen von Wünschenswertem zu verstehen" (Kerner 2002; 15).
Umweltsektor:	Sozialer Sektor
Ist-Zustand:	Im Wertesystem der Gesellschaft dominieren Individualität, Selbstständigkeit und Eigenverantwortung, was bspw. in der heutigen Arbeitswelt beobachtbar ist. Zurückführen lässt sich dieser Drang zum Individualismus unter anderem auf die Erziehungsprinzipien der Nachkriegsjahrzehnte. Die so genannten ‚Baby Boomer' sollten so erzogen werden, dass sie sich auf einem Arbeitsmarkt behaupten können, der lange Zeit mehr von gegenseitigem Wettbewerb als von kooperativem Miteinander geprägt war (vgl. Piller 2003; 70). Individuellen Fähigkeiten kamen deshalb eine höhere Bedeutung zu als Teamgeist oder Gruppengefühl. Letzteres könnte sich zwar vor dem Hintergrund einer immer stärkeren Vernetzung in der Gesellschaft ändern, die Heterogenität der Nachfrage und der Bedürfnisse wird sich allerdings eher noch weiter verschärfen. Vor allem unter Berücksichtigung der jungen Net-Generation, welche sich durch eine hohe Differenzierung der Nachfrage auszeichnet (vgl. ebd.). Der hohe Stellenwert von Selbstverwirklichung und Individualität im Wertesystem der Menschen kommt bspw. auch im Bankgeschäft zum Ausdruck, wo der Kunde heute sehr flexible, sich seiner individuellen Lebenssituation anpassende Finanzdienstleistungen erwartet (vgl. Salmen 2003; 34).

Merkmale:

Persönliche Wertvorstellungen tendieren eher in Richtung:

◄─────────────►

(25A)   (25B)

Individualität   Sozialität

Status:	kritisch
Projektion 25A:	‚Persönliche Autonomie' Selbstverwirklichung, Individualität und die Verantwortung für das eigene Wohlergehen stehen an der Spitze der Wertehierarchie. In Entscheidungssituationen folgen die Menschen vermehrt ihrer eigenen mittelbaren Erkenntnis und ziehen ihre eigenen Schlüsse. Der moderne Verbraucher ist dabei höchstkritisch, zeitgestresst, anspruchsvoll und überaus gut informiert (vgl. o.V. 2005b; 1, Scharioth et al. 2004; 270, de Vries 2004; 181).
Projektion 25B:	‚Renaissance der Gemeinschaft' Persönliche Werte wie Freundschaft und Treue kennzeichnen den gesellschaftlichen Spirit. Die Betonung von Familie und Sozialität steht klar im Vordergrund. Bei ihren Handlungen orientieren sich die Menschen in erster Linie an den Vorstellungen und Meinungen anderer und lassen sich leichter beeinflussen (Scharioth et al. 2004; 103).

Deskriptor 29:	Wert des Konsums

Definition:
Konsum lässt sich mit Rekurs auf Lüdtke (2004; 110) verstehen „als das Insgesamt der Tätigkeiten und Transaktionen eines privaten Haushalts zum Erwerb und zur Verwendung (Verzehr, Gebrauch, Weitergabe) von Gütern in Märkten, von der Vorbereitung (der Kaufentscheidung) über die Nutzung bis zur Entsorgung der Reste und Abfälle". Konsum dient der Bedürfnisbefriedigung. So befriedigt er die allgemeinen Bedürfnisse des physischen Wohlbefindens und der sozialen Wertschätzung.

Umweltsektor:
Sozialer Sektor

Ist-Zustand:
Das Konsumverhalten der Verbraucher hat sich in den letzten Jahren mehr und mehr in eine Richtung entwickelt, in der die subjektive Expression des Individuums, die Erlebnisqualität des Konsumierens, sowie das ‚sich selbst verwirklichen durch Konsum' im Vordergrund steht. Zudem haben sich in vielen Märkten die wirtschaftlichen Rollen der privaten Haushalte erweitert und aufgewertet, da der passive Konsum durch die Synthese von Konsumtion und Produktion dem aktiven Konsum gewichen ist (vgl. ebd.; 119). Dieser neue Konsumententyp wird auch als „Prosument" bezeichnet.

Merkmale:

gering　　　　　　　hoch

(29A) Wert des Konsums (29B)

Status:
kritisch

Projektion 29A:
‚Konsum als Mittel zum Zweck'
Konsum ist kein Wert an sich, sondern geschieht eher beiläufig. Das Gros der Verbraucher achtet beim Konsum in erster Linie auf Produkte und weniger auf Marken (vgl. Scharioth et al. 2004; 270, de Vries 2004; 176).

Projektion 29B:
‚Konsum als Statusmerkmal'
Durch die Zunahme der kulturellen Signifikanz der Güter, sowie der damit einhergehenden Steigerung ihrer symbolischen Bedeutung ist Konsum für die meisten Menschen zum Ausdruck eines gewissen Lebensstils geworden und zu einem Statussymbol avanciert (vgl. Lüdtke 2004; 103, o.V. 2005b; 1, Scharioth et al. 2004; 285). So bezieht eine Reihe von Verbrauchern ihre gesellschaftliche Anerkennung aus dem Konsum preiswerter Produkte, während andere Schichten vor allem Qualität fordern, auf Langlebigkeit achten oder sich über die mit einer Marke verbundenen Erlebnisangebote definieren (vgl. Alexander 1996; 168, de Vries 2004; 181, Scharioth et al. 2004; 271, 286). Konsum wird zunehmend als Freizeit erlebt.

Deskriptor 19:   *Mobilfunktechnik*

Definition: Unter Mobilkommunikation wird die „technisch vermittelte Individual-, Grup-pen- oder Massenkommunikation [verstanden], die durch portable Endgeräte und leitergebundene bzw. drahtlose Verbindungen realisiert wird" (Döring/ Dietmar 2005b; 544). In technischer Hinsicht basiert sie auf spezifischen Endgeräten, Diensten, Netzen und Anwendungen.

Umweltsektor: Technologischer Sektor

Ist-Zustand: Siehe Kapitel 3.5.3.

Merkmale:

Status: kritisch

Projektion 19A: ‚Fehlende Relevanz mobiler Dienste'
Obgleich aus technischer Perspektive alle Voraussetzungen gegeben sind, haben es die Betreiber nicht geschafft den Endverbrauchern relevante Diens-te anzubieten, die im Sinne des Anwenders funktionieren (vgl. D'Amico 2004; 1). Aus diesem Grund haben sich mobile Internetdienste bei dem Großteil der Nutzer nicht durchsetzen können. Verbraucherängste vor Gesundheitsschä-den, welche durch die mobile Technik ausgelöst werden könnten, haben dar-über hinaus die Verbreitung mobiler Endgeräte gehemmt.

Projektion 19B: ‚Kommunikationsfreie Räume'
Mit Tarif-Innovationen wie etwa den Discount-Tarifen oder den Flatrates sind die Kosten für Mobilfunkdienste erheblich zurückgegangen. Der Preisverfall hat dazu geführt, dass sich Festnetz und Mobilfunk kostenmäßig angeglichen haben. Die Nutzung mobiler Endgeräte im Alltag ist folglich zu einer Selbst-verständlichkeit geworden (vgl. Geiger 2005; 2f.). Die ständige Erreichbarkeit wird von vielen Menschen allerdings als störend empfunden, weshalb sie sich ihr bspw. durch Auszeiten entziehen (vgl. Scharioth et al. 2004; 273). In vie-len Teilen des öffentlichen Lebens sind Handy-Verbote keine Seltenheit mehr.

Projektion 19C: ‚Always-on-Gesellschaft'
Mit der mobilen Breitbandtechnik ist es gelungen, Unternehmen und Endver-brauchern attraktive Mobilfunkdienste anzubieten (vgl. ebd.; 278). Ein deutli-cher Rückgang bei den Mobilfunkpreisen hat zudem zu einer selbstverständ-licheren Mobilfunknutzung geführt. Die Marktpenetration liegt in Deutschland heute bei 120 Prozent, und viele Verbraucher besitzen demnach schon mehr als eine aktive SIM-Karte (vgl. Geiger 2005; 7f.). Die Möglichkeit, komplexe Datendienste auch mobil zu nutzen, wird mittlerweile von über zwei Drittel al-ler Mobilfunkteilnehmer regelmäßig in Anspruch genommen, und die Über-tragungstechniken GPRS und UMTS sind heute in fast allen Mobilfunktelefo-nen integriert (vgl. D'Amico 2004; 1f.). Für viele Menschen ist es heute eine

Selbstverständlichkeit, zu jeder Tageszeit am Arbeitsplatz ebenso wie in der Freizeit erreichbar zu sein (vgl. Scharioth et al. 2004; 287).

Deskriptor 09:   *Frei verfügbares Einkommen*

Definition:

Das Verfügbare Einkommen entspricht dem „Einkommensbetrag, der Wirtschaftseinheiten nach der Verteilung der Arbeitnehmerentgelte, Unternehmens- und Vermögenseinkommen und nach der Umverteilung über empfangene und geleistete Transfers für den Konsum und das Sparen [...] zur Verfügung steht" (o.V. 2000; 3245). Der größte Teil des verfügbaren Einkommens entfällt auf den Sektor der privaten Haushalte und wird bei einer Sparquote von ca. 10 Prozent für private Konsumzwecke ausgegeben (vgl. o.V. 2006b; 36).

Umweltsektor: Wirtschaftlicher Sektor

Ist-Zustand:

Im Jahr 2004 lagen die privaten Konsumausgaben in Deutschland pro Einwohner bei 15.900 Euro (vgl. o.V. 2005j; 1). Die Entwicklung der Konsumausgaben von 1995 bis 2004 lassen sich dem folgenden Schaubild entnehmen. Die Grafik bildet zudem drei Projektionen ab, bei denen die Wachstumsraten von 2001 bis 2004 berücksichtigt worden sind. Projektion 09A stützt sich dabei auf die niedrigste Wachstumsrate (0,65 Prozent), Projektion 09C auf die höchste Wachstumsrate (3,38 Prozent) dieses Zeitraums. Die Werte der Projektion 09B ergeben sich schließlich aus der durchschnittlichen Wachstumsrate der Jahre 2001 bis 2004 (1,81 Prozent).

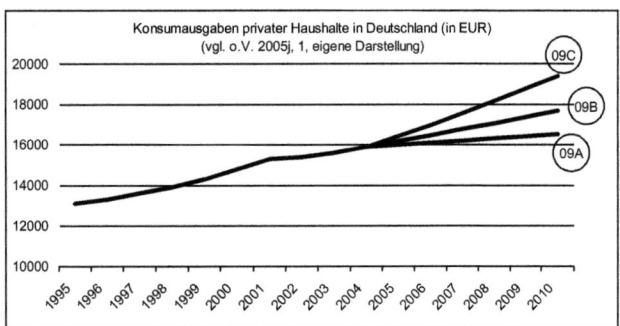

Status: kritisch

Projektion 09A:

,Die große Konsumflaute'

Das frei verfügbare Einkommen der privaten Haushalte stagniert und lässt weniger Spielraum für den privaten Konsum. Dieser Spielraum wird durch steigende Ausgaben für Mobilität, Gesundheit und Altersvorsorge noch weiter eingegrenzt. Negativ wirkt sich dies vor allem auf die Nachfrage nach neuartigen, intelligenten Dienstleistungen aus. Innovative Dienstleistungsangebote werden folglich in erster Linie seitens der Unternehmen und weniger von Privatpersonen nachgefragt (vgl. Scharioth et al. 2004; 274).

Projektion 09B: ,Einkommenspolarisierung'
Während in einigen Bevölkerungsschichten das frei verfügbare Einkommen stagniert oder sogar sinkt, profitieren andere Teile der Gesellschaft von Erbschaften und Erträgen aus privaten Wertpapieranlagen. Dem positiven bzw. negativen Zuwachs des frei verfügbaren Einkommens der privaten Haushalte stehen steigende Ausgaben in den Bereichen Mobilität, Altersvorsorge und Gesundheit gegenüber, welche von manchen Teilen der Gesellschaft leicht gestemmt werden können, in anderen Teilen der Bevölkerung allerdings den Spielraum für private Konsumausgaben erheblich eingegrenzt oder sogar reduziert haben (vgl. Horx 2003; 18, Scharioth et al. 2004; 274).

Projektion 09C: ,Volle Taschen'
Wirtschaftswachstum und zunehmende Erwerbstätigkeit haben das frei verfügbare Einkommen der privaten Haushalte vermehrt, derart dass sich trotz der steigenden Selbstfinanzierung für Mobilität, Gesundheit und Altersvorsorge der Spielraum für private Konsumzecke erhöht hat. Sowohl im privaten als auch im unternehmerischen Sektor ist die Nachfrage nach innovativen Dienstleistungen erheblich gestiegen (vgl. Scharioth et al. 2004: 289).

Deskriptor 30:   *Soziokulturelle Fragmentierung*

Definition: Die soziokulturelle Fragmentierung zielt auf die Art der Strukturierung von sozialer Ungleichheit in der Gesellschaft. Neben Kriterien wie sozialen Lagen, verstanden als typische Kontexte ungleicher Handlungsbedingungen, sozialen Milieus und Subkulturen, sind in diesem Zusammenhang vor allem Lebensstile von besonderer Bedeutung (vgl. Schulze 1992; 400f.). Nach Lüdtke (2004; 108) sind „Lebensstile kristalline, relativ stabile Formen der ‚bewährten' Lebensführung, Muster des Alltagsverhaltens einschließlich der beteiligten Interaktionskontexte und physisch-symbolischen Artefakte. Sie werden über Prozesse von Versuch (und Irrtum) durch das Individuum erworben, in biografischen Zeiträumen stabilisiert, revidiert und angepasst".

Umweltsektor: Sozialer Sektor

Ist-Zustand: Mit der massenhaften Zunahme an Waren und Dienstleistungen steht dem Individuum heute ein schier unerschöpfliches Reservoir der Stilgestaltung zur Verfügung. Daneben lassen sich noch weitere Stil-Indikatoren wie etwa Freizeitaktivitäten, Medienpraxis, Musikgeschmack etc. identifizieren, die faktisch zu einer unüberschaubaren Vielfalt angewachsen sind und somit eine homologe Ästhetisierung von Lebensstilen erschweren (vgl. ebd.; 107f.). Daraus resultierend „sind die meisten Lebensstile in sich ‚patchworkartig' strukturiert und haben nur in der Kombination von Stilelementen aus wenigen Bereichen einen relativ hohen Wiedererkennungswert" (ebd.; 109).

Merkmale:

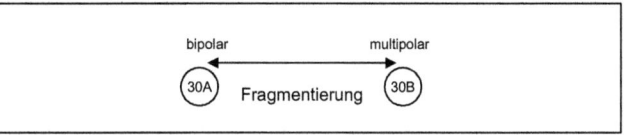

Status: kritisch

Projektion 30A: ‚Polarisierte Informations-Hierarchie'
Die Gesellschaft ist aufgrund globaler Informationsstrukturen in Informations- und Stil-Eliten einerseits sowie in eine Subkultur der Informations- und Stil-Armen andererseits aufgeteilt (vgl. Gausemeier et al. 1995; 246).

Projektion 30B: ‚Pluralisierung der Lebensstile'
Das Zeitalter der Individualisierung hat Massenmärkte, Massenkommunikation und Massenproduktion weitgehend abgelöst. Einstige Zielgruppen sind diffundiert, Schichten und Milieus brüchig geworden (vgl. Horx 2003; 50). Mit der Atomisierung der Medienmärkte ist eine Pluralisierung der Lebensstile einhergegangen. Die Toleranz in der Gesellschaft gegenüber den verschiedenen Lebensformen hat diese Entwicklung gefördert, kann aber auch als ihr eigentliches Resultat angesehen werden. Durch die Pluralisierung der Lebensstile ändern sich die Wertvorstellungen ständig und sind in ihrer Gesamtheit nur schwer erfassbar (vgl. Scharioth et al. 2004; 270).

Deskriptor 01: **Wettbewerbspolitik**

Definition: Wettbewerbspolitik „ist ein wesentlicher Teil der Ordnungspolitik, mit welcher die Rahmenbedingungen für das Marktverhalten der Wirtschaftssubjekte [...] gesetzt werden" (o.V. 2000; 3479). Sie „umfasst alle staatlichen Maßnahmen, die der Aufrechterhaltung des Wettbewerbs dienen" (ebd.).

Umweltsektor: Politisch-rechtlicher Sektor

Ist-Zustand: Die Wettbewerbspolitik der EU erstreckt sich auf die Bereiche Fusionskontrolle, Kartelle, staatliche Beihilfen und Liberalisierung (vgl. o.V. 2005g; o.S.). Im Zuge ihres liberalen Kurses, hat die EU eine schrittweise Liberalisierung der Märkte wie etwa die Öffnung des Telekommunikations- oder des Gasmarktes durchgesetzt (vgl. Europa o.J.; o.S.). Im Rahmen ihrer Finanzdienstleistungsstrategie für den Zeitraum bis 2010 zielt die Europäische Kommission auf eine fortgesetzte Liberalisierung der europäischen Finanzmärkte sowie auf den Ausbau des Wettbewerbs zwischen den einzelnen Finanzdienstleistungsinstituten (vgl. o.V. 2005f; 1, o.V. 2005h; 3).

Merkmale:

weniger Wettbewerb   mehr Wettbewerb

Folgen der   (01A)
Wettbewerbspolitik

Status: unkritisch

Projektion 01A: ‚Mehr Wettbewerb'
Die Öffnung der Märkte sowie der Abbau von wirtschaftlich relevanten Hindernissen sind stetig vorangeschritten. Dies trifft auch für die Finanzdienstleistungsbranche zu. Der Wettbewerb hat sich dadurch weiter verschärft und zwingt die Wirtschaft dazu, effizienter zu agieren (vgl. Scharioth et al. 2004; 282).

<u>Phase 4:</u>

Nachdem die unterschiedlichen Entwicklungsrichtungen der Deskriptoren erarbeitet worden sind, gilt es in einem vierten Schritt, die einzelnen Ausprägungen auf deren Konsistenz hin zu überprüfen und die jeweiligen Projektionen zu möglichst stimmigen Trendbündeln zusammenzufassen. Abbildung 5-5 zeigt eine Konsistenzmatrix, in der die bisher erarbeiteten Trendprojektionen noch einmal stichwortartig abgebildet sind. Zur Ermittlung konsistenter Annahmebündel fungiert die Konsistenzmatrix als methodisches Strukturierungsinstrument, mit dem sich die verträglichen Deskriptorenausprägungen schließlich ermitteln und darstellen lassen. Die konsistenten Trendbündel sind wiederum Grundlage für das Verfassen des eigentlichen Trendszenarios (vgl. Alexander 1996; 170).

Wie aus Abbildung 5-5 hervorgeht, haben sich letztlich drei alternative Trendbündel herauskristallisiert, die unserer Einschätzung nach ein hohes Konsistenzmaß aufweisen. Die höchste Plausibilität im Sinne einer evolutionsdeterminierten Fortschreibungsmöglichkeit der Gegenwart schreiben wir der zweiten Alternative ‚Die pluralistische Kommunikationsgesellschaft' zu, weshalb wir sie hier als Trendszenario positionieren.[84] Die beiden anderen alternativen Trendbündel ‚Die konservative Egoismusgesellschaft' und ‚Die rationale Informationsgesellschaft' werden bei der weiteren Vorgehensweise vernachlässigt.

---

[84] Die ‚pluralistische Kommunikationsgesellschaft' setzt sich also aus den Trendprojektionen 01A, 06B, 07B, 09B, 10B, 11A, 12B, 16B, 18A, 19C, 20A, 21B, 25A, 26B, 29B und 30B zusammen.

Abbildung 5-5: Konsistenzmatrix

Umfeldsektor	Trendprojektion	1 Die konservative Egoismusgesellschaft	2 Die pluralistische Kommunikationsgesellschaft	3 Die rationale Informationsgesellschaft
Politisch-rechtlicher Sektor	01A: Mehr Wettbewerb	x	x	x
	06A: Medienkonsum als kollektiver Prozess	x		
	06B: Die entmasste Mediendemokratie		x	
	06C: Die Macht der Gatekeeper			x
Wirtschaftlicher Sektor	07A: Ellenbogen-Ökonomie	x		
	07B: Gebremstes Wachstum		x	
	07C: Stetiges und nachhaltiges Wachstum			x
	09A: Die große Konsumflaute	x		
	09B: Einkommenspolarisierung		x	
	09C: Volle Taschen			x
	10A: Polarisierung der Absatzmärkte	x		x
	10B: Demokratisierte Leistungs- und Warenwelt		x	
	11A: Markeninvasion und Meinungsdifferenzen		x	x
	11B: Branded Society	x		
	12A: Shareholder-Orientierung	x		x
	12B: Stakeholder-Orientierung		x	
Technologischer Sektor	16A: Dominanz humanzentrierter Dienstleistungen	x		
	16B: Omnipräsenz der Informationstechnologie		x	x
	18A: Weltweite Verbindungsmöglichkeiten	x	x	x
	19A: Fehlende Relevanz mobiler Dienste	x		
	19B: Kommunikationsfreie Räume			x
	19C: Always-on-Gesellschaft		x	
	20A: Welt steigender Innovationskraft	x	x	x
	21A: Die Entfremdung von Mensch und Technik	x		
	21B: Ausgeprägte Technikakzeptanz		x	x
Sozialer Sektor	25A: Persönliche Autonomie	x	x	
	25B: Renaissance der Gemeinschaft			x
	26A: Die Egoismus-Gesellschaft	x		
	26B: Verantwortungsbewusste Gesellschaft		x	x
	29A: Konsum als Mittel zum Zweck			x
	29B: Konsum als Statusmerkmal	x	x	
	30A: Polarisierte Informations-Hierarchie	x		
	30B: Pluralisierung der Lebensstile		x	x

Phase 5 und 6:

Wesentlicher Stützpunkt des Trendszenarios ist also Annahmebündel zwei, welches gemäß den letzten Schritten der Phasenkonzeption des Battelle Instituts im Rahmen einer Gesamtkonstellation kreativ bzw. visionär interpretiert worden ist. Diese Interpretationen dienen als Basis zur Entwicklung einzelner Szenarien, die sich als kurze Storys zusammenfassen lassen. Da im Rahmen der vorliegenden Untersuchung auf eine Störfall-Analyse verzichtet worden ist und wir Trendbrüche wie Naturkatastrophen, Krieg, Terrorismus, Epidemien etc. ausklammern, fällt die fünfte Phase mit der letzten Phase zusammen, in der es darum geht, „auf Basis der Umfeldbeschreibungen die Beschreibung der Konsequenzen für das Untersuchungsfeld" (Scharioth et al. 2004; 10), also für das marketingpolitisch relevante Handlungsfeld von Finanzdienstleistungsinstituten im Jahr 2011, auszuarbeiten. Das auf diese Weise entwickelte Trendszenario wird im folgenden Abschnitt narrativ dargestellt.

5.3 Trendszenario für das Jahr 2011

Im Jahr 2011 ist die Globalisierung weiter vorangeschritten. Die Öffnung der Märkte und der Abbau von wirtschaftlich relevanten Hindernissen sind stetig fortgeführt worden. Dies trifft auch für die Finanzdienstleistungsbranche zu, derart dass sich bspw. der transeuropäische Wettbewerb zwischen Banken, Versicherungen sowie Non- und Nearbanks erheblich verschärft hat. Dieses Mehr an Wettbewerb zwingt Banken und andere Finanzdienstleistungsinstitute im Speziellen sowie die Wirtschaft im Allgemeinen zu mehr Effizienz in ihrem wirtschaftlichen Handeln.

Der Einfluss der Medien auf Politik und Wirtschaft ist weiterhin ungebrochen. Auf den Medienmärkten haben sich aufgrund einer ebenfalls verschärften Wettbewerbssituation jedoch die Machtverhältnisse zwischen Anbietern und Nachfragern verschoben, derart dass die Anbieter dazu gezwungen sind, kundennäher zu agieren. Zielgruppen- und spartenbezogene Medieninhalte wie bspw. spezielle Finanzmagazine für Schüler, Akademiker oder Unternehmer werden an den persönlichen Interessen der Rezipienten ausgerichtet, wobei die Segmente in immer kleinere Untergruppen, bis hin zu einer einzigen Person, heruntergebrochen werden. Die Folge davon ist eine explosionsartige Zunahme an medialen Inhalten, welche mehr und mehr in dem Medium Internet konvergieren. Suchmaschinen wie Yahoo und Google haben unterdessen die Funktion von Programmzeitschriften übernommen und helfen dem Konsumenten beim Auffinden der für ihn relevanten Inhalte.

Die wirtschaftliche Entwicklung in Deutschland verläuft weiterhin nur mäßig. Dem temporären Wachstumsimpuls des Jahres 2006 folgte 2007, bedingt durch Vorzieheffekte aufgrund der Mehrwertsteuererhöhung, ein Jahr der Rezession, von der sich Deutschland in der Folgezeit jedoch leicht erholen konnte. Dennoch hat sich die Konjunktur im Vergleich zu 2006 wieder deutlich abgekühlt.

Während in einigen Bevölkerungsschichten das frei verfügbare Einkommen stagniert oder sogar sinkt, profitieren andere Teile der Gesellschaft von Erbschaften und Erträgen aus privaten Wertpapieranlagen. Dem positiven resp. negativen Zuwachs des frei verfügbaren Einkommens der privaten Haushalte stehen steigende Ausgaben in den Bereichen Mobilität, Altersvorsorge und Gesundheit gegenüber, die von manchen Teilen der Gesellschaft leicht gestemmt werden können, in anderen Teilen der Bevölkerung allerdings den Spielraum für private Konsumausgaben erheblich eingegrenzt oder sogar reduziert haben. Die Sparquote bleibt demgegenüber weitgehend konstant bzw. ist aufgrund der risikobehafteten Altersbezüge leicht gestiegen.

Die Unternehmen haben erkannt, dass sich ein dauerhaft wirtschaftlicher Erfolg nicht allein durch eine kurzfristige Profitmaximierung realisieren lässt, sondern vielmehr durch marktorientiertes, aber verantwortliches Handeln. Neben rein wirtschaftlichen Zielen verfolgt das Management der Unternehmen deshalb auch ökologische und soziale Ziele. Für Banken und Versicherungen hat hier insbesondere die Frage nach einem verantwortungsvollen Umgang mit Geld an Bedeutung gewonnen, durch den eine dauerhafte Entwicklungsfähigkeit sozialer, kultureller und ökologischer Vorhaben gewährleistet wird. Die Finanzwirtschaft reagiert damit auch auf das gestiegene Machtpotenzial von Non-Governmental Organizations (NGOs), das aus einer zunehmenden Professionalisierung ihrer Arbeit resultiert. Mit diesem Machtzuwachs gehen schließlich eine Neustrukturierung des öffentlichen Raums sowie eine gesunkene Toleranzschwelle gegenüber dem unternehmerischen Shareholder-orientierten Handeln einher. In breiten Teilen der Gesellschaft ist das Interesse an einer nachhaltigen Entwicklung sehr stark ausgeprägt.

Durch die Internettechnologien und die hohe Informationsverfügbarkeit konnte die Innovationsgeschwindigkeit in den letzten Jahren ständig gesteigert werden. Trends zur Miniaturisierung und Erfolge bei Energie- und Speichertechnologien ermöglichen erste Ansätze des Ubiquitous Computing und haben darüber hinaus die Attraktivität mobiler Endgeräte gesteigert, womit das Interesse an mobilen Anwendungen einen nachhaltigen Aufschwung erfahren hat. Die kontinuierliche Steigerung der Übertragungskapazitäten der Glasfaser hat die wirklichkeitsnahe Darstellung weit entfernter Personen, die so genannte Telepräsenz, zur Realität werden lassen, was dazu führt, dass ein Großteil der Finanzdienstleister komplexe Beratungsleistungen bei Bedarf auch über das Internet anbietet. Neue Arbeitsformen wie etwa virtuelle Konferenzen und Telework haben die Mobilität erhöht und den Alltag flexibilisiert. Video-On-Demand ist bereits eine gängige Anwendung, das semantische Internet, das die Informationssuche im virtuellen Informationsdschungel erleichtern soll, eignet sich jedoch bisher nur für Firmenwebs.

Die Gesellschaft zeichnet sich aus durch eine große Offenheit gegenüber neuen Technologien. Triebfeder der Technikakzeptanz sind bereits erzielte Steigerungen von Produkt- und Dienstleistungsqualitäten sowie die damit verbundene Steigerung der Lebensqualität. So hat sich durch die neuen Technologien in erster Linie die Convenience-Orientierung der Menschen erhöht. Diese haben überdies im Umgang mit neuen Technologien auch mehr Routine gewonnen, was die Bereitschaft für technische Neuerungen gleichermaßen gefördert hat. Technikskepsis tritt hingegen lediglich in Wandlungs- und Implementierungsphasen auf.

Mit der zunehmenden Verbreitung von Breitbandzugängen sind IT-Dienstleistungen in nahezu alle Domänen des gesellschaftlichen Lebens eingedrungen. Der Einkauf über das Internet sowie andere elektronische Dienste wie etwa Onlinebanking sind durch zusätzliche Service- und Unterhaltungsangebote bedeutend attraktiver und für viele Verbraucher zu einer Selbstverständlichkeit geworden. Die Zahl digitaler Zahlungsvorgänge ist infolgedessen stark gestiegen, was dazu geführt hat, dass das Bezahlen mit Münzen und Geldscheinen eher zu einer Ausnahme geworden ist. In klassischen Anwendungsgebieten wie dem Callcenter hat die Spracherkennung erheblich an Bedeutung gewonnen. Die Informationstechnologie dringt allerdings auch in immer neue, bisher dem Menschen vorbehaltene Dienstleistungsbereiche vor. So übernehmen bspw. bei vielen Finanzdienstleistungsinstituten neben dem klassischen Beratungspersonal auch intelligente Software-Agenten Beratungsleistungen, und es existieren erste marktreife Online-Übersetzungssysteme.

Die Kosten für individuell angepasste Produkte und Dienstleistungen sind in den meisten Absatzmärkten durch die digitale Technologie erheblich gesunken, mit der Konsequenz, dass maßgeschneiderte Leistungen nicht länger ein Privileg der Wohlhabenden sind. Diese sind nunmehr auch für die breite Masse erschwinglich. So hat das kundenspezifische Massenprodukt zu einer unüberschaubaren Produktvielfalt geführt. Da mit der Gestaltung maßgeschneiderter Leistungen ein bestimmter Aufwand seitens des Konsumenten verbunden ist, eignet sich die individuelle Massenanfertigung jedoch nicht für alle Produkt- und Verbrauchertypen. So spielt sie bspw. in der Lebensmittel- und Getränkebranche eine eher untergeordnete Rolle und beschränkt sich auf ein individuelles Verpackungsdesign. Bei Finanzdienstleistungen ist das Bedürfnis nach personalisierten und flexiblen Service- und Beratungsangeboten jedoch überaus stark ausgeprägt: Hausbesuche, variabel angepasste oder ausgesetzte Ratenzahlungen sowie maßgeschneiderte Kredite und Konditionen vermitteln einen echten, wahrgenommenen Kundennutzen und zielen auf den Aufbau langer und stabiler Kundenbeziehungen. Dabei setzen viele Finanzanbieter auch auf branchenübergreifende Kooperationen und schmieden Allianzen, um Dienste mit einem möglichst hohen, an den persönlichen Interessen des Einzelnen ausgerichteten Nutzen generieren zu können.

So genannte Mashups, die Inhalte aus verschiedenen Web-Seiten nahtlos zu neuen Angeboten zusammenfügen, gehören zu den am meisten nachgefragten Services im Internet. Auf speziellen Cheap-Sites und unter Verwendung von intelligenten Suchprogrammen, die das Netz ständig auf die günstigsten Konditionen hin absuchen, können Konsumenten heute sehr viel preisbewusster agieren und bspw. Premium-Produkte zu Schnäppchenpreisen erwerben oder die Renditen diverser Kapitalanlagen kostenlos miteinander vergleichen. Der Privatkunde holt sich dabei das für ihn beste Produkt zu den besten Konditionen. Das oszillierende Einkaufsverhalten des hybriden

Konsumenten hat sich durch dessen höhere Konsum-Kompetenz noch einmal deutlich verstärkt.

Der Vernetzungsgrad der Kommunikationsmedien ist überaus hoch. Die Endgeräte aus den Bereichen Internet, Funk und Fernsehen sind durch Daten-Highways interaktiv verknüpft, und es dringen weltweit mehr und mehr integrierte Anwendungen in Haushalte, Unternehmen und öffentliche Einrichtungen vor. Die zunehmende Ausstattung der Endgeräte mit Funksystemen wie Bluetooth oder WLAN hat zu einer verstärkten Nutzung lokaler, dezentraler Netze geführt sowie die Anbindungsmöglichkeiten der Kommunikationsmedien untereinander enorm erweitert. Aufgrund des vermehrten Einsatzes von Internettechnologien und der gestiegenen Kompatibilität der Kommunikationsmedien hat die Größe persönlicher Netzwerke erheblich zugenommen.

Mit der mobilen Breitbandtechnik ist es ferner gelungen, Unternehmen und Endverbrauchern attraktive Mobilfunkdienste anzubieten. Ein deutlicher Rückgang bei den Mobilfunkpreisen hat schließlich zu einer selbstverständlicheren Mobilfunknutzung „ohne den Kostenticker im Hinterkopf" (Geiger 2005; 2) geführt. Die Marktpenetration liegt in Deutschland heute bei 120 Prozent, und viele Verbraucher besitzen demnach schon mehr als eine aktive SIM-Karte. Die Möglichkeit, komplexe Datendienste auch mobil zu nutzen, wird mittlerweile von über zwei Drittel aller Mobilfunkteilnehmer regelmäßig in Anspruch genommen, und die Übertragungstechniken GPRS und UMTS sind heute in fast allen Mobilfunktelefonen integriert. Vor diesem Hintergrund hat sich auch die Akzeptanz des Mobile Banking erhöht, und viele Handyuser erledigen heute einen Teil ihrer Bankgeschäfte auch über das Mobiltelefon. Für viele Menschen ist es heute eine Selbstverständlichkeit, zu jeder Tageszeit am Arbeitsplatz ebenso wie in der Freizeit erreichbar zu sein. Für manche ist die Erreichbarkeit gar ein überaus starkes Bedürfnis und Ausdruck der persönlichen Unabhängigkeit. Andere genießen indessen den ‚Luxus' des Nicht-Erreichbarseins und nehmen sich immer wieder kommunikative ‚Auszeiten'.

Selbstverwirklichung, Individualität und die Verantwortung für das eigene Wohlergehen stehen an der Spitze der Wertehierarchie. In Entscheidungssituationen folgen die Menschen heute vermehrt ihrer eigenen mittelbaren Erkenntnis und ziehen ihre eigenen Schlüsse. Der heutige Verbraucher ist dabei höchst kritisch, zeitgestresst, anspruchsvoll und überaus gut informiert. Dies hat dazu geführt, dass viele Finanzdienstleistungsinstitute ihre Beratungsqualität deutlich verbessert haben, aber auch dazu, dass ein großer Teil der Gesellschaft auf Beratungsleistungen ganz verzichtet und Finanzinformationen unter Rückgriff auf verschiedene Medieninhalte und Plattformen ausschließlich in Eigenregie recherchiert.

Das Zeitalter der Individualisierung hat Massenmärkte, Massenkommunikation und Massenproduktion weitgehend abgelöst. Einstige Zielgruppen sind diffundiert, einstige Schichten und Milieus brüchig geworden. Mit der Atomisierung der Medienmärkte ist eine Pluralisierung der Lebensstile einhergegangen. Die Toleranz in der Gesellschaft gegenüber den verschiedenen Lebensformen hat diese Entwicklung gefördert, kann aber auch als ihr eigentliches Resultat angesehen werden. Durch die Pluralisierung der Lebensstile ändern sich die Wertvorstellungen ständig und sind in ihrer Gesamtheit nur schwer erfassbar.

Dennoch bestehen in der Gesellschaft klare moralische Wertvorstellungen. Fairness, Rücksicht und verantwortungsbewusstes Handeln sind populäre Tugenden, an denen sowohl Finanzdienstleistungsinstitute sowie andere Unternehmen und Organisationen als auch jeder Einzelne gemessen werden. Besonders die (zwischen-)menschlichen kommunikativen Werte wie Integrität, Verstehen und Transparenz haben enorm an Bedeutung gewonnen. Die Gesellschaft fühlt sich nicht nur sich selbst, sondern auch der nachfolgenden Generation verpflichtet. Viele Konsumenten bevorzugen Marken, die nachweislich mit ethischen Standards verbunden sind. Für diese Verbraucher wird es immer wichtiger, wo und auf welche Art und Weise Produkte hergestellt werden oder wie verantwortungsbewusst und sozialverträglich Finanzdienstleister ihre Geldgeschäfte betreiben.

Um sich im globalen Wettbewerb behaupten zu können und die Aufmerksamkeit der Konsumenten auf die eigenen Produkte und Leistungen zu lenken, hat das Gros der Unternehmen seine Kommunikationsaktivitäten intensiviert. In den Kommunikationsstrategien kommt dabei der Marke die höchste Priorität zu. Das Markenbewusstsein der Verbraucher variiert jedoch stärker denn je von Marktsegment zu Marktsegment. Auf der einen Seite treten Markenenthusiasten in Erscheinung, welche Markenartikel in erster Linie wegen ihrer einzigartigen Erlebnisangebote erwerben. Auf der anderen Seite existieren Verbraucher, die sich darüber bewusst sind, dass Marken mehr versprechen als sie leisten. Sie stellen folglich auch den Mehrwert von Markenartikeln für sich in Frage. Zwischen diesen beiden Extrempositionen lassen sich Konsumenten identifizieren, denen Marken in erster Linie als Orientierungsinstrument dienen. In gesättigten und unübersichtlichen Märkten fungieren Marken für diese Konsumenten primär als Komplexitätsreduktoren. Diese Entwicklungen haben dazu geführt, dass die undifferenzierte Massenkommunikation weiter an Bedeutung verloren hat. Immer mehr Unternehmen setzen demgegenüber auf individualisierte Kommunikationstechniken. Parallel dazu haben die Kommunikationsinstrumente, die eine personalisierte Ansprache erlauben, weiter an Bedeutung gewonnen. Beispiele hierfür sind das Internet- und das analoge Direktmarketing. Viele Unternehmen sehen heute im Markenmanagement ihre Kernkompetenz und lagern andere Aufgabenbereiche aus. Der Erfolg der Marketingkommunikation hängt jedoch mehr denn je von ihrer Glaubwürdigkeit ab. Auf falsche Versprechen und enttäuschte Erlebniserwartungen reagieren die Konsumenten überaus kritisch.

Durch die Zunahme der kulturellen Signifikanz der Güter sowie der damit einhergehenden Steigerung ihrer symbolischen Bedeutung ist Konsum für die meisten Menschen zum Ausdruck eines gewissen Lebensstils geworden und zu einem Statussymbol avanciert. So bezieht eine Reihe von Verbrauchern ihre gesellschaftliche Anerkennung aus dem Konsum preisgünstiger Produkte, während andere Schichten vor allem

Qualität fordern, auf Langlebigkeit achten oder sich über die mit einer Marke verbundenen Erlebnisangebote definieren. Konsum wird letztlich immer mehr als Freizeit erlebt.

Abbildung 5-6:   *Zusammenfassende Darstellung des Trendszenarios*

Im Folgenden werden die wesentlichen Trends und Entwicklungen des hier dargestellten Trendszenarios noch einmal stichpunktartig zusammengefasst:

- ▦ Erhöhter Wettbewerbs- und Globalisierungsgrad
- ▦ Atomisierung des Medienmarktes
- ▦ Mäßige Entwicklung des Wirtschaftswachstums
- ▦ Zunahme der Einkommenspolarisierung
- ▦ Neustrukturierung des öffentlichen Raums durch Machtzuwachs von NGOs
- ▦ Steigende Innovationsgeschwindigkeit
- ▦ Gestiegene Mobilität und Flexibilisierung des Alltags
- ▦ Bedeutungszuwachs (mobiler) Internettechnologien und -dienste
- ▦ Vergrößerung persönlicher Netzwerke
- ▦ Individualisierung der Gesellschaft und Wertepluralismus
- ▦ Bedeutungszuwachs immaterieller Werte
- ▦ Chronische Inflation der Kommunikation durch kontinuierliche Ausweitung der Kommunikationsaktivitäten
- ▦ Divergentes Markenbewusstsein in der Gesellschaft
- ▦ Gestiegener Wert des Konsums

5.4   Best-Case-Szenario für das Jahr 2011

Die wirtschaftliche Entwicklung hat sich in Gesamteuropa wieder stabilisiert, was sich positiv auf das gesellschaftliche Klima auswirkt. Von der guten Stimmung profitieren Banken und Versicherungen gleichermaßen, da ihnen nur noch vereinzelt Kritik in Bezug auf ihr Geschäftsgebaren entgegengebracht wird. Die Finanzdienstleistungsinstitute haben sich für viele Verbraucher vielmehr zu echten Partnern entwickelt, die den Menschen durch ihre Kompetenz und Vertrauenswürdigkeit in einer Zeit unübersichtlicher Märkte sowie in einer äußerst dynamischen Umwelt Sicherheit und Orientierung bieten. Das Gros der Kunden präferiert daher auch nur maximal ein oder zwei Bankverbindungen und zeigt sich relativ resistent gegenüber Abwerbe-Aktionen der Konkurrenz. Das hohe Vertrauen, das die Kunden in ihren Finanzanbieter setzen, zeigt sich insbesondere darin, dass sie ihm bereitwillig ihre persönlichen Kundendaten zur Profilbildung überlassen. Die Kunden sind sich darüber bewusst, dass sich dadurch für sie in erster Linie nur Vorteile ergeben und dass sie auf diese Weise ihre individuellen Bedürfnisse durch maßgeschneiderte Leistungen besser befriedigen können.

Mit der Entwicklung und Einführung wirksamer Schutzmechanismen gegen Online-Manipulationen beim Internetbanking hat sich die Verunsicherung innerhalb der Gesellschaft hinsichtlich der Durchführung von Online-Transaktionen deutlich abgeschwächt. Die Innovationen der modernen IKT haben darüber hinaus die Erlebnisqualität multisensualer Internetangebote erheblich gesteigert, derart dass sich heute faktisch sämtliche Finanzdienstleistungen über das Internet vertreiben lassen. Durch virtuelle Assistenten oder die Zuschaltung eines Angestellten lässt sich eine unkomplizierte Beratung mittlerweile auch bei komplexen Produkten über das Web realisieren, was von dem Großteil der Kunden auch bereitwillig in Anspruch genommen wird. Für die Finanzdienstleistungsinstitute verbinden sich damit Kosteneinsparungen sowie freiwerdendes Personal, das für Beratungs- und Serviceleistungen eingesetzt werden kann. Auch das Mobile Banking hat sich etablieren können. Die Gründe sind hier in den billigen Tarifen sowie in der unkomplizierten Navigation bei den jeweiligen Endgeräten zu suchen. Mobilfunkgeräte übernehmen mittlerweile etliche Zahlungsfunktionen und bieten den Nutzern gleichzeitig ein Höchstmaß an Sicherheit. Die hohe Akzeptanz und Lernbereitschaft gegenüber den neuen Technologien sowie die ausgeprägte Fähigkeit hinsichtlich des Umgangs mit technischen Neuerungen hat die Popularität von Mobile und Onlinebanking maßgeblich mit beeinflusst.

Vor dem Hintergrund einer stark zersplitterten Medienlandschaft existiert besonders im Finanzbereich eine hohe Nachfrage an Special-Interest-Inhalten, weswegen den Kommunikations- und Informationsangeboten der Finanzdienstleistungsinstitute eine besonders hohe Aufmerksamkeit entgegengebracht wird. Darüber hinaus orientieren sich die meisten Konsumenten bei der Wahl ihres Finanzdienstleistungsinstitutes in erster Linie an der Marke, da sie zwischen den vielen Lockangeboten wie etwa „ganz persönlich nur für Sie" (Brauck 2005; 93) letztlich total überfordert sind und deshalb ihr Vertrauen lieber in bestehende Beziehungen oder eben in starke Marken setzen.

5.5 Worst-Case-Szenario für das Jahr 2011

Aufgrund der nachhaltigen Liberalisierung der europäischen Finanzmärkte hat sich der transeuropäische Wettbewerb zwischen den einzelnen Anbietern erheblich verschärft. Neue Wettbewerber drängen aus dem Ausland in den deutschen Markt für Finanzdienstleistungen und machen den traditionellen Marktakteuren mit aggressiven Abwerbe-Aktionen Marktanteile streitig, was einen harten Preiskampf nach sich zieht. Ein kontinuierlicher Personalabbau trotz teilweise guter Geschäftsergebnisse hat vor dem Hintergrund ausgeprägter moralischer Wertvorstellungen einerseits und einer katastrophalen Arbeitsmarktsituation andererseits in der Gesellschaft eine erneute Kapitalismusdebatte entfacht, bei welcher die arrivierten Bankinstitute wegen ihres kapitalistischen Geschäftsgebarens zum Ziel massiver Kritik geworden sind. Bei vielen Bankkunden schwindet infolge dieser Entwicklung das Vertrauen gegenüber ihrem Kreditinstitut, was in eine höhere Wechselbereitschaft zugunsten von Non- und Nearbanks sowie ausländischen Wettbewerbern mündet. Insbesondere neutrale, im Internet agierende Finanzinfointermediäre genießen durch die Aggregation institutsunabhängiger Finanzdienstleistungen ein hohes Vertrauen und haben die strukturelle Kopplung zwischen Bank und Kunde destabilisiert (vgl. Dannenberg 2002; 173).

Die Speicherung kundenindividueller Profildaten wird von dem Gros der Kunden aus Datenschutzgründen abgelehnt. Neben lautstarken Forderungen nach Transparenz und Einsichtnahme hinsichtlich den gesammelten Kundendaten mehren sich auch Stimmen, die datenschutzrechtlichen Bestimmungen zu verschärfen und bestimmte Datengewinnungsmethoden wie bspw. das User-Tracking im Internet zu verbieten (vgl. Grabner-Kräuter/Lessiak 2002; 192). Der damit einhergehende Informationsverlust erschwert es den Finanzdienstleistungsinstituten ihre Kommunikationsangebote an den Bedürfnissen ihrer Kunden auszurichten, wodurch eine aufmerksamkeitserregende Kundenansprache wieder schwieriger geworden ist. Dieses Problem verschärft sich vor dem Hintergrund einer erheblichen Zunahme medialer Informationsangebote. Die Atomisierung der Medien hat zu einer unübersichtlichen Programmvielfalt geführt, so dass die Rezipienten während ihres Such- und Auswahlprozesses nach relevanten Inhalten auch im TV und im Hörfunk auf Gatekeeper wie Yahoo und Google zurückgreifen müssen, da sie aufgrund dieses Informationsüberangebotes schlichtweg überfordert sind. Die Online-Dienste erhalten „durch ihre Hoheit über Auswahl und Sortierung" (o.V. 2005i; 27) der medialen Inhalte ökonomische Macht und entkoppeln die Kunden von den einzelnen Finanzdienstleistungsinstituten. Die Zugangsvermittler halten folglich ein wichtiges Asset in ihren Händen, nämlich den Zugang zu einem breiten Kundenstamm und setzen über Vermittlungsgebühren die Margen der traditionellen Finanzdienstleister erheblich unter Druck. Vor dem Hintergrund dieser Entwicklungen gewinnt auch das Suchmaschinenmarketing enorm an Bedeutung, womit allerdings nicht verhindern werden kann, dass die Zugangsvermittler durch ihre Kundennähe im Internet auch selbst Funktionen von Finanzdienstleistern übernehmen wie etwa in Form der bereits oben erwähnten Finanzinfointermediäre. Generell wird Kommunikation immer teurer und die Aufmerksamkeit seitens der Rezipienten immer knapper. Ein Interesse auf Seiten der Rezipienten im Hinblick auf Special-Interest-Medien aus dem Finanzbereich ist nicht festzustellen.

Das Mobiltelefon als Kundenschnittstelle hat sich für Finanzdienstleistungsinstitute nicht bezahlt gemacht. Zum einen legt das Gros der Kunden keinen Wert darauf, die Finanzgeschäfte mobil abzuwickeln, weil die Services keinen relevanten Mehrwert bieten, andererseits ist die Navigation mit den mobilen Endgeräten zu komplex, so dass sich viele Verbraucher die Bedienung einfach nicht zutrauen. Eine ähnlich stark ausgeprägte Technikaversion ist in einigen Teilen der Gesellschaft inzwischen auch gegenüber dem Internet zu beobachten, was sich auf die Nachfrage nach Finanzangeboten im Web sehr negativ ausgewirkt hat. Den Grund hierfür liefert der Digital Divide: es haben sich mittlerweile viele Menschen zu Internet-Analphabeten entwickelt, welche den immer kürzer werdenden Innovationszyklen der IKT sowie dem Informationsüberfluss im Internet nicht mehr folgen können. Dadurch verlieren die elektronischen Distributions- und Kommunikationskanäle der Finanzdienstleistungsinstitute bei eben jener Personengruppe an Bedeutung. Insbesondere Onlinebanking verzeichnet einen enormen Nachfragerückgang, da es den Kreditinstituten nicht gelungen ist, einer steigenden Anzahl an Phishing-Attacken wirkungsvoll entgegenzutreten. Bei vielen Kunden hat dies Skepsis bezüglich der Sicherheit von Online-Transaktionen hervorgerufen.

Das im Wertesystem der Gesellschaft stark ausgeprägte Bedürfnis nach Individualität und Eigenverantwortung sowie die Preistransparenz der Finanzmärkte im Internet, realisiert durch Finanzinfointermediäre und intelligente Online-Suchsysteme, haben bei den Verbrauchern zu Mehrfachverbindungen mit Finanzdienstleistungsinstituten geführt. Viele Konsumenten wollen sich nicht an nur eine einzige Versicherung oder Bank binden lassen, um sich mehrere Optionen in Bezug auf zukünftige Angebote offenhalten zu können. Mit einer festen Bindung an nur ein oder zwei Institute verbinden sie eher Risiko als Sicherheit.

5.6 Kurzes Fazit

Mit dem hier vorgestellten Trendszenario sowie dem Worst- und Best-Case-Szenario wird der ‚Raum des Möglichen' für das relevante Umfeld von Finanzdienstleistungsinstituten des Jahres 2011 aufgespannt. Den Darstellungen im Trendszenario wird dabei die höchste Eintrittswahrscheinlichkeit zugeschrieben. Viele der im Trendszenario beschriebenen Entwicklungen wie bspw. der Trend zur Individualisierung und die Fragmentierung der Medienmärkte sind bereits heute beobachtbar, wenngleich, wie im Falle der Medien, noch nicht mit dieser ausgeprägten Intensität, wie sie im Trendszenario dargestellt wird. Dabei unterscheiden sich die einzelnen Entwicklungen der drei Szenarien nicht grundsätzlich voneinander, sondern variieren vielmehr in ihrer Konsequenz, die sich für die Finanzdienstleistungsinstitute aus den Entwicklungen ergibt.

6 Hypothesen zu zukunftsfähigen Marketingstrategien in der Finanzdienstleistungsbranche

Aufbauend auf den bisher hier gewonnenen Erkenntnissen werden im Folgenden marketingstrategische Ansätze formuliert, von denen wir besonders vor dem Hintergrund des erarbeiteten Trendszenarios annehmen, dass sie zukunftsfähig sind. Dabei werden verschiedene Hypothesen getroffen, aus denen hervorgeht, welches Potenzial den einzelnen Strategien im Hinblick auf die zukünftigen Entwicklungen und Problemfelder, die die Finanzdienstleistungsinstitute tangieren, zukommt. Die entwickelten Hypothesen werden am Ende des jeweiligen Kapitels nochmals schlüssig zusammengefasst. Ihre Plausibilität haben wir durch eine Expertenbeurteilung überprüft. Dreizehn Marketingexperten aus diversen Kreditinstituten, welche im Privatkundengeschäft tätig sind, haben die Hypothesen auf ihr Ad-hoc-Zustimmungspotenzial beurteilt. Es handelt sich dabei methodisch keinesfalls um eine Verifikation oder Falsifikation der Hypothesen. Wir wollen mit diesem Vorgehen lediglich besser die Plausibilität unserer Thesen einschätzen können, da zukunftsgerichtete Aussagen, Annahmen und Einschätzungen stets unvermeidbar einen ungleich höheren Grad an Erkenntnisunsicherheit innehaben als dies für gegenwarts- oder vergangenheitsbezogene Erkenntnisfelder zutrifft. Versicherungsinstitute und andere Finanzdienstleister wurden von der Befragung bewusst ausgeklammert, um eine möglichst branchenhomogene Stichprobenstruktur zu erzielen. Dennoch weist die Stichprobe mit ihrem Branchensegment der Banken eine sehr ausdifferenzierte Struktur auf: Die Experten gehören äußerst unterschiedlichen Banktypen an,[85] und es ist daher von banktypenabhängigen variierenden Einschätzungen auszugehen, wobei die geringe Größe der banktypischen Stichprobensegmente leider keine Aussagen zu Korrelationen zulässt. Dennoch hoffen wir, dass dank der persönlichen Einschätzung der Experten das empirische Potenzial der Hypothesen zumindest angedeutet werden kann.

Als Erhebungsmethode wurde die schriftliche Befragung gewählt. Dazu wurde ein geschlossener strukturierter Fragebogen entwickelt, der die einzelnen Hypothesen enthält. Die Befragung wurde zwischen dem 1. März 2006 und dem 11. Mai 2006 durchgeführt und erfolgte auf dem postalischen und elektronischen Weg. Insgesamt wurden 13 Fragebögen ausgefüllt zurückgeschickt, was in Bezug auf die Stichproben-

---

[85] Unter den Rücksendungen sind drei Banken der S-Finanzgruppe, eine Bank aus dem genossenschaftlichen Finanzverbund, sieben Institute aus dem Bereich der Kredit- und Privatbanken sowie zwei Direktbanken.

größe von 42 ausgesendeten Fragebögen einer Rücklaufquote von knapp 31 Prozent entspricht. Als Messstruktur zur Ermittlung der Einstellungen der Experten hinsichtlich der jeweiligen Hypothesen wurde eine siebenstufige Likert-Skala gewählt.[86] Obwohl es sich hierbei streng genommen um ein ordinales Skalenniveau handelt, wird im Allgemeinen bei der Datenauswertung und der -interpretation ein metrisches Skalenniveau unterstellt, dem wir uns angeschlossen haben (vgl. z.b. Bortz 2005; 26, Raab et al. 2004; 234).

6.1 Systemisches Markenmanagement

Die Umwelt der Finanzdienstleistungsinstitute ist von einer ansteigenden Komplexität und Dynamik gekennzeichnet, wodurch sie unüberschaubar und in ihrer Entwicklung unberechenbar wird. Ein neuer kräftiger Komplexitätsschub wird gegenwärtig durch die Atomisierung der Medienmärkte und die kontinuierliche Ausweitung der unternehmerischen Kommunikationsaktivitäten hervorgerufen, was zu einer weiteren Aufmerksamkeitsverknappung bei den Konsumenten führt. Die Verbraucher sind zudem in ihrem multioptionalen (Konsum-)Verhalten immer schwerer erfass- und vorhersehbar. Ihr divergentes Markenbewusstsein und die Pluralisierung ihrer Lebensstile sind weitere Aspekte, welche diese dynamische Entwicklung beschreiben. Die Umweltkomplexität wird letztlich durch die IKT und den daraus resultierenden Innovations- und Globalisierungsschüben immer wieder neu angetrieben und verstärkt. Wie wir aufgezeigt haben, werden die Finanzdienstleistungsinstitute in ihrem Wirtschaften von diesen Umweltentwicklungen überaus stark erfasst (siehe Kapitel 3 und 4).

Angesichts dieser hohen Entwicklungsdynamiken und der gestiegenen Umweltkomplexität hat sich die Vorstellung einer vollumfänglich steuerbaren Marke überlebt.[87] Weder kann die Umwelt der Finanzdienstleistungsinstitute in ihren Wirkungszusammenhängen komplett erfasst noch ihre Veränderungen exakt prognostiziert werden. Komplexität lässt sich nur durch Selektionsstrategien reduzieren, was allerdings Kontingenz und nicht etwa Komplexitätsbeherrschung zur Folge hat. Zudem kann ein Unternehmen, verstanden als selbstorganisierendes und selbstreferentielles Sozialsystem, nicht intentional komplett plangesteuert werden. Für das Markenmanagement der Finanzdienstleistungsinstitute bedeutet dies, dass die Planung ihrer Marken stets im Spannungsfeld von Komplexität, Selektion und Kontingenz stattfindet. Jegliche

---

[86] 1 = „stimme der Aussage überhaupt nicht zu, 7 = „stimme der Aussage vollkommen zu". Wir haben eine Hypothese dann als plausibel eingestuft, wenn sie auf der siebenstufigen Skala mindestens einen Mittelwert von 5,0 (= „stimme eher zu") erzielt hat.

[87] So basiert die herkömmliche Auffassung bezüglich des Managementprozesses von Marken auf einer Kybernetik erster Ordnung, wonach die Marke als ein beobachterunabhängiges Phänomen aufgefasst wird, das, einer Maschine vergleichbar, direkt gesteuert und dessen Management durch das Primat der Planung in einem Prozessparadigma linear organisiert werden kann. s. zum systemischen Markenmanagement ausführlich Tropp (2004).

Vorstellung einer Totalplanung erweist sich heute als Illusion und ist wohl auf die menschliche Sehnsucht nach Einfachheit und Beherrschbarkeit zurückzuführen. Aufbauend auf einer Kybernetik zweiter Ordnung schließt das systemische Markenmanagement die selektierenden Individuen, in diesem Fall die Markenmanager der Finanzdienstleistungsinstitute, ausdrücklich in den Markenmanagementprozess mit ein und berücksichtigt somit die Eigendynamik des Sozialsystems Unternehmen.[88] Die Prognostizierbarkeit von Markenentwicklungen wird also nicht bloß durch die dynamischen Umweltentwicklungen und die prinzipielle Unmöglichkeit der kognitiven Steuerung der Konsumenten erschwert, sondern auch durch die im Unternehmen ablaufenden Prozesse der Selbstorganisation und Selbstreferentialität[89]. Zukünftige Markenmanagemententscheidungen werden von aktuell zu treffenden Markenmanagemententscheidungen beeinflusst, wodurch sich ein kontinuierlicher, zirkulärer, selbstbezüglicher Prozess ergibt, dessen Ergebnis vom Markenmanagement in einer Markenplanung weder antizipiert noch vorhergesagt werden kann.

Wichtig ist der Hinweis, dass das systemische Markenmanagement sich nicht von der Vorstellung der Markenplanung verabschiedet. Vielmehr fordert es für diese die bewusste Integration und den zielgerichteten Umgang mit Unplanbarkeit und Kontingenz. Dieser Zustand kann letztlich auf die Formel der ,Markensteuerung durch unplanbare Planung' gebracht werden.

Das Prinzip der unplanbaren Planung bezieht seine Widersprüchlichkeit aus dem Unterschied zwischen den Ansprüchen, welche sich aus einem technokratischen, plandeterminierten Managementverständnis und aus der Selbstreferentialität und Selbstorganisation der Wahrnehmung und Kommunikation und damit auch des Managements von Marken ergeben. Die Absicht des systemischen Markenmanagements liegt keinesfalls in der Eliminierung dieser fundamentalen Paradoxie, sondern vielmehr in ihrer *Bearbeitung*. Der Umgang mit dieser Paradoxie wird daher für das Markenmanagement der Finanzdienstleistungsinstitute zu einer zentralen Managementaufgabe.

Die methodische Orientierung am Selbstorganisationsparadigma und die inhaltliche Fokussierung auf System-Umwelt-Beziehungen unter Einschluss der Akteure im Markenmanagement ist heute die adäquateste Form des Markenmanagements, um diese ihm inhärente Paradoxie der unplanbaren Planung bearbeiten zu können. Dementsprechend verstehen wir unter *systemischem Markenmanagement* die reflexive und kom-

---

88 Im Gegensatz zum technokratischen, plandeterminierten oder auch CRM-geprägten Managementverständnis, das von einer objektiv erfassbaren Steuerungsrealität ausgeht, postuliert das auf der Kybernetik zweiter Ordnung aufbauende Managementverständnis die Existenz einer von den wahrnehmenden Systemen abhängigen Steuerungswirklichkeit.

89 Selbstreferentielle Systeme sind „solche Systeme, deren Zustände miteinander zyklisch interagieren, so dass jeder Zustand des Systems an der Hervorbringung des jeweils nächsten Zustands konstitutiv beteiligt ist. Selbstreferentielle Systeme sind daher zustandsdeterminierte Systeme" (Roth 1986; 157).

plexitätsvariierende Gestaltung und Lenkung (Analyse, Planung, Durchführung, Kontrolle)

■ der Kopplung eines Unternehmens mit seiner Umwelt im Allgemeinen und mit seinen Konsumenten und Kunden im Besonderen (ökonomische Markenfunktion lokalisiert auf der kommunikativen Ebene)

■ sowie der Auslösung und Stabilisierung von individuellen und sozialen Lebensentwürfen (= Wirklichkeitskonstruktionen) der Kunden und Konsumenten (lebensweltliche Markenfunktion lokalisiert auf der kognitiven Ebene)

Abbildung 6-1:   *Modell der systemischen Konzeption der Marke (Tropp 2004; 124)*

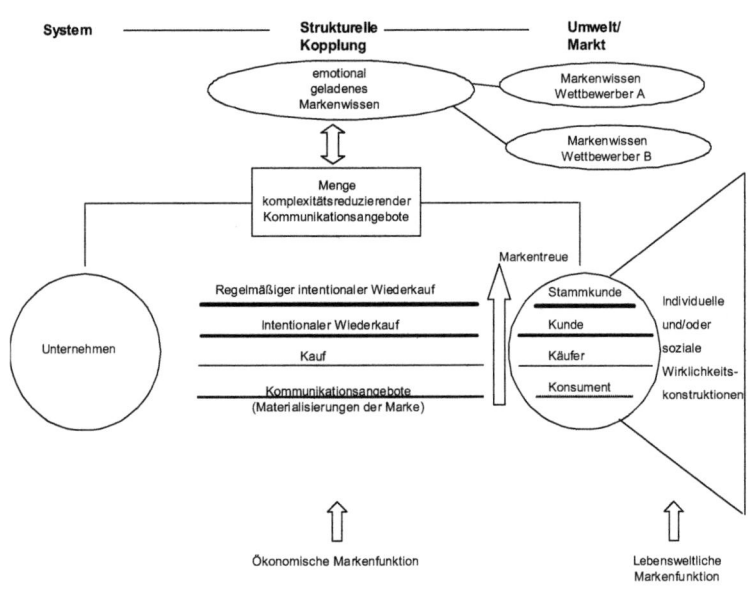

Die Bearbeitung der Paradoxie der unplanbaren Planung orientiert sich an folgenden Grundsätzen, die sich aus dem Selbstorganisationsparadigma sozialer Systeme ergeben:

1. *Reflexivität:*

   Das Markenmanagement gestaltet den Managementprozess gemäß der Einsicht, dass sein Verhalten und seine Entscheidungen Resultat von früherem Eigenverhalten und früher getroffenen Entscheidungen sind. Das Markenmanagement ist sich also darüber bewusst, dass es nicht bloß auf Geschehnisse und Entwicklungen im Markt reagiert, sondern stets auch auf den eigenen zuvor selbst erzeugten Output. Abgesehen davon verstehen sich die im Markenmanagement agierenden Manager als Teil der zu managenden Marke, womit deutlich wird, dass Markenmanagement immer auch Selbstmanagement bedeutet.[90]

2. *Komplexität:*

   Durch den Einsatz von Maßnahmen der Komplexitätsreduktion (Redundanz) und der Komplexitätssteigerung (Varietät) variiert das Markenmanagement den Grad seiner systeminternen Komplexität und Kontingenz und damit sein Ausmaß an Ungewissheit, was die Art und Weise einer erfolgreichen Kopplung mit den Konsumenten angeht. Mit den komplexitätssteigernden Maßnahmen, die bspw. neue und kreative Kommunikationsangebote zum Ziel haben, muss eine entsprechende Veränderung der Systemregeln des Markenmanagements und des Unternehmens einhergehen, damit die überlebensnotwendige komplexitätsreduzierende Selektivität des Unternehmens nicht die Varietät unterlaufen kann. Während es also bei der Komplexitätssteigerung um die bewusste Thematisierung und das Erzielen eines nicht vorhersehbaren Systemoutputs geht, kommen komplexitätsreduzierende Maßnahmen in Form von Planungsprozessen zum Einsatz, wenn grundsätzlich Bekanntes reproduziert und Risikoverminderung angestrebt wird.[91]

3. *Ganzheitlichkeit:*

   Mit Ganzheitlichkeit ist hier nicht der Versuch gemeint, Komplexität zu beherrschen, was jenem technokratischen Irrglauben entsprechen würde, mit einer kompletten Informationsverfügbarkeit die Unternehmensumwelt objektiv richtig erfassen zu können. Ganzheitlichkeit ist hier vielmehr als das Erkennen von Wechselbeziehungen, Veränderungsmustern und emergenten Systemeigenschaften zu interpretieren. Dieser Aspekt unterstreicht den zirkulären Charakter des Zusammenspiels von Ursache und Wirkung marktstimulierender Maßnahmen, sowie ihre positiven und negativen Rückkopplungen. Vor allem geht es hier dar-

---

[90] Dies lässt sich auch als Management 2. Ordnung bezeichnen.

[91] Hier wird nochmals deutlich, dass systemisches Markenmanagement keineswegs bedeutet, auf Planung zu verzichten und bereits erprobte Marketingmethoden und -instrumente strikt aufzugeben. Im Rahmen einer Media-Planung kann bspw. auf das Planen von Kontakthäufigkeiten des Verbrauchers mit der Marke auch weiterhin nicht verzichtet werden. Hier sollten jedoch die Wahl des Mediums sowie seine Verknüpfung und Funktion im Media-Mix ungleich stärker als bisher reflektiert werden. Dies entspricht den oben beschriebenen redundanten Maßnahmen, welche das Markenmanagement zur Komplexitätsreduktion benötigt und ohne die es auch nicht handlungsfähig wäre.

um, die Struktur des Wirkungsgefüges von Marktsituationen zu erkennen, denn nur dann lassen sich die richtigen Hebel im Sinne der Einflussnahme auf die kritischen und aktiven Wirkungsfaktoren im Markenmanagement betätigen, deren Hebelwirkung zu einer signifikanten und nachhaltigen Verbesserung führt.

Zusammenfassend können folgende Hypothesen formuliert werden:

Angesichts der zunehmenden Umweltkomplexität der Finanzdienstleistungsinstitute (Medien, Wettbewerb, Konsumenten etc.) ist die Idee der vollumfänglichen Steuerung der Marke nicht mehr haltbar. Die Paradoxie der unplanbaren Planung lässt sich nicht auflösen. Vielmehr rückt die Auseinandersetzung mit derselben als zentrale Managementaufgabe in den Mittelpunkt eines systemischen Markenmanagements.

Hyp1:

„Die Umwelt der Finanzdienstleistungsinstitute (z.B. Medienentwicklung, Kundenverhalten, Wettbewerbssituation etc.) ist von einer zunehmenden Dynamik und Komplexität gekennzeichnet, wodurch eine Marketingplanung immer schwieriger wird."

Die Hypothese Hyp1 wird, wie in Abbildung 6-2 ersichtlich, von den Marketingexperten der Kreditinstitute weitgehend als zustimmungsfähig angesehen und empfiehlt sich auf der siebenstufigen Skala mit einem Mittelwert von 5,2 für eine nähere empirische Überprüfung: Jeweils 6 der 13 befragten Spezialisten stimmten der Hypothese zu resp. eher zu. Lediglich ein Experte teilte diese Einschätzung nicht.

Abbildung 6-2:   *Bewertungsdiagramm zu Hypothese Hyp1*

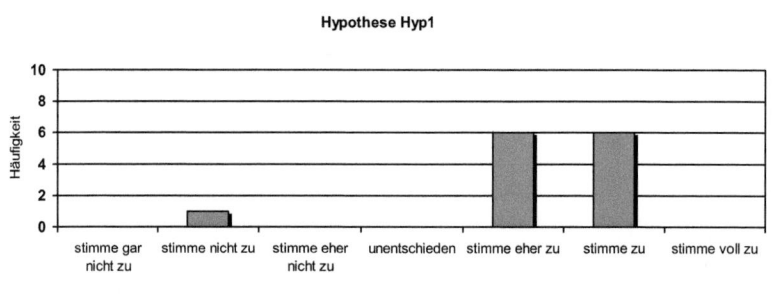

Hypothese Hyp1

Hyp2:

„Das Markenmanagement von Finanzdienstleistungsinstituten kann in Zukunft nur erfolg-
reich sein, wenn es auch Maßnahmen für den Umgang mit Komplexität und Dynamik be-
herrscht."

In Bezug auf die Hypothese Hyp2 können wir ebenfalls eine breite Zustimmung feststellen (siehe Abbildung 6-3). So konnten sich der Hypothese mit 10 Experten fast alle
an der Befragung Beteiligten anschließen, wobei zwei Experten der Hypothese sogar
voll zustimmten (Mittelwert: 5,4). Auch hier lehnte ein Experte die Hypothese ab,
während sich zwei Vertreter aus den öffentlich-rechtlichen Instituten indifferent zeigten.

Abbildung 6-3: *Bewertungsdiagramm zu Hypothese Hyp2*

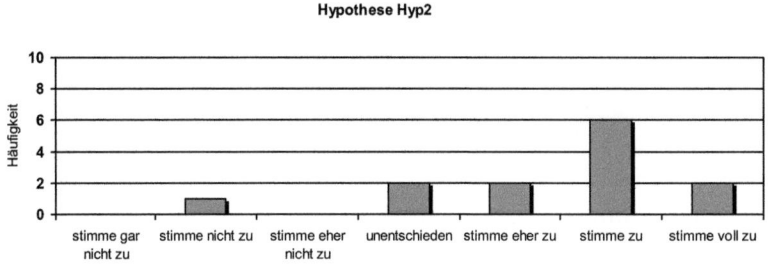

6.2 One-to-One-Marketing

Das strategische Konzept des One-to-One (1:1)-Marketings geht zurück auf die frühen
Neunziger Jahre des letzten Jahrhunderts und wurde von den beiden Amerikanern
Don Peppers und Martha Rogers entwickelt. Der Ansatz richtet sich gegen das undifferenzierte Massenmarketing, das sich immer mehr als ungenügend erweist (vgl. Reichardt 2000; 131).[92] Statt der massenhaften Ansprache nach dem Gießkannenprinzip
wird die Kundenorientierung als zentrale Zielgröße in den Mittelpunkt sämtlicher
Überlegungen gestellt.

---

[92] Zu den Problemen der massenmedialen Kommunikation und dem Trend zur Individualisierung und Personalisierung der Marketing-Kommunikation siehe die Ausführungen in den
Kapiteln 3.2 und 3.3.

In der einschlägigen Marketingliteratur wird immer wieder darauf hingewiesen, dass 1:1-Marketing im Grunde kein revolutionäres Konzept sei, sondern „so alt wie der Handel selbst" (Förster/Kreuz 2003; 133).[93] Peppers/Rogers (1994; 40) verweisen zur Verdeutlichung auf die vorindustrielle Gesellschaft, deren Handel auf der Basis individueller Kundenbeziehungen abgewickelt wurde. Der damalige Bankier kannte seine Kunden persönlich, wusste von ihren Vorlieben sowie von ihrer Bonität und richtete seine Finanzdienstleistungsangebote somit unter Rückgriff auf vorhandenes Wissen individuell nach den Bedürfnissen seiner Kunden aus. Dieses persönliche Eingehen auf die individuellen Kundenwünsche wurde also einerseits durch einen kontinuierlichen und zielgerichteten Dialog mit dem Kunden ermöglicht, zum anderen durch das Erinnerungsvermögen des Bankiers im Hinblick auf den geführten Dialog und das bisherige Kaufverhalten.[94] Vor dem Hintergrund dieser Überlegungen entspricht 1:1-Marketing vom Grundsatz her dem Geschäftsprinzip eines Tante-Emma-Ladens, in dem „die Kunden bei jedem Einkauf von der Inhaberin persönlich begrüßt wurden" (Reichardt 2000; 131).

Mit dem Aufkommen der Massenmedien Radio und Fernsehen sowie dem Einzug von Einkaufszentren und Bankautomaten ist dieser enge, persönliche Kontakt zum Kunden zu einer Seltenheit geworden. Zu dieser Zeit herrschte ein Verkäufermarkt für Finanzdienstleistungen vor, auf dem sich ein undifferenziertes Massenmarketing erfolgreich durchsetzen konnte (vgl. Salmen 2003; 65). Die persönliche Kommunikation wich der anonymen massenmedialen Werbung, und Marken hatten eine stärkere Anziehungskraft als der Rat des Einzelhändlers oder des Bankkaufmanns vor Ort.

Das Bedürfnis nach Individualität wächst auf Kundenseite allerdings seit geraumer Zeit stetig an, was sich schließlich auch in einer selbstbewussten, an den Anbieter gerichteten Forderung nach einer entsprechend individualisierten Behandlung niederschlägt. In der Vergangenheit war es jedoch weder möglich noch rentabel, die riesigen Kundenstämme der Finanzdienstleistungsinstitute einzelkundenfokussiert zu betrachten und die individuellen Vorlieben und Bedürfnisse der Kunden wie in der vorindustriellen Phase zu ‚erinnern' resp. abzuspeichern (vgl. Förster/Kreuz 2003; 134). Diese Situation ändert sich unter Berücksichtigung der modernen IKT: dank der Eigenschaften digitaler Medien und der konstanten Fortschritte in puncto medialer Speicherkapazität (s. Kapitel 3.1) ist es heute möglich, Daten über eine Vielzahl einzelner Kunden systematisch zu speichern und zu verarbeiten. Diese Entwicklungen bereiten den Boden für eine kundenindividuelle Kommunikation und Behandlung im Sinne eines 1:1-Marketings. Daher halten wir die Einschätzung von Christopher et al. (2002; 25) für plausibel, dass Kundenbeziehungen in Zukunft stärker auf der Basis eines 1:1 Marketing-Ansatzes aufgebaut werden.

---

93 Siehe auch Salmen (2003; 71).
94 Bei den damaligen Bankhäusern lagen dem Bankier neben reinen Verkaufsdaten auch umfangreiche persönliche Informationen zu den einzelnen Kunden vor, welche sich teilweise über mehrere Generationen hinweg erstreckten (vgl. Salmen 2003; 63f.).

Durch die Fokussierung auf den einzelnen Kunden stehen beim 1:1-Marketing nicht mehr Markt- sondern Kundenanteile im strategischen Zentrum, wobei dieser Share-of-Wallet im Verlauf der Beziehung zu dem Kunden sukzessive vergrößert werden soll (vgl. Förster/Kreuz 2003; 135, Peppers/Rogers 1994; 37). Im 1:1-Marketing geht es folglich „nicht mehr darum, mehr Käufer für seine Produkte zu finden, sondern mehr Produkte für seine Käufer" (Reichardt 2000; 129f.). Um dieses Vorhaben realisieren zu können, werden sich Kreditinstitute und andere Finanzanbieter auf den Aufbau einzigartiger Beziehungen zu individuellen Kunden auf 1:1-Basis konzentrieren müssen. Das wesentlichste Element einer solchen Beziehung ist dabei der persönlich mit dem Kunden geführte Dialog und dessen Feedback.

1:1-Marketing bedeutet in letzter Konsequenz, jeden einzelnen Kunden als ein eigenes Marktsegment, als ein Segment-of-One[95] zu begreifen, wofür auch der Begriff der „atomisierten Segmentierung" steht (vgl. Frielitz et al. 2002; 541, Reichardt 2000; 131). Dies impliziert, dass im Idealfall ein Finanzdienstleister mit all seinen Kunden einen individuellen Dialog führt und die spezifischen Bedürfnisse eines jeden Kunden identifiziert und erfüllt. Christopher et al. (2002; 25) weisen allerdings zu Recht darauf hin, dass 1:1-Marketing nicht zwangsläufig diese Eins-zu-Eins-Annäherung zu jedem einzelnen Kunden nach sich ziehen muss. Die Autoren schlagen vielmehr vor – und so hat es sich auch in der Praxis eingespielt –, Kunden im Sinne ihrer ökonomischen Bedeutung zu verstehen und entsprechend zu klassifizieren, um die Marketing-Maßnahmen an die gegenwärtige und potenzielle Profitabilität der einzelnen Kunden anzupassen. Dieser Kundenwert[96] ergibt sich aus dem tatsächlichen wie zukünftigen Marktpotenzial des Kunden[97] sowie aus seinem Ressourcenpotenzial, welches über die Faktoren des Referenz-, Informations-, Synergie- und Kooperationspotenzials operationalisiert wird.[98] Zur Bestimmung des Wertes eines einzelnen Kunden und zur Ermittlung seiner Bedürfnisse bietet sich darüber hinaus auch eine Orientierung an den einzelnen Lebensphasen des Kunden an. Der Kundenbeziehungslebenszyklus ist ein entsprechendes Instrument, das Rückschlüsse auf den Wert einer Kundenbezie-

---

[95] Der Terminus ‚Segment-of-One' ist ein eingetragener Markenname der Boston Consulting Group (vgl. Salmen 2003; 58).

[96] Der Wert eines Kunden lässt sich auf einer allgemeinen Ebene definieren „als die kundenindividuelle Einstufung auf einer spezifischen Messskala für die ökonomische Gesamtbedeutung eines Kunden, das heißt dessen direkten und indirekten Beitrag zur Zielerreichung eines Anbieterunternehmens" (Rudolf-Sipötz/Tomczak 2001; 14).

[97] Zu den Determinanten des Marktpotenzials zählen das Ertrags-, das Entwicklungs-, das Cross-Buying- sowie das Loyalitätspotenzial (s. Tropp 2004; 255).

[98] Dem Referenzpotenzial sind die Faktoren ‚Weiterempfehlen' und ‚Absicht zum Weiterempfehlen' zugeordnet. Unter Informationspotenzial werden sämtliche Informationen des Kunden verstanden, die im Leistungserstellungsprozess des Finanzdienstleistungsinstitutes genutzt werden können wie etwa Beschwerden oder Anregungen zur Produktentwicklung. Das Kooperationspotenzial hat jene Faktoren zum Gegenstand, bei denen es um die Bereitschaft und Fähigkeit des Kunden geht, bei der Leistungserstellung des Finanzdienstleisters mitzuwirken wie etwa die Teilnahme an Diskussionsrunden und Fokusgruppen. Das Synergiepotenzial bezieht sich schließlich auf die im Finanzdienstleistungsinstitut entstehenden Verbundwirkungen eines Kunden mit anderen Kunden (vgl. Rudolf-Sipötz/Tomczak 2001; 18f.).

hung zulässt, indem die individuelle Dauer der Kundenbeziehung mit der ökonomisch definierten Beziehungsintensität in ein Verhältnis gesetzt wird (vgl. Heinrich 2002; 107, Tropp 2004; 252f.).

Das wesentliche Ziel im 1:1-Marketing besteht in dem Aufbau eines Kundenstammes solventer Käufer und in der Erhöhung der mit den Kunden erzielten Umsätze durch ein umfassendes, individualisiertes Kommunikations- und Leistungsangebot sowie durch das Ausnutzen von Cross- und Up-Selling-Potenzialen. Darüber hinaus geht es weniger darum, viele neue Kunden zu gewinnen, es sollen vielmehr die bestehenden, bereits bekannten und gewinnbringenden Kunden möglichst langfristig an das Finanzdienstleistungsinstitut gebunden werden (vgl. Förster/Kreuz 2003; 142, Peppers/Rogers 1994; 33, Reichardt 2000; 130f.). So ist die Neuakquisition in etwa fünf bis zehnmal so teuer als das Pflegen einer bestehenden Geschäftsbeziehung (vgl. Reichardt 2000; 89). Diese langfristige Sichtweise setzt allerdings auch eine gewisse Ausdauer auf Seiten des Finanzdienstleisters voraus, da in der Anfangsphase einer Beziehung unter Umständen mehr in den Kunden investiert werden muss, als sich mit diesem augenblicklich umsetzen lässt.

Zur Verwirklichung der oben angeführten Ziele bedarf es der Pflege einer permanent lernenden Beziehung. Dies ist zum einen deshalb notwendig, weil sich die Wertestrukturen, Bedürfnisse und Interessen der Kunden ständig ändern können und jede neue Information über den Kunden eine Modifikation der Einschätzung desselben nach sich zieht, wodurch sich die Angebote präziser auf den einzelnen Kunden ausrichten lassen. So ist die Datenerhebung im 1:1-Marketing als ein kontinuierlicher dynamischer Prozess in Form von Feedback Loops (Feedback-Lernschleifen) zu betrachten. Voraussetzung dafür ist die Bereitstellung von zahlreichen Dialogmöglichkeiten für den Kunden, mit denen die Kontaktaufnahme zum Unternehmen zu stimulieren ist. Dialoge sind folglich so zu gestalten, dass alle Teilnehmer in der Lage sind, sich an diesem zu beteiligen. Zudem sollte der Dialog von den Teilnehmern auch selbst gewollt und von dem Finanzdienstleister nicht einseitig beherrscht werden. Schließlich sollte das Finanzdienstleistungsinstitut auch dazu fähig sein, sein bisheriges Verhalten aufgrund der im Kundendialog gewonnenen Erkenntnisse zu überdenken und entsprechend zu korrigieren (vgl. Peppers/Rogers 1994; 230f.).

1:1-Marketing führt auf Kundenseite zu Lock-in-Effekten, da der tatsächliche und der wahrgenommene Nutzen einer individualisierten Leistung mit steigender Dauer der Beziehung zunimmt, was aus den oben erläuterten Lernschleifen resultiert. Würde der Kunde nämlich seinen bisherigen Finanzdienstleister wechseln, so würde dies einen neuen Lernprozess voraussetzen, da die individuellen Bedürfnisse für den neuen Anbieter nicht sofort fassbar sind. Die Beziehung zwischen Finanzdienstanbieter und Kunde dient letztlich als maßgebliches Differenzierungsmerkmal gegenüber dem Wettbewerb und stellt aufgrund der hohen Wettbewerbsdynamik sowie der relativ niedrigen Wechselbarrieren im Retailgeschäft der Kreditinstitute einen entscheidenden

Wettbewerbsfaktor dar.[99] Denn nur über den beständigen Dialog ist es möglich, dem Kunden individuelle und ganzheitliche Lösungen anzubieten, und die aus der Beziehung gewonnenen Informationen intelligent mit Produkten und Leistungen zu verknüpfen, so dass diese letztlich auf die persönliche Situation des Kunden zugeschnitten sind.

Große Bedeutung hat in der jüngsten Zeit das Permission- oder Erlaubnis-Marketing erhalten, was als vertrauensbildende Maßnahme auf dem Einverständnis des Kunden beruht. In Form von E-Mails werden Nachrichten an Empfänger versandt, die ausdrücklich erwünscht sind. Der Rezipient kann seine Erlaubnis dazu jederzeit widerrufen. „Ziel des Permission-Marketing ist es, eine nachhaltige Beziehung aufzubauen, indem im Einverständnis mit dem Empfänger Wissen über diesen gesammelt wird, um damit Angebote zu personalisieren" (Schwarz 2000; 5). Dies hat zur Konsequenz, dass sich ein maßgeschneidertes Finanzangebot nur noch durch die von den Kunden zur Speicherung zugestimmten Kundendaten erstellen lässt, womit die Kunden zu gleichberechtigten Partnern ihres Finanzdienstleistungsinstitutes avancieren. Permission-Marketing bedeutet auch, dass ein Kunde die Möglichkeit erhält, sein persönliches Profil einzusehen und auf Wunsch zu verändern. Diese partnerschaftlich-vertrauensvollen Aspekte dienen dem Abbau von Misstrauen des Kunden gegenüber dem Sammeln und Speichern von persönlichen Daten, da hier gewährleistet ist, dass die Informationen nur zum Vorteil des Kunden eingesetzt werden und niemals zu dessen Nachteil. Kommunikationsangebote, welche auf Basis der vom Kunden genehmigten Informationen basieren, werden von diesem als besonders relevant und interessant wahrgenommen und können einen besonders hohen Mehrwert darstellen. Der Erfolg des 1:1-Marketings wird letztlich auch davon abhängen, inwiefern es den Finanzdienstleistungsinstituten gelingt, ein glaubwürdiges Permission-Marketing zu integrieren.

Zusammenfassend können folgende Hypothesen zur weiteren Entwicklung des 1:1-Marketings formuliert werden:

Der zunehmend härter werdende Wettbewerb im Markt für Finanzdienstleistungen erfordert die Durchsetzung eines wirkungsvollen Kundenbindungsmanagements. Ein auf die individuellen Bedürfnisse abgestimmtes Leistungsangebot im Sinne eines 1:1-Marketings führt zu höheren Wechselbarrieren und trägt so dazu bei, die Kundenbindung zu erhöhen, wodurch sich die Überlebensfähigkeit der Finanzdienstleistungsinstitute signifikant verbessert.

---

[99] Siehe dazu die Ausführungen in Kapitel 4.

Hyp3:

„Aufgrund der zunehmenden Wettbewerbsintensität im Markt für Finanzdienstleistungen nimmt die Bedeutung von One-to-One-Marketing zur Kundenbindung für Finanzdienstleistungsinstitute zu."

Der Hypothese Hyp3 haben alle 13 Marketingspezialisten zumindest eher zugestimmt (siehe Abbildung 6-4). Eine volle Zustimmung wurde der Hypothese sogar von vier Experten attestiert (Mittelwert: 6.1). Hier zeigt sich, welch hoher Stellenwert der Bindung profitabler Kunden an die eigene Marke im Privatkundengeschäft der Kreditinstitute zukommt. Diese Aufgabe wird auch in Zukunft eine herausragende Rolle im Marketing der Finanzdienstleister einnehmen.

Abbildung 6-4: *Bewertungsdiagramm zu Hypothese Hyp3*

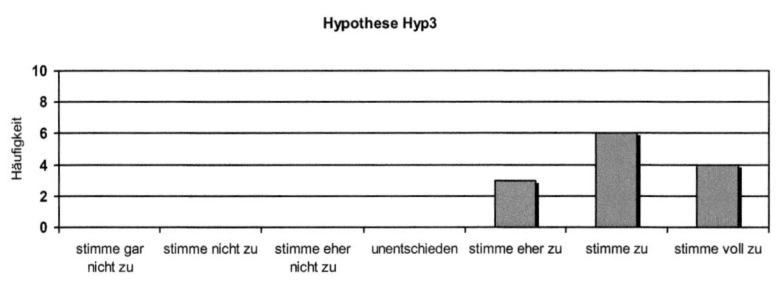

Der gesellschaftliche Wertepluralismus sowie das immer individueller werdende, zum Teil stark oszillierende Konsumenten- und Kundenverhalten lassen die Identifizierung homogener, ausreichend großer, zeitlich stabiler Marktsegmente im Markt für Finanzdienstleistungen nicht mehr zu und schränken die Zuverlässigkeit von Prognosen über das Kundenverhalten mehr und mehr ein. Eine immer feinere Segmentierung bis hin zu einer Einzelkundenbearbeitung erscheint daher als eine überaus notwendige Maßnahme.

Hyp4:

„Aufgrund des gesellschaftlichen Wertepluralismus sowie der zunehmenden Inkonsistenz der Lebensstile nimmt die Bedeutung einer kundenindividuellen Betrachtung im Sinne eines One-to-One-Marketings für Finanzdienstleistungsinstitute zu."

Wie aus Abbildung 6-5 hervorgeht, stimmten der Hypothese Hyp4 elf der befragten Experten (zumindest eher) zu, drei davon stimmten der Hypothese sogar voll zu. Lediglich zwei Teilnehmer konnten sich dieser Einschätzung nicht anschließen. Der Mittelwert von 5,5 führt uns dazu, die Hypothese als plausibel einzustufen.

Abbildung 6-5: *Bewertungsdiagramm zu Hypothese Hyp4*

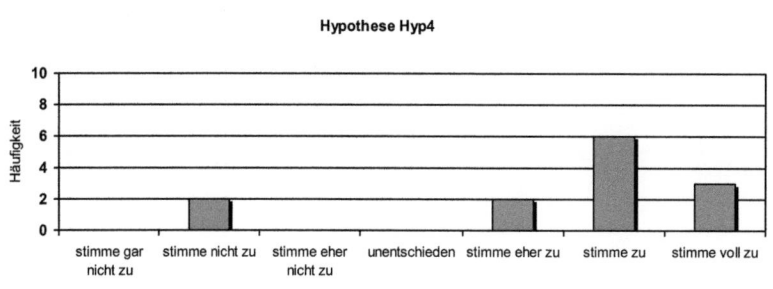

Wie wir ausgeführt haben, wirkt sich eine personalisierte und individualisierte Kommunikation positiv auf die Aufmerksamkeit der Konsumenten aus (s. Kapitel 3.3). Darüber hinaus kann sie die Zufriedenheit der Kunden steigern. Dies kann in einer Zeit, in der Transparenz, Glaubwürdigkeit und Vertrauen einen immer wichtigeren Stellenwert in den Kommunikationsprozessen des Marketings einnehmen, aber nur dann gelingen, wenn die Erlaubnis zur Speicherung der dafür notwendigen kundenindividuellen Daten bei den einzelnen Kunden eingeholt wird.

Hyp5:

„Aufgrund der knapper werdenden Aufmerksamkeit seitens der Konsumenten nimmt die Bedeutung individualisierter Kommunikationsangebote im Sinne einer One-to-One-Kommunikation für Finanzdienstleistungsinstitute zu."

Die Annahme aus Hypothese Hyp5 sind von den Marketingspezialisten der Kreditinstitute weitgehend geteilt worden (Mittelwert: 5,5). So stimmten 12 der 13 befragten Experten unserer Hypothese (zumindest eher) zu (siehe Abbildung 6-6).

Abbildung 6-6:   Bewertungsdiagramm zu Hypothese Hyp5

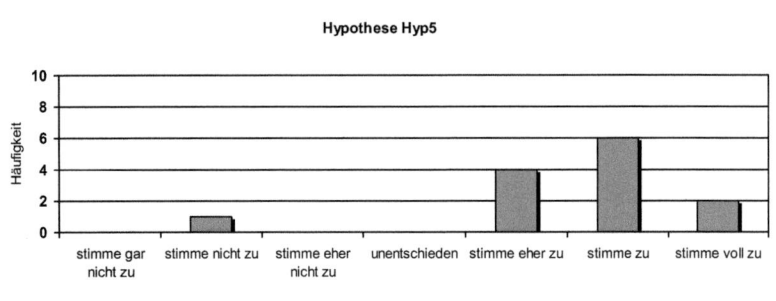

Hyp6:

„Aufgrund der zunehmenden Relevanz immaterieller Werte im Marketing wie Vertrauen und Transparenz nimmt die Bedeutung von Permission-Marketing für Finanzdienstleistungsinstitute zu. "

Hypothese Hyp6 ist von den Marketingspezialisten der Geldinstitute bei einem Mittelwert von 5,2 weitgehend als plausibel eingeschätzt worden (siehe Abbildung 6-7). Mit neun der befragten Experten stimmte das Gros der Teilnehmer unserer Hypothese (zumindest eher) zu. Eine deutliche Ablehnung der Hypothese kann zudem nicht festgestellt werden: Neben einer Enthaltung und einem Unentschieden stimmten der Hypothese aber auch zwei Experten eher nicht zu.

Abbildung 6-7:   Bewertungsdiagramm zu Hypothese Hyp6

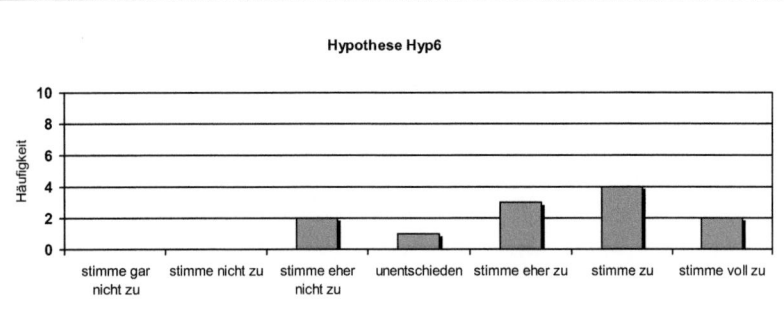

Unserer Einschätzung nach lässt sich eine langfristig angelegte, mit zunehmender Dauer wertvoller werdende Kundenbindung bereits heute nur über das Schlüsselkonstrukt des Vertrauens aufbauen. Mit dem Strategieansatz des Permission-Marketings können Finanzdienstleister über eine solche vertrauensbildende Maßnahme verfügen, welche von den Banken und Versicherungen proaktiv und nicht nur auf Druck des Gesetzgebers vorangetrieben werden sollte.

Darüber hinaus kann konstatiert werden, dass die technologischen Innovationen eine Individualisierung der massenmedialen Kommunikation ermöglichen und diese auf eine finanzierbare Basis stellen. So ist das 1:1-Marketing in naher Zukunft auch für breite Zielgruppen geeignet, vor allem auch deswegen, weil die (mobilen) Internettechnologien eine immer größere Anwenderzahl erreichen.

Hyp7:

„Aufgrund der dynamischen Innovationen im Bereich der Informations- und Kommunikationsmedien nimmt die Bedeutung von One-to-One-Marketing für Finanzdienstleistungsinstitute zu und wird auch für breite Zielgruppen finanzierbar."

Die Hypothese Hyp7 weist ein sehr polarisiertes Zustimmungsbild auf. Sie wird von jeweils einem Experten sowohl komplett abgelehnt als auch vollkommen akzeptiert. Mit einem Mittelwert von 4,7 wurde ihr knapp keine überwiegende Zustimmung attestiert, weswegen wir ihr der Meinung der Experten folgend keine Plausibilität zusprechen können. So stimmten der Hypothese neben der vollen Zustimmung eines Experten lediglich zwei Marketingexperten zu. Die meisten Stimmen (6) entfielen zwar auf die Wertung ‚stimme eher zu', zwei weitere Experten zeigten sich aber indifferent und ein weiterer stimmte ‚eher nicht zu' (siehe Abbildung 6-8).

Abbildung 6-8: Bewertungsdiagramm zu Hypothese Hyp7

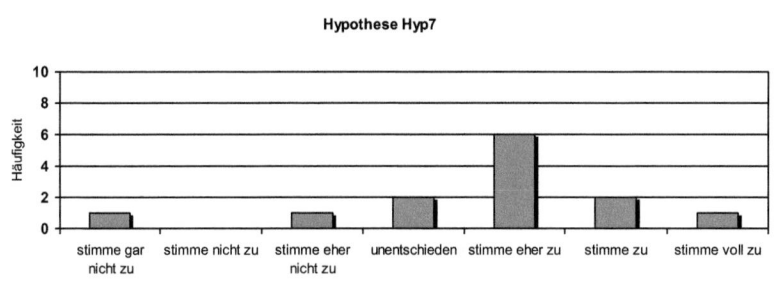

6.3   Customer Relationship Management

Voraussetzung für ein erfolgreiches 1:1-Marketing ist auf instrumenteller Ebene die Orientierung am Konzept des Customer Relationship Managements (CRM). Wenngleich der informationstechnologischen Komponente im CRM eine große Bedeutung zukommt, lässt sich CRM jedoch nicht auf Datenanalyse-Tools und technische Datenbanksysteme reduzieren. Homburg/Sieben (2005; 437f.) identifizieren fünf charakteristische CRM-Prinzipien:

■ Nach dem Prinzip der *Kundenorientierung* sind alle Unternehmensaktivitäten konsequent an den Bedürfnissen des Kunden auszurichten. Es werden also alle kundenorientierten Geschäftsprozesse in das CRM-Konzept eingebunden. Um Kundenorientierung zu gewährleisten, postuliert Reichardt (2000; 105) unseres Erachtens zu Recht das Vorhandensein einer entsprechend ausgerichteten Unternehmenskultur (vgl. auch Schmidt 2004).

■ Das Prinzip der *Wirtschaftlichkeitsorientierung* fordert eine differenzierte Bearbeitung des Kunden in Abhängigkeit von der Kundenwertigkeit. Die Anstrengungen der Finanzdienstleistungsinstitute konzentrieren sich folglich auf die Verstärkung und den Aufbau gewinnbringender Kundenbeziehungen. Unprofitable Kunden werden demgegenüber vernachlässigt.

■ Das Prinzip der *Systematisierung* zielt ab auf die unternehmensübergreifende und langfristige Orientierung der Kundenbearbeitung über den gesamten Kundenlebenszyklus hinweg. Dies geschieht vor dem Hintergrund einer mit anhaltender Dauer steigenden Profitabilität der Kundenbeziehung.

■ Dem *Individualisierungsprinzip* liegt die Überlegung zugrunde, alle Aktivitäten gezielt auf den einzelnen Kunden bzw. auf (möglichst feine) Kundensegmente auszurichten.

■ Als letztes Prinzip gilt es, unter dem Einsatz von *IT-Anwendungen* kontinuierlich, systematisch und gezielt Markt- und Kundeninformationen aufzunehmen bzw. diese zu verarbeiten. So ist im CRM das Vorhandensein einer geeigneten IT-Infrastruktur, um die im Kundenkontakt anfallenden Daten speichern, auswerten, bereitstellen und nutzen zu können, eine absolute Voraussetzung.

Unter Berücksichtigung dieser Prinzipien lässt sich CRM definieren als „eine kundenorientierte Unternehmensphilosophie, die mit Hilfe moderner Informations- und Kommunikationstechnologien versucht, auf lange Sicht profitable Kundenbeziehungen durch ganzheitliche und individuelle Marketing-, Vertriebs- und Servicekonzepte aufzubauen und zu festigen" (Hettich 2005; 19f.). Im Mittelpunkt eines CRM-Konzepts steht folglich die Kundensegmentierung und -bewertung, um die herum alle auf Kundeninteraktion zielenden Steuerungsaktivitäten organisiert werden.

Die Anwendung von CRM im Electronic Commerce findet im Electronic Customer Relationship Management (eCRM) ihren Niederschlag. Da das Internet jedoch nur einen von vielen verschiedenen Kanälen darstellt, über den Kunden und Anbieter kommunizieren und Leistungen austauschen, fordert das Kundenorientierungspostulat die Einbindung des eCRM in das klassische Konzept des CRM. Dabei bietet das Internet den Vorteil, einerseits mehr Daten über das Kundenverhalten zu erhalten, andererseits kann relativ kostengünstig ein hoher Personalisierungsgrad in der Kundenbeziehung realisiert werden (vgl. Frielitz et al. 2002; 540).[100]

Prinzipiell setzt sich der CRM-Ansatz aus drei Modulen zusammen, die in einer engen Wechselbeziehung stehen und in Abbildung 6-9 dargestellt sind. Dabei umfasst das operative CRM alle Anwendungen im Front-Office-Bereich, mit denen über automatisierte Marketing-, Vertriebs- und Service-Maßnahmen der direkte Kontakt zu den Kunden gesteuert wird. Das kommunikative CRM hat seinerseits die komplette Steuerung und Abstimmung aller Kommunikationskanäle zum Kunden zum Gegenstand. Das operative und kommunikative CRM ist demzufolge auf die direkte Unterstützung von kundenbezogenen Geschäftsprozessen ausgerichtet. Beim analytischen CRM steht demgegenüber die systematische Aufzeichnung der Kundenkontakte und -reaktionen sowie insbesondere die Auswertung dieser Daten im Vordergrund (vgl. Förster/ Kreuz 2003; 124, Salmen 2003; 205).

Abbildung 6-9:   *Komponenten eines CRM-Systems (vgl. Hippner/Wilde 2000; 17)*

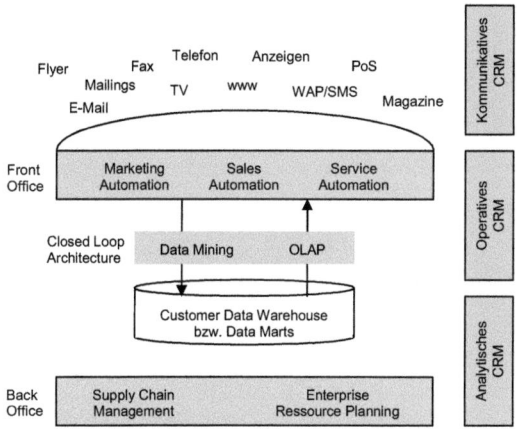

---

[100] Im Internet lassen sich bspw. relativ leicht und kostengünstig Präferenzerhebungen durchführen. Eine Möglichkeit dazu bietet sich etwa über das User-Tracking oder über Logfile-Analysen (vgl. Salmen 2003; 225f.).

Während das Customer Data Warehouse für den Aufbau, die Bereitstellung und Organisation einer konsistenten, unternehmensweiten Datenbasis steht, stellen das Data Mining und das Online Analytical Processing (OLAP) solche Verfahren und Techniken dar, mit denen sich eine quasi-automatisierte Analyse von umfangreichen Datenbeständen realisieren lässt (vgl. Kerner 2002; 121). Als Datenbasis werden in einem Customer Data Warehouse nicht nur Daten über das Kauf- oder Produktnutzungsverhalten gespeichert, hier lassen sich auch weitere kundenrelevante Daten aggregieren resp. verdichten, so dass sich schließlich das komplette Kundenverhalten im Hinblick auf die Beziehung zwischen Finanzdienstleistungsinstitut und Kunde abbilden lässt. Neben Kundenstammdaten, mit denen sich die Kunden identifizieren lassen, können bspw. auch soziodemografische und psychografische Daten sowie Interaktionsdaten[101] und vor allem auch Kaufverhaltensdaten[102] gespeichert werden. Aufgrund ihres historisch gewachsenen Kundendatenbestandes haben Kreditinstitute hier Vorteile gegenüber Wettbewerbern (vgl. ebd.; 127f., Salmen 2003; 220).

Das zur Verwirklichung von Personalisierungsstrategien notwendige Management von Kundendaten lässt sich in einer prozessorientierten Sichtweise in drei Phasen aufschlüsseln. So lässt sich die Datengewinnungsphase (Tracking) von der Phase der Datenanalyse (Profiling) und der Phase der Individualisierung (Matching) unterscheiden (vgl. Grabner-Kräuter/Lessiak 2002; 186). Im Sinne der weiter oben beschriebenen lernenden Beziehung kann der Personalisierungsprozess dann wie in Abbildung 6-10 als ein Closed-Loop dargestellt werden.

Abbildung 6-10: Der Closed-Loop-Prozess der Personalisierung (vgl. Frielitz et al. 2002; 545)

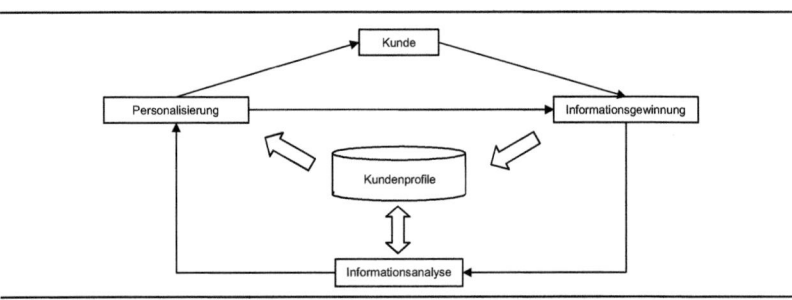

---

[101] Interaktionsdaten betreffen bspw. Daten über frühere Beschwerden oder über die Vertriebswegenutzung (vgl. Kerner 2002; 129).
[102] Zu den Kaufverhaltensdaten zählen bspw. Daten zum Zahlungsverkehr sowie produktübergreifende Daten wie etwa zeitraum- oder mengenbezogene Informationen (vgl. Kerner 2002; 131).

Zusammenfassende Hypothesen:

CRM und 1:1-Marketing fordern eine differenzierte, von der gesamtökonomischen Bedeutung des Kunden abhängige Kommunikation mit demselben. Aufgrund des inkonsistenten teils widersprüchlichen Verbraucherverhaltens muss deshalb jeder Kundenwert individuell ermittelt werden, was zu folgender Hypothese führt:

Hyp8:

„Aufgrund des heutigen hybriden Verbraucherverhaltens nimmt die Bedeutung einer kundenindividuellen Bewertung im Sinne eines Customer Relationship Managements für Finanzdienstleistungsinstitute zu."

In Bezug auf die Hypothese Hyp8 können wir ein sehr hohes Maß an Zustimmung feststellen. So stimmten der Hypothese sieben Experten und damit mehr als die Hälfte der befragten Marketingexperten zu. Auf der anderen Seite lehnte der Experte einer Direktbank die Hypothese vollkommen ab, was zu dem vergleichsweise niedrigen Mittelwert von 5,0 führt. Dennoch können wir die Hypothese noch als plausibel einstufen (siehe Abbildung 6-11).

Abbildung 6-11: Bewertungsdiagramm zu Hypothese Hyp8

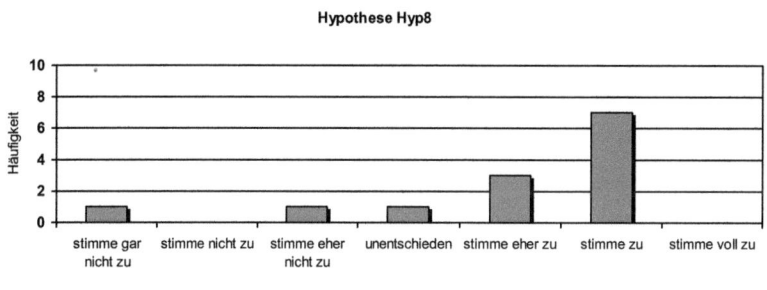

Vor dem Hintergrund der zunehmenden Bedeutung stationärer wie mobiler Internettechnologien als Vertriebsplattformen sowie den damit verbundenen Möglichkeiten hinsichtlich der einfachen und kostengünstigen Gewinnung sowie der schnellen Auswertung von Kundendaten wird die Relevanz des eCRM deutlich zunehmen, was wir in der folgenden Hypothese zusammenfassen:

Hyp9:

„Aufgrund der zunehmenden Verbreitung mobiler und stationärer Internettechnologien nimmt die Bedeutung des Electronic Customer Relationship Managements für Finanzdienstleistungsinstitute zu."

Die Hypothese Hyp9 hat bei den befragten Marketingspezialisten großen Zuspruch gefunden. So haben ihr 10 von 13 Befragten zumindest eher zugestimmt, wobei ihr davon 8 uneingeschränkt zugestimmt haben. Drei Experten zeigten sich unentschieden (Mittelwert: 5,5). Diese Experteneinschätzungen könnten darauf hinweisen, dass Finanzdienstleistungsinstitute, die ihre Kunden primär über elektronische Schnittstellen erreichen und über diese demzufolge auch unproblematisch und relativ kostengünstig Kundendaten gewinnen können, sich zukünftig verstärkt auf den Einsatz von eCRM-Techniken konzentrieren sollten, um langfristig profitable Kundenbeziehungen aufbauen zu können.

Abbildung 6-12: *Bewertungsdiagramm zu Hypothese Hyp9*

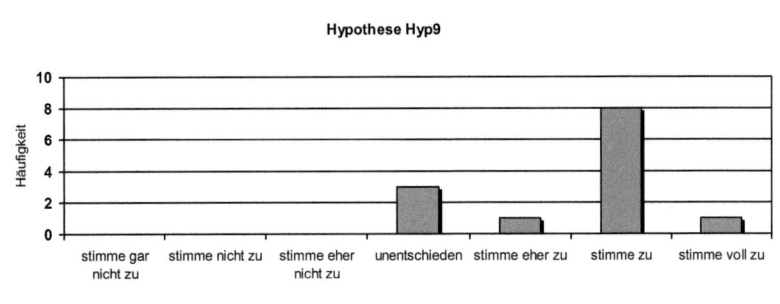

Mit der zunehmenden Bedürfnisindividualität der Kunden geht eine steigende Komplexität der Kundenbeziehungen einher. Dies erfordert den Einsatz von Datenanalyse-Tools, mit denen aus den gespeicherten Kundendaten Profile generiert werden können, die Rückschlüsse auf die Kundenbeziehung und vor allem auf die individuellen und zum Teil stark divergierenden Bedürfnisse der einzelnen Kunden zulassen. Unter Umständen lässt sich damit sogar ein Segment-of-One abbilden. Diese Gedanken fassen wir in der folgenden Hypothese zusammen:

Hyp10:

„Aufgrund der immer individueller werdenden Kundenbedürfnisse nimmt die Bedeutung von Datenanalyse-Tools zur Generierung von Kundenprofilen für Finanzdienstleistungsinstitute zu."

Auch für die Hypothese Hyp10 lässt sich ein breiter Zuspruch feststellen: Bei einem Mittelwert von 5,5 stimmten elf Marketingexperten der Hypothese (zumindest eher) zu, jeweils einer zeigte sich unentschieden beziehungsweise eher ablehnend (siehe Abbildung 6-13).

Auch unserer Einschätzung nach wird – wie wir in der Hypothese formuliert haben – die Datenanalyse für das Erstellen von Kundenprofilen zukünftig eine noch größere Bedeutung erlangen als sie es heute schon innehat. Sie wird aber keineswegs alleiniger Garant für eine erfolgreiche intentionale Steuerung der Kundenbeziehung sein. Eine solche Sichtweise wäre äußerst technokratisch und plandeterminiert ausgerichtet, sie würde nach wie vor an der Utopie der Beherrschbarkeit von Unternehmensumwelten festhalten und die zunehmende Bedeutung des professionellen Umgangs mit Komplexität, Dynamik und selbstreferentiellen Wirkungszusammenhängen verkennen, wie es im systemischen Markenmanagement skizziert wird.[103]

Abbildung 6-13: *Bewertungsdiagramm zu Hypothese Hyp10*

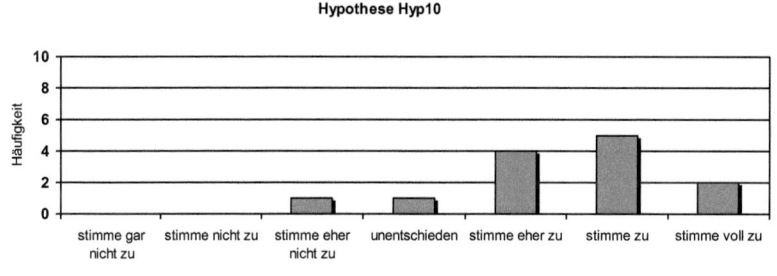

---

[103] Siehe die Hypothesen Hyp1 und Hyp2 zum systemischen Markenmanagement.

6.4 Individuelle Produkt- und Servicepolitik

Auch im Bereich der Produkt- und Servicepolitik der Finanzdienstleistungsinstitute schlägt sich der Trend zur Individualisierung nieder. Die Anbieter müssen immer mehr Produkt- und Servicevarianten bereitstellen, um die fragmentierten Märkte und die divergierenden Kundenerwartungen und -bedürfnisse bedienen zu können. Aus der Individualisierung der institutseigenen Produkte und der daraus resultierenden Varietät der Produktpalette können daher enorme Wettbewerbsvorteile resultieren. Der Nachfrager von individuell zugeschnittenen Problemlösungen erhält einen Kundenvorteil, welcher „sich aus dem Überschuss von tatsächlich erlebtem zu erwartetem Nutzen [ergibt]" (Schnäbele 1997; 38). Zur Schaffung solcher präferenzorientierten Nutzenvorteile wird sich ein Finanzanbieter in seinem Handeln vorrangig an der Effektivität ausrichten. Schließt man jedoch das Effizienzkriterium bei der Betrachtung der Leistungsindividualisierung mit ein, so folgt aus den Vorteilen maximaler Kundenorientierung das Problem der sehr hohen Kosten (vgl. Förster/Kreuz 2003; 39, 145f.). Individualisierte Produkte lassen sich eben nur zu hohen Preisen realisieren. Einen Ausweg bietet hier das Konzept des Mass Customization. Es zeichnet sich dadurch aus, dass kundenindividuelle Leistungsangebote durch eine gleichzeitige Berücksichtigung von Standardisierungsmaßnahmen kostengünstig einem breiten Publikum zugänglich gemacht werden.

Während das 1:1-Marketing die konzeptionelle Fundierung für den individuell geführten Dialog mit den einzelnen Kunden darstellt, so ist das Konzept des Mass Customization als die Grundlage für die Individualisierung von Produkten und Dienstleistungen anzusehen (vgl. Frielitz et al. 2002; 541).

Mass Customization verstanden als ‚kundenindividuelle Massenproduktion' betont die kostensensible Produkt- und Leistungserstellung mit Fokus auf den einzelnen Kunden. Piller (2003; 188) definiert: „Mass Customization […] bezeichnet die Produktion von Gütern und Leistungen für einen (relativ) großen Absatzmarkt, welche die unterschiedlichen Bedürfnisse jedes einzelnen Nachfragers dieser Produkte treffen. Die Produkte und Leistungen können dabei auch langfristig zu Preisen angeboten werden, die der Zahlungsbereitschaft von Käufern vergleichbarer massenhaften Standardprodukte entsprechen." Zu ergänzen ist, dass eine Leistung nicht zwangsläufig individuell im Sinne eines Unikates angefertigt werden muss, es können hier vielmehr auch Kundendaten zu bereits vorhandenen Leistungen, die das Bedürfnisprofil des Kunden abdecken, zugeordnet werden, so dass sich die Leistung dem Kunden als individuelles Angebot darstellt. Die folgenden Varianten sollen dies verdeutlichen:

Kotler et al. (2002; 117) unterscheiden bei der Individualisierung von Produkten und Leistungen zwischen der adaptiven, der kosmetischen und der transparenten Anpassung. Unter einer adaptiven Produktanpassung verstehen sie die Ausarbeitung eines Standardangebots, das dem Kunden verschiedene Optionen zur Auswahl bietet. Ein Finanzdienstleistungsinstitut kann seinen Internetkunden bspw. die Möglichkeit offerieren, den Webzugang zur Internetplattform des Institutes so einzurichten, dass dieser den individuellen Bedürfnissen der Kunden entspricht. Diese Variante der Individualisierung ergibt sich also aus der Konfiguration von Standardlösungen auf Modulbasis (vgl. Schnäbele 1997; 46). Heinrich (2002; 107) betont zu Recht, dass sich das Modularisierungskonzept im Bankbereich aufgrund der hohen Digitalisierbarkeit vieler Bankprodukte in besonderer Weise anbietet.

Bei der kosmetischen Kundenanpassung präsentiert ein Finanzdienstleister sein Produkt unterschiedlichen Kunden auf verschiedene Art und Weise. Bei dieser Variante würde der Finanzdienstanbieter seine Internetkunden auf der Startseite seiner Website namentlich begrüßen. Eine Voraussetzung dafür ist bspw. die Verwendung von Cookies[104], mit denen sich diejenigen User, welche die Website bereits besucht haben, anhand ihrer Registrierungsinformationen wieder erkennen lassen (vgl. Kotler et al. 2002; 117f.). Mit Piller (2003; 208) ist hier allerdings anzumerken, dass Mass Customization „bei der Individualisierung der eigentlichen Kernleistung" ansetzt, während die hier thematisierte kosmetische Produktanpassung wohl eher eine Personalisierungsmaßnahme, ein „Nice-to-have" darstellt. Dennoch kommt er zu dem Schluss, dass sich Mass Customization und Personalisierung gegenseitig bedingen, so dass „ein gutes Mass-Customization-Konzept [...] stets auch eine Individualisierung der Kommunikation im Sinne der Personalization beinhalten [sollte]" (ebd.).

Bei der transparenten Kundenanpassung wird schließlich „jedem einzelnen Kunden ein einmaliges Angebot [unterbreitet], ohne den Kunden eigens darauf aufmerksam zu machen" (Kotler et al. 2002; 118). So könnte zum Beispiel eine Bank, die ihren Kunden ein Bonusprogramm offeriert, mit dem die Bankkunden Vergünstigungen zu diversen Events und Veranstaltungen erhalten, beobachten, welche Angebote der einzelne Kunde auf welche Art und Weise bevorzugt wahrnimmt und diese Informationen in einer Datenbank abspeichern. Präferiert ein Kunde bspw. Jazz-Konzerte, könnten in der Datenbank Informationen wie Musikstil, Sitzplatzkategorie und Anzahl der gekauften Karten festgehalten werden. Wird nun im Rahmen des Bonussystems ein weiteres Jazz-Konzert angeboten, könnte die Bank ihrem Kunden unaufgefordert die übliche Anzahl der Karten mit der bevorzugten Sitzplatzkategorie reservieren und diesem eine Option auf den Kauf der verbilligten Karten ausstellen.

Diese drei Varianten der Mass Customization können mit Förster/Kreuz (2003; 149) um das so genannte Collaborative Mass Customization erweitert werden. Hier gibt der Finanzanbieter seinen Kunden Raum für eine intensive Kommunikation, so dass sie ihre Wünsche genau artikulieren und das Angebot identifizieren können, das ihren Bedürfnissen am ehesten entspricht. Eine besonders intensiv geführte Kommunikation ist dann erforderlich, wenn ein Kunde aus einer großen Menge an Komponenten auswählen muss oder wenn er Probleme hat, seine Bedürfnisse und seine Wünsche zu präzisieren. Ein Beispiel hierfür ist das Angebot der Bank America, die auf ihrer Web-

---

[104] Cookies sind Dateien, die von der Browser-Software erstellt und auf dem PC des Internetnutzers gespeichert werden.

site Finanzinformationen nach den individuellen Wünschen ihrer Kunden aufbereitet (vgl. Piller 2003; 393).

In der Praxis werden diese vier Varianten der kundenindividuellen Massenproduktion miteinander kombiniert. Kotler et al. (2002; 119) weisen jedoch auf zwei Risiken der Individualisierung von Leistungen hin. Bei einem leicht zu kopierenden Angebot kann das Unternehmen schnell in eine Kostenspirale gelangen, von der letztlich nur die Verbraucher profitieren. Zudem können alle Anstrengungen, die bei der Individualisierung einer Leistung angefallen sind, umsonst gewesen sein, wenn das Unternehmen, hier der Finanzdienstleister, auf eben jener maßgeschneiderten Leistung sitzen bleibt, weil sie nicht mit genügender Sorgfalt im Bereich des Analyse der Kundenbedürfnisse entwickelt worden ist.

Die Anmerkungen zur Individualisierung der Produkt- und Servicepolitik lassen sich in ihrer Bedeutung für die Finanzdienstleister wie folgt zusammenfassen:

Aufgrund der zunehmenden Bedeutung von Selbstverwirklichung und Individualität sowie der erweiterten und aufgewerteten ökonomischen Rollen der privaten Haushalte durch die besonders im Dienstleistungsbereich sich abzeichnende Synthese von Konsumption und Produktion wachsen die Ansprüche der Konsumenten hinsichtlich eines individuellen Leistungsangebotes. Der zukünftig noch höhere Stellenwert der Individualität im Wertesystem der Menschen kommt gerade auch im Bankgeschäft zum Ausdruck, wo der Kunde sehr flexibel gestaltete, sich seiner individuellen Lebenssituation anpassende Finanzdienstleistungen erwartet (vgl. Salmen 2003; 34). Die neuen IKT ebnen dabei den Weg einer kundenindividuellen Massenproduktion durch ihr hohes produktionsbezogenes Kostensenkungspotenzial und das beträchtliche Individualisierungspotenzial.

Hyp11:

„Aufgrund der immer individueller werdenden Kundenbedürfnisse nimmt die Bedeutung einer kundenindividuellen Massenproduktion (Mass Customization) von Finanzdienstleistungsprodukten zu."

Die Einschätzung der Experten bezüglich der Hypothese Hyp11 variiert. Wie in Abbildung 6-14 ersichtlich, stimmten insgesamt zwei Marketingexperten der Hypothese nicht resp. eher nicht zu, zwei weitere zeigten sich bei der Bewertung unentschlossen. Die restlichen neun Experten stimmten der Hypothese zumindest eher zu, womit wir die Hypothese bei einem Mittelwert von 5,0 als weitgehend plausibel und weiter untersuchungswert betrachten. Wir denken aber, dass die Zukunftsfähigkeit von Mass Customization im Markt für Finanzdienstleistungen differenziert zu betrachten ist: Auf der einen Seite kann es durchaus zweckmäßig sein, den Kunden eher wenige, standardisierte, aber dafür einfach und klar kommunizierbare Produkte anzubieten, mit denen sich schnell große Absatzmengen aufbauen lassen (vgl. Zimmer/Janke 2006; 31). Auf der anderen Seite ist aber das Produktentwicklungspotenzial gerade in der Bankbranche längst noch nicht ausgeschöpft (vgl. Karle 2006a; 24f.). Durch individualisierte, intelligent konzipierte Produkte lassen sich bereits heute Kundenvorteile schaffen, die beim Kunden zur Präferenzbildung für das jeweilige Finanzinstitut führen können.

Abbildung 6-14: *Bewertungsdiagramm zu Hypothese Hyp11*

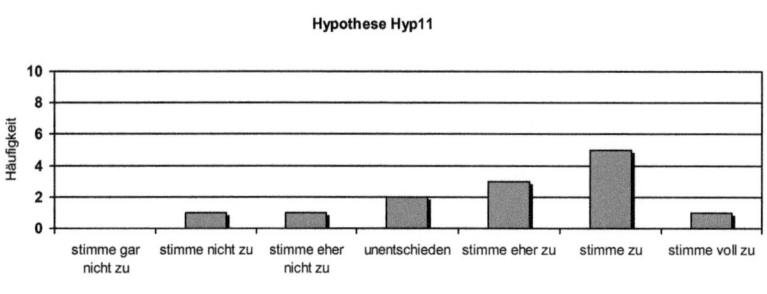

6.5 Netzwerkmanagement

Um innovative, an den Bedürfnissen der Kunden ausgerichtete Leistungen anbieten zu können, ist es oftmals zweckmäßig, den Ressourcenraum von Partnern durch die Bildung von kollaborativen Netzwerken auszunutzen. Es werden dann nur noch einzelne wertschöpfende Aktivitäten unter dem eigenen Dach erledigt, während die restlichen Aufgaben an Kooperationspartner abgetreten werden (vgl. Kotler et al. 2002; 77). Dieser kooperativen Vorgehensweise stehen prinzipiell zwei Alternativen gegenüber: Einerseits können alle wertschöpfenden Aktivitäten, sofern die dazu notwendigen Ressourcen und Kompetenzen im eigenen Unternehmen vorhanden sind, im Alleingang erbracht werden, zum anderen können diese am freien Markt eingekauft, also komplett fremdbezogen werden (vgl. Killich 2005; 13). Im Hinblick auf diese beiden Koordinationsformen ist die zwischenbetriebliche Kooperation somit als alternative Organisationsform zu betrachten. Eine Alternative, welcher in Wirtschaft, Wissenschaft und Politik ein großes Zukunftspotenzial zugeschrieben wird (vgl. ebd., Becker et al. 2005; 3). Kotler et al. (2002; 45) konstatieren in diesem Zusammenhang, dass der Wettbewerb zwischen Unternehmen mehr und mehr einem Wettbewerb zwischen kollaborativen Netzwerken weicht, wobei die Unternehmen, die dem besseren Netzwerk angehören, am Ende das Rennen machen.[105] Dabei kommt dem Management von IT-gestützten Beziehungen zwischen internen und externen Geschäftspartnern, von Alt et al. (2001; 2) als Business Networking definiert, im Informationszeitalter eine entscheidende Rolle zu.

Unter einer zwischenbetrieblichen Kooperation wird nach allgemeiner Auffassung die koordinierte „Zusammenarbeit zwischen [...] rechtlich und wirtschaftlich selbstständigen Unternehmungen zur Steigerung der gemeinsamen Wettbewerbsfähigkeit" (o.V. 2000; 1817) verstanden. Netzwerkunternehmen bezwecken dabei insbesondere die Realisierung von Koordinations- und/oder Produktionskostenvorteilen, die Verwendung des Ressourcenraums der beteiligten Netzwerkunternehmen oder den Zugang zu weiteren Märkten (vgl. Laupper 2005; 72). Netzwerke erlauben es ferner, Innovationsrisiken nicht gänzlich alleine tragen zu müssen sowie Zeitvorteile in der Umsetzung strategischer Zielvorgaben realisieren zu können (vgl. Howaldt/Ellerkmann 2005; 24). Als besonders kooperationsfördernd wirken dabei der steigende Wettbewerbsdruck und die hohe Anspruchshaltung des Marktes, individuelle Komplettleistungen aus einer Hand zu beziehen. Diese Anforderungen können oftmals nur über eine kooperative Synthese der Leistungen einzelner Partner erfüllt werden, was eine enge Verknüpfung der eigenen Geschäftsabläufe mit denen der Geschäftspartner erfordert (vgl. Huber et al. 2002; 170). Entscheidend für die Funktionsfähigkeit eines Netzwerkes ist, dass die autonom agierenden Netzwerkpartner „ein gemeinsames Ziel verfolgen und ihre Individualziele teilweise dem Kollektivziel des Netzwerkes unterordnen" (Laupper 2005; 73).

Interorganisationale Netzwerke bedingen eine weitgehende Arbeitsteilung zwischen den einzelnen Netzwerkpartnern, woraus sich eine reduzierte Fertigungstiefe bzw. eine Begrenzung der Produktbereiche sowie eine Fokussierung auf strategische Kernprodukte ergeben (vgl. ebd.; 74). Ein weiteres bedeutsames Strukturmerkmal von Unternehmensnetzwerken ist das wechselseitige Vertrauen, welches sich die einzelnen Teilnehmer eines Netzwerkes entgegenbringen.[106] Diese konstituieren mit dem Unternehmensnetzwerk ein soziales System, dessen Teilnehmer in einem dauerhaften Beziehungs- und Interaktionszusammenhang stehen, der von den partizipierenden Netzwerkunternehmen koordiniert wird. Weitere dieses Sozialsystem konstituierende

---

[105] Siehe hierzu auch Howaldt/Kopp (2005a; 97).

[106] So weisen Howaldt/Ellerkmann (2005; 28) darauf hin, dass Vertrauen als „die zentrale Voraussetzung der Kooperationsarbeit" (ebd.) anzusehen ist, welche es immer wieder neu herzustellen gilt. Neben eher persönlichen Faktoren ist hier vor allem „die Realisierung des erwarteten Nutzens der Kooperationspartner" (ebd.) ausschlaggebend. In diesem Zusammenhang sei angemerkt, dass Vertrauen „aufgrund der doppelten Kontingenz wirtschaftlichen Handelns [...] eine flexiblere Strategie zur Stabilisierung der Handlungssituation und Erweiterung der Handlungsmöglichkeiten darstellt als vertragliche Vereinbarungen" (Laupper 2005; 75).

Strukturmerkmale sind Verlässlichkeit, Selbstverpflichtung, Effizienz, Kooperation sowie das neoklassische Vertragsrecht (vgl. ebd.; 73).

Killich (2005; 13) und Laupper (2005; 72) unterscheiden zwischen zahlreichen unterschiedlichen Kooperationsformen[107], welche in einem Spannungsfeld von Markt und Hierarchie angesiedelt sind und je nach Organisationsform mehr marktliche oder mehr hierarchische Eigenschaften aufweisen. Des Weiteren können Netzwerkunternehmen auch an mehreren Netzwerken parallel beteiligt sein, die wiederum in interne, stabile und dynamische Netzwerke typologisiert werden können. Abbildung 6-15 verdeutlicht diesen Zusammenhang.

Abbildung 6-15: *Netzwerkunternehmen als Teil mehrerer Netzwerke (vgl. Fleisch/Österle 2001; 57)*

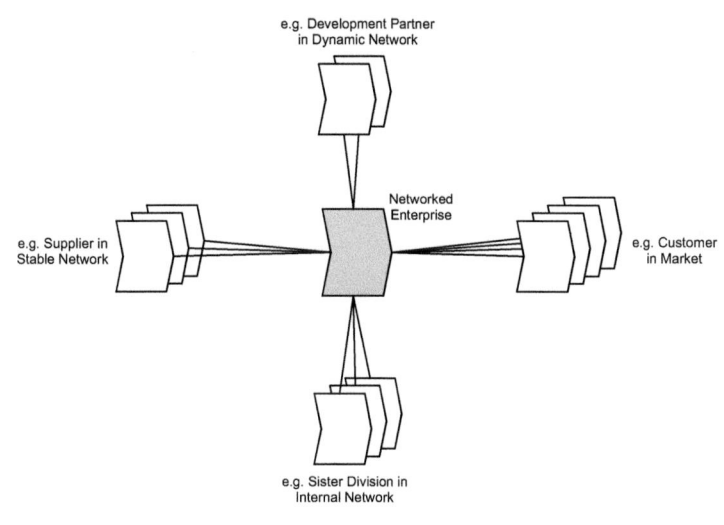

Das oben erwähnte Business Networking, welches die Koordination innerhalb einzelner und zwischen mehreren Unternehmen zum Gegenstand hat, baut auf den drei

---

[107] Mögliche Formen der zwischenbetrieblichen Kooperation sind bspw. Supply Chain Management, Strategische Allianz, Konsortium, Franchising, Interessengemeinschaft, Joint Venture und virtuelles Unternehmen (vgl. Killich 2005; 13).

Ebenen des Business-Engineering-Modells auf: Strategie, Prozess und Informationssysteme (vgl. Alt et al. 2001; 2, Huber et al. 2002; 177). Auf der strategischen Ebene des Business Networking geht es um die organisatorische Gestaltung des Netzwerkes mit den Kooperationsbeziehungen zwischen den beteiligten Geschäftseinheiten (vgl. Laupper 2005; 102). Die Prozess-Ebene fokussiert hingegen auf das unternehmerische Prozessnetzwerk, das heißt auf die Koordination der Aktivitäten und Prozesse, welche zur Umsetzung der Strategien notwendig sind. Auf der Informationssystem-Ebene steht schließlich die Implementierung einer einheitlichen Kommunikations- und Informationsplattform im Mittelpunkt, über welche die einzelnen Aktivitäten und Prozesse gegenüber den Kooperationspartnern kommuniziert werden. Mögliche Plattformen sind dezentral implementierte Informationssysteme, elektronische Marktplätze, Portale für Mitarbeiter, Kunden und/oder Lieferanten sowie elektronische Services (vgl. Alt et al. 2002; 95f.).

Eine besonders dynamische Form der zwischenbetrieblichen Kooperation ist das virtuelle Unternehmen, welches am Markt als ein eigenständiges Unternehmen auftritt, sodass die daran beteiligten rechtlich selbständigen Unternehmen nicht mit dem eigenen Firmennamen in Erscheinung treten (vgl. Killich 2005; 15). Besonders charakteristisch für virtuelle Unternehmen sind die offenen, dynamischen Strukturen innerhalb des Netzwerkes, das sich selbst durch die Bildung aufgabenorientierter Ad-hoc-Teams resp. -Kooperationen projektbezogen konfiguriert. Eine weitere Besonderheit ist, dass bei virtuellen Unternehmen kein dominanter Netzwerkteilnehmer, das fokale Unternehmen, im Zentrum des Netzwerkes steht (vgl. ebd.; Howaldt/Kopp 2005a; 99, Laupper 2005; 82).[108] Ein gegenüber dem virtuellen Unternehmen weitaus stabiler strukturiertes Netzwerk ist bspw. das Franchise-System, auf das im Folgenden am Beispiel von Kreditinstituten ausführlich eingegangen werden soll. Virtuelle Unternehmen eignen sich in besonderer Weise für eine gemeinsame Produktentwicklung und Markterschließung, wobei hier die Bündelung von unterschiedlichen Kompetenzen zur Realisierung umfassender Leistungsangebote aus einer Hand im Vordergrund steht.

Unabhängig von ihrer Form weisen die einzelnen Netzwerke noch etliche spezifische Kooperationsmerkmale auf wie zum Beispiel die Kooperationsrichtung, die angibt, in welcher Wirtschafts- und auf welcher Wertschöpfungsstufe die einzelnen Netzwerkpartner agieren.[109] Als weitere Differenzierungsmerkmale sind bspw. die Bindungsintensität und die Verbindlichkeit einer Kooperation zu nennen sowie die Zeitdauer, auf welche eben jene angelegt ist (vgl. Killich 2005; 18f.).

Der in Kapitel 4 skizzierte Filialabbau sowie die zunehmende Technisierung der Kunde-Bank-Schnittstelle haben letztlich zu einer Anonymisierung der Kunde-Bank-

---

[108] Das fokale Unternehmen, verstanden als zentraler Akteur eines Netzwerks, bestimmt bspw. die Struktur und die Arbeitsweise des Netzwerkes (vgl. Howaldt/Kopp 2005a; 99).

[109] Entsprechend dieser Kriterien lässt sich zwischen einer horizontalen, einer vertikalen und einer diagonalen Kooperation unterscheiden (vgl. Killich 2005; 18).

Beziehung geführt. Im Zuge einer 1:1-Marketing-Strategie wird jedoch eine kunden-individuelle Behandlung postuliert, die sich gerade durch die physische Nähe zum Kunden in besonderer Weise realisieren lässt. Zudem präferiert das Gros der Bank-kunden mehrere Zugangswege zu den Leistungen ihres Kreditinstituts, was die klassische Filiale unbedingt mit einschließt.[110] So kann man davon ausgehen, dass mit dem Abbau von Filialen und Geschäftsstellen Opportunitätskosten verbunden sind, die sich bspw. in der Unzufriedenheit des Kunden und einer höheren Wechselbereitschaft niederschlagen. Genauso ist es denkbar, dass eine Analyse der eigenen Filialdichte zum Ergebnis hat, dass das Potenzial an hochwertigen Standorten noch nicht vollständig ausgeschöpft ist, für die Neugründung bankeigener Filialen jedoch die dafür notwendigen Mittel fehlen (vgl. Stein 1996; 19f., Weil/Strohe 2000; 628f.). Einen Ausweg bietet hier das *Franchise-Konzept*. Kubitschek (2000; 21) liefert eine Definition zum Begriff des Franchisings, die der vom Deutschen Franchise-Verband e.V. (DFV) weitgehend entspricht. Ein Franchise-System ist demzufolge „ein vertikal-kooperativ organisiertes Vertriebs- und/oder Produktionssystem rechtlich selbstständiger Unternehmen auf der Basis eines vertraglichen Dauerschuldverhältnisses. Das System tritt unter der Marke des Franchise-Gebers einheitlich am Markt auf, wobei es durch das arbeitsteilige Leistungsprogramm, durch ein Weisungs- und Kontrollsystem zur Sicherung eines systemkonformen Verhaltens und durch einen intensiven Know-how-Transfer zwischen den Systempartnern [...] geprägt wird" (ebd.). Der Franchise-Geber überlässt sein Geschäftskonzept dem Franchise-Nehmer und erhebt dafür eine entsprechende Gebühr. Dieser wiederum verpflichtet sich, das Geschäft so zu betreiben, dass „sowohl die Qualitätsanforderungen des Franchise-Gebers als auch die Einheitlichkeit der gesamten Kette im Hinblick auf die Marke gewahrt bleiben" (ebd.). Der Franchise-Nehmer wirtschaftet dabei auf eigene Rechnung und nutzt das Geschäftskonzept zur Vermarktung von Gütern und Dienstleistungen. Für einen Franchise-Geber hat dies den Vorteil, dass er die mit dem Filialstandort verbundenen Kosten auf den Franchise-Nehmer abwälzen kann, womit sich das Aufwands-/Ertrags-Verhältnis beim Franchise-Geber signifikant reduzieren dürfte (vgl. Enke 2002; 342, Weil/Strohe 2000; 630).

Überträgt man das Franchising-Konzept auf das Filialsystem von Kreditinstituten, so übernimmt die Bank den Part des Franchise-Gebers und die Filialleitung den Part des Franchise-Nehmers. Da die meisten Kreditinstitute bereits über ein eigenes Filialnetz verfügen, entstehen durch den zusätzlichen Vertrieb über Franchisefilialen Mischsysteme. Entschließt man sich dazu, Teile des Filialnetzes zu franchisieren, so eignen sich dafür primär solche Filialen, in denen Bankprodukte angeboten werden, welche durch eine hohe Beratungs- und Serviceintensität gekennzeichnet sind wie etwa Finanzierungsberatung oder Kontoeröffnung und -pflege (vgl. Kubitschek 2000; 21, 224). Franchise-Nehmer werden im modernen Franchising allerdings auch als Marktsensoren verstanden, deren Funktion weit über den reinen Vertrieb von Bankprodukten hinausgeht (vgl. Frauenhuber 2003; 412). Durch ihren unmittelbaren Kontakt zum Kunden verfügen sie über spezielle Kenntnisse und Informationen hinsichtlich regionaler

---

[110] Vgl. dazu die Ausführungen in den Kapiteln 4 und 6.6.

Marktgegebenheiten und individueller Kundenbedürfnisse. Dieses Wissen erlaubt es ihnen, das eigene Serviceangebot strikt an den Bedürfnissen ihrer Kunden auszurichten. So kann bspw. die flexible und kundenorientierte Gestaltung von Öffnungszeiten bei einer Franchisefiliale besser bewerkstelligt werden als bei der herkömmlichen Filiale (vgl. Enke 2002; 342).

Zur Realisierung einer erfolgreichen 1:1-Marketing- und Mass-Customization-Strategie, welche ja einen besonders hohen Interaktions- und Individualisierungsgrad von Finanzdienstleistungen bedingt, gilt es, die Netzwerkstruktur des Franchise-Systems nach innen und außen möglichst flexibel zu gestalten. Dies bedeutet, dass die Netzwerkpartner in die Planung und Entscheidungsfindung stärker als bei standardisierten Produkten integriert werden müssen und Entscheidungen tunlichst vom Franchise-Geber an die Franchise-Nehmer abzutreten sind (vgl. Stein 1996; 175). Eine 1:1-Kundenorientierung erfordert auch ein dezentralisiertes Marketing am PoS, sodass Mitarbeiter vor Ort dazu befähigt werden, jedem einzelnen Kunden als Berater und Partner bei der Lösung seiner ganz individuellen Probleme begegnen zu können. Kundenindividuelles Marketing verlangt von den Franchise-Gebern daher zukünftig den Aufbau von Multiplikatoren, die als Coaches, als Moderatoren und Trainer der einzelnen Filial-Teams mit dem Ziel agieren, die Mitarbeiter der Franchisingfiliale als Dialog-Partner von Kunden zu qualifizieren und zu begleiten (vgl. Hommerich/Kornfeind 2003; 617f.).

Mit dieser Kompetenzverlagerung an die Basis ist allerdings auch die Gefahr einer uneinheitlichen Servicequalität verbunden, der es durch den verstärkten Einsatz von Formalisierungs-, Kommunikations- und Kontrollinstrumenten entgegenzutreten gilt. Der Franchise-Geber sollte sich hier insbesondere als Denkzentrale des Netzwerkes mit Servicefunktion positionieren, der den einzelnen Franchise-Nehmern mit fachlichen Ad-hoc-Hilfestellungen zur Seite steht (vgl. Stein 1996; 176). Es geht folglich darum, Leistungsstörungen im Sinne von objektiven oder vom Kunden subjektiv empfundenen Beratungsfehlern etc. proaktiv vorzubeugen, da sonst die Gefahr einer Entwertung der Marke droht (vgl. Lohmann 2002; 343). In diesem Zusammenhang sei auch auf die so genannte Free-Rider-Gefahr (Gefahr des Trittbrettfahrens) beim Franchising hingewiesen, die darin liegt, dass ein Franchise-Nehmer versucht, aufgrund seines hohen Gewinn- und damit auch Kostenbeteiligungsgrads (kurzfristige) Zusatzgewinne zu realisieren, indem er minderwertige, kostengünstige Inputs zu Lasten der wahrgenommenen Qualität einsetzt (vgl. Kubitschek 2000; 53). Der daraus resultierende Nachfragerückgang wird sich aufgrund der Signalwirkung der Marke über die Laufkundschaft des Trittbrettfahrers auch auf andere Franchise-Nehmer resp. Zweigstellen negativ auswirken. Gegen diese Argumentation spricht allerdings, dass ein Franchise-Nehmer gerade wegen seiner vergleichsweise hohen Beteiligung am Gewinn motiviert ist, vorgegebene Qualitätsstandards einzuhalten. In der von ihm betriebenen Filiale wird nämlich nicht nur Lauf- sondern auch Stammkundschaft verkehren, die bei mangelnder Beratungs- und Servicequalität in erster Linie *seine* Filiale bestrafen wird (vgl. ebd.; 54f.). Vor dem Hintergrund der bisherigen Überlegungen, wonach das Franchising von Bankfilialen als Maßnahme zur Kundenbindung im Sinne eines 1:1-Marketings eingesetzt werden könnte, was ja eine hohe Quote an Stammkundschaft impliziert, denken wir aber, dass nicht von hohen Free-Riding-Anreizen im Franchise-Banking ausgegangen werden kann. Aufgrund seiner Verantwortlichkeit hinsichtlich der lokalen Erträge, Investitionen und Kosten entspricht die Motivation des Franchise-Nehmers eher der eines Anteilseigners und ist daher ungleich höher als die des typischen Bankfilialleiters. Während letzterer im Durchschnitt zwei Jahre die Filialleitungsstelle besetzt, umfasst der Zeithorizont des Franchise-Nehmers mindestens sechs Jahre, was darauf schließen lässt, dass seine Bereitschaft, in den lokalen Markt zu investieren, entsprechend höher ist. Der Franchise-Nehmer hat durch den gewinnabhängigen Verdienst einen unmittelbaren Anreiz, seine internen Prozesse wirtschaftlich und ergebnisorientiert zu gestalten (vgl. Enke 2002; 342, Weil/Strohe 2000; 630).

Durch die träge wirtschaftliche Entwicklung und die hohe Wettbewerbsdynamik werden Finanzdienstleistungsinstitute auch in naher Zukunft dazu gezwungen, sämtliche ihrer Investitionen auf den Prüfstand zu stellen. Eine kundenorientierte Ausgestaltung des Vertriebswegesystems im Sinne eines Multi-Channel-Marketings steht allerdings im Widerspruch zu den Kosteneinsparungen, die sich aus dem Abbau der vergleichsweise teuren Filialen ergeben. Das Franchising von Filialen stellt in diesem Zusammenhang eine kostengünstige Alternative dar und hat das Potenzial, den oben konstatierten Widerspruch aufzulösen. Darüber hinaus bietet das Franchise-System die Chance, auf die individuellen Kundenbedürfnisse im Sinne eines 1:1-Marketings einzugehen und trägt damit dem Trend einer zunehmend individueller werdenden Gesellschaft Rechnung. Diese Überlegungen lassen sich in den folgenden Hypothesen zusammenfassen:

Hyp12:

„Aufgrund der wirtschaftlichen Rezession sowie der hohen Wettbewerbsintensität nimmt die Bedeutung von Franchise-Systemen zur Aufrechterhaltung oder Neugründung von Zweigstellen für Finanzdienstleistungsinstitute zu."

Hyp13:

„Aufgrund der zunehmend individueller werdenden Kundenbedürfnisse nimmt die Bedeutung von Franchise-Systemen zur Pflege individueller Kundenbeziehungen für Finanzdienstleistungsinstitute zu."

Die Hypothesen Hyp12 und Hyp13 wurden von den Marketingspezialisten der Bankinstitute mit einem jeweiligen Mittelwert von 3,3 (Hyp12) bzw. 3,1 (Hyp13) überwiegend abgelehnt (siehe Abbildungen 6-16 und 6-17). Dabei ergibt sich für beide Hypothesen in etwa die gleiche Konstellation: Während mit acht Experten der Großteil der Befragten das Franchising von Bankfilialen zumindest eher ablehnt, wird den beiden Hypothesen von drei weiteren Experten Plausibilität eingeräumt. Wir folgern daraus vorsichtig, dass das Franchising-Konzept wohl über eher wenig zukunftsfähiges strategisches Potenzial verfügt, um dem Privatkundengeschäft der Kreditinstitute entscheidende Impulse geben zu können. Dies müsste aber mittels einer differenzierten weniger pauschalen Betrachtungsweise, bei der die vermeintlichen zukünftigen Vor- und Nachteile des Konzeptes detailliert aufgeschlüsselt, operationalisiert und mit der Perspektive der Befragten (unterschiedliche Banktypen) korreliert sind, genauer untersucht werden.

Abbildung 6-16: *Bewertungsdiagramm zu Hypothese Hyp12*

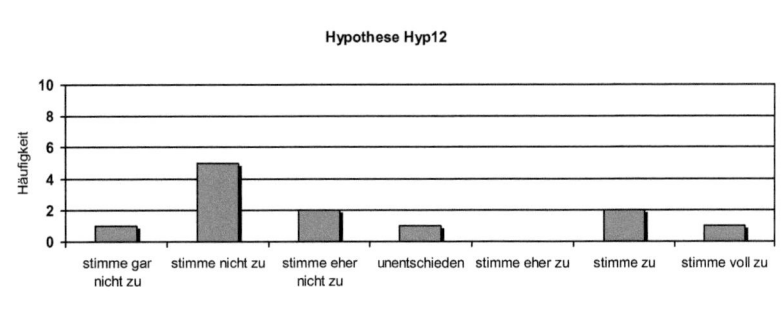

Abbildung 6-17: *Bewertungsdiagramm zu Hypothese Hyp13*

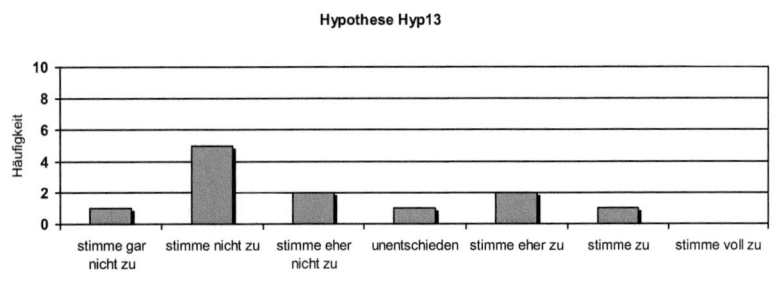

Weiterhin wurde festgestellt, dass individuelle Komplettleistungen und VAS im Hinblick auf die sich weiter verschärfende Wettbewerbsintensität und dem damit verbundenen Zwang zu effizienterem Handeln ausschließlich in einer kooperativen Zusammenführung der Leistungen einzelner Partner erbracht werden können. Diese Gedanken fassen wir in den folgenden beiden Hypothesen zusammen:

Hyp14:

„Aufgrund der wirtschaftlichen Rezession sowie der hohen Wettbewerbsintensität nimmt die Bedeutung von Kooperationen für eine kundenorientierte Leistungspolitik der Finanzdienstleister zu."

Prinzipiell wird der kooperativen Vorgehensweise von den Marketingexperten ein hohes Zukunftspotenzial attestiert (Mittelwert: 5,4). So stimmten der Hypothese Hyp14 insgesamt sechs Experten zu und jeweils zwei weitere Marketingmanager stimmten ihr voll resp. eher zu. Lediglich einer der befragten Experten lehnte die Hypothese ab (siehe Abbildung 6-18).

Abbildung 6-18: *Bewertungsdiagramm zu Hypothese Hyp14*

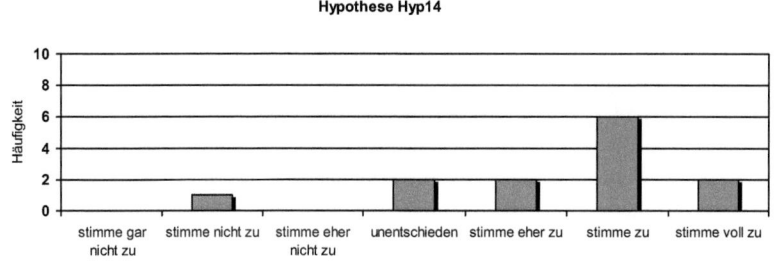

Hyp15:

„Wenn Finanzdienstleistungsinstitute Teil eines kooperativen Netzwerks sind, dann steigt der individuelle Kundennutzen der angebotenen Leistung, was die Zufriedenheit des Kunden entscheidend beeinflusst."

Im Vergleich zu Hypothese Hyp14 wird der Hypothese Hyp15 deutlich weniger Zuspruch attestiert (siehe Abbildung 6-19): Der Großteil der Befragten schätzt die Hypothese zwar als durchaus plausibel ein, stimmt ihr jedoch nur ‚eher zu'. Weitere drei

Experten lehnen die Hypothese sogar mindestens eher ab, woraus ein Mittelwert von 4,4 und damit eine Einschätzung der Hypothese als nicht plausibel resultiert. Bei der Bildung von kooperativen Netzwerken im Privatkundengeschäft der Kreditinstitute scheinen demzufolge wohl eher Kosten- und Wettbewerbsaspekte eine Rolle zu spielen. Die Bildung von Netzwerken zur Steigerung des individuellen Kundennutzens ist aus Sicht der Marketingexperten dagegen eher zweitrangig.

Abbildung 6-19: *Bewertungsdiagramm zu Hypothese Hyp15*

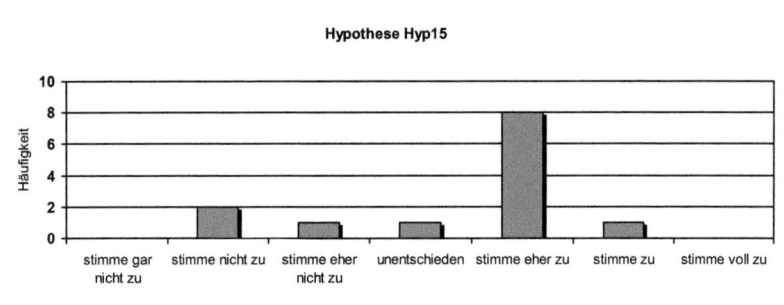

6.6   Multi-Channel-Marketing

Im Zuge einer individuell auf die Bedürfnisse des einzelnen Kunden ausgerichteten Marketingstrategie ist auch das Vertriebswegesystem nach dessen Wünschen und Bedürfnissen zu gestalten. In letzter Konsequenz bedeutet dies, dem Kunden eine Vielzahl an unterschiedlichen Zugangswegen zu dem eigenen Leistungsangebot zur Verfügung zu stellen. Dabei müssen zum einen bereits bestehende Vertriebskanäle entsprechend ausgerichtet werden, zum anderen sind unter Umständen auch neue Kanäle einzurichten. Nur so kann den anspruchsvollen und zum Teil stark differierenden Kundenbedürfnissen ausreichend nachgekommen werden. Der moderne Kunde beansprucht nicht nur einen zeit- und ortsunabhängigen Zugriff auf das Leistungsangebot seines Finanzdienstleisters, sondern möchte auch darüber entscheiden können, auf welche Art und Weise er die angebotenen Leistungen in Anspruch nehmen kann (vgl. Mercer o.J.; 1). Die kundenoptimierte Ausgestaltung des Vertriebswegesystems im Sinne eines Multi-Channel-Marketing (MCM) ist im Rahmen einer zukunftsfähigen 1:1-Marketingstrategie daher unabdingbar. Hierbei kommt der klassischen Filiale neben dem Internet die wohl größte Bedeutung zu: So hat Charles

Schwab, einer der bedeutendsten Online-Broker weltweit, ermittelt, dass neue Konten in etwa zu 70 Prozent in den klassischen Bankfilialen eröffnet werden, womit deren hoher Stellenwert unterstrichen wird (vgl. Heinrich 2002; 110).[111] In Anbetracht der großen Bedeutung des stationären Vertriebs im Privatkundengeschäft ist es jedoch alarmierend, dass fast 75 Prozent der deutschen Kunden mit der Bankleistung am Point of Service unzufrieden sind, was den akuten Handlungsbedarf offenlegt, in die Entwicklung neuer kundengerechter Filialkonzepte zu investieren (vgl. Ridder 2006; 18).

Die konsequente Umsetzung eines kundenorientierten Mehrkanalsystems setzt neue Maßstäbe und beansprucht ein hohes Maß an Veränderungsfähigkeit seitens der Finanzdienstleistungsinstitute inklusive Führungskräfte und Mitarbeiter. So ist bspw. die funktionale Organisationsstruktur zu Gunsten einer kundengruppenorientierten Struktur zu ersetzen. Weitere organisatorische Fragen betreffen die konkrete Formulierung von Aufgaben im Hinblick auf die einzelnen Vertriebskanäle (vgl. Mercer o.J.; 1f.).

Die Kunst im MCM liegt darin, die spezifischen Vorteile der einzelnen Vertriebswege, deren Kernfähigkeiten zu einer Gesamtleistung zu verknüpfen. Hier stellt sich unter anderem die Frage, ob Leistungen ausschließlich über eine einzelne Vertriebsschiene angeboten werden sollen, oder ob sich die jeweiligen Distributionskanäle im Verkaufsprozess auch gegenseitig ergänzen können. Stellt man bspw. auf die Abwicklung des Zahlungsverkehrs ab, die sich durch einen hohen Standardisierungsgrad sowie durch eine häufige Leistungsinanspruchnahme auszeichnet, so bietet es sich hier eher an, diese nach Möglichkeit ausschließlich in das Internet zu verlagern. Bei komplexen und beratungsintensiven Leistungen, wie sie bspw. im Vermögensmanagement vorliegen, ist demgegenüber eine kanalübergreifende Distribution erstrebenswert. Dabei müssen die Kunden jedoch durch unterstützende Kommunikationsmaßnahmen, denen in gewisser Hinsicht eine Art Wegweiserfunktion zukommt, durch den Kauf- und Serviceprozess geführt werden. In bestimmten Phasen dieses Prozesses sollten Querverweise auf Funktionen in parallelen Kanälen intensiv kommuniziert werden (vgl. Heinrich 2002; 113f., Wegener 2004; 214).

Um kanalübergreifende Leistungen innerhalb eines Multi-Channel-Systems anbieten zu können, bedarf es einer einheitlichen IT-Architektur in Form eines Data Warehouses, das die Kundendaten vertriebskanalübergreifend verwaltet. Mit dieser einheitlichen IT-Plattform wird die Kompatibilität aller Kanäle zueinander garantiert. Nur so lässt sich eine effiziente, flexible und schnelle Datenverwaltung gewährleisten, welche es jedem Mitarbeiter im Unternehmen prinzipiell ermöglicht, den einzelnen Kunden zu identifizieren, mit ihm zu interagieren und ihn individuell zu behandeln.

---

[111] Vier von fünf Kunden wünschen mehrere Zugangswege zu ihrer Bank und 80 Prozent der Deutschen stufen die Bankfiliale als wichtigsten Absatzkanal ein (siehe Kapitel 4).

Im Hinblick auf eine einheitliche Umsetzung des Markenversprechens erfordert ein Mehrkanalsystem daneben ein integriertes Brandmanagement, wobei die einzelnen Kommunikationsmaßnahmen an die jeweiligen Spezifika der einzelnen Distributionskanäle anzupassen sind. Die Channels können allerdings auch als vollständig neue Marke aufgesetzt werden und sind nicht zwangsläufig unter der bisherigen Marke zu integrieren (vgl. Mercer o.J.; 2, Wegener 2004; 215).

Die Multi-Channel-Marktbearbeitung hat schließlich die Sicherstellung der Attraktivität der einzelnen Distributionskanäle zum Gegenstand. Bedeutende Kriterien stellen daher Vertrauen, Sicherheit, Privatsphäre, Erlebbarkeit, Zugehörigkeit sowie ein Bezug zum Lifestyle des Kunden dar (vgl. Mercer o.J.; 2). Dabei geht es jedoch bspw. nicht nur um eine auf die individuellen Bedürfnisse der einzelnen Zielgruppen inhaltlich abgestimmte Finanzliteratur, sondern darüber hinaus auch darum, die Form und das Erscheinungsbild der Vertriebswege selbst kundenorientiert zu gestalten und dabei einzigartige relevante Erlebnisangebote zu schaffen (vgl. Ridder 2006; 18f.). So lassen sich beispielsweise mit einer Umorganisation des Filialsystems der Bankinstitute in Richtung beratungszentrierte Full-Service-Stellen und hoch technisierte Banking Shops sowohl Kosteneinsparungen, als auch qualitativ hochwertige Beratungsleistungen realisieren (vgl. Wings 1999; 208). Darüber hinaus entspricht dieses Konzept dem Wunsch des modernen Bankkunden nach Convenience Banking einerseits sowie nach Beratungs- und Betreuungskompetenz andererseits. Aus der verstärkten Akzeptanz und Nutzung von SB- und Onlinebanking resultiert allerdings ein Rückgang der Besuchsfrequenz in den Geschäftsstellen, womit diese in ihrer Kapazität schließlich nicht mehr voll ausgelastet sind. Zudem ist mit dieser zunehmenden Technisierung an der Schnittstelle zwischen Kunde und Bank eine Entpersonalisierung im Kundenkontakt verbunden. Angesichts dieser Entwicklungen wird versucht, mit Erlebnisbank-Konzepten eine Filiale durch regelmäßigen Kundenverkehr wieder etwas mehr zu beleben. Zanger/Klaus (2004; 33) unterscheiden bei der erlebnisorientierten Filialgestaltung prinzipiell zwischen zwei Optionen: Sie identifizieren zum einen die zielgruppenspezifische Ausgestaltung einer Geschäftsstelle, die sich beispielsweise speziell an Jugendliche richtet. Zum anderen werden in ersten Pilotprojekten Erlebnisbank-Konzepte umgesetzt, die sich generell an alle Zielgruppen der Bank richten, wobei der Schwerpunkt bei diesen Projekten vor allem in einer erhöhten Service- und Kundenorientierung sowie in einer Erweiterung der klassischen Geschäftsfelder durch Zusatzangebote liegt. Bei dieser Variante dient die Filiale nicht mehr vorrangig nur der Abwicklung des Zahlungsverkehrs, sie stellt sich vielmehr als Kommunikations- und Begegnungsstätte dar, in der den Kunden eine hohe fachliche, aber vor allem auch soziale Beratungskompetenz zur Verfügung gestellt wird. Ein aktuelles Beispiel für dieses Konzept ist das Q110, eine neue Filiale der Deutschen Bank in Berlin. Das Q110 integriert Bank, Café und Shop unter einem Dach. Die Filiale zeichnet sich dabei durch modernste Technik, durch eine völlig neue Farb- und Formgebung sowie durch einen hohen Service aus. So wird das Erscheinungsbild durch Flatscreens und Info-Boxen bestimmt, mit denen Bankinformationen multimedial abgerufen werden können.[112] In das Q110 ist ein Trendshop eingegliedert worden, in dem der Kunde Konsumgüter aus den Bereichen Money, Office, Living, Sport und Art erwerben kann, die im weitesten Sinne einen Bezug zur Bank aufweisen. Zudem werden in der „Galerie der Wünsche" (Schnaas 2005; 112) besonders erstrebenswerte Marken und Produkte wie etwa ein Luxusauto ausgestellt, sodass sich hier „Geld nicht nur zu einem emotional aufgeladenen Produkt [materialisiert], es wird gleich vor Ort seinen Verwendungszwecken gegenübergestellt" (ebd.). Eine modern und bequem eingerichtete Lounge und Bar, kostenlose Internetzugänge, zielgruppenorientiert eingerichtete Besprechungsräume sowie ein ‚Kid's corner' komplettieren letztlich dieses ausgefallene und innovative Filialkonzept, das sich zwar in dieser Form nicht auf alle Geschäftsstellen übertragen lässt, dafür allerdings wertvolle Hinweise und Potenziale offenbart, was eine häufig und mit Lust frequentierte Bankfiliale ausmachen könnte. Dieser Erkenntnisgewinn lässt sich dann bei der Neugestaltung anderer Geschäftsstellen berücksichtigen. Aus Befragungen geht bereits hervor, dass die Erlebniswelt des Q110 bei den Bankkunden ankommt. So finden 90 Prozent der befragten Kunden das Filialkonzept ausgezeichnet resp. gut, und die durchschnittliche Kundenverweildauer liegt mit 28 Minuten weit über dem Normwert von fünf Minuten bei herkömmlichen Geschäftsstellen (vgl. Ridder 2006; 19).

Generell geht es bei der Neugestaltung eines Filialauftritts vor allem um sichtbare Kundenfreundlichkeit in Form einer zeitgemäßen und einladenden Innenarchitektur, eines angenehmen Ambientes, einer modern ausgestatteten, rund um die Uhr geöffneten Selbstbedienungszone und eines umfassenden Serviceangebots, das einen echten Mehrwert vermittelt (vgl. ebd.; 20, Pfannenmüller 2006; 25, Schön 2006; 22f.). Amerikanische Banken gehen bei dem Redesign ihrer Geschäftsstellen sogar so weit, dass sie sich von Branding-Experten beraten lassen, die sich sonst eher mit der Geschäftsgestaltung von The Gap oder Apple Stores beschäftigen (vgl. Schön 2006; 23). In diesem Zusammenhang ist allerdings darauf hinzuweisen, dass die Umgestaltung der Geschäftsstellen nicht bloß als Renovierung zu verstehen ist. Die Filialkonzepte sind vielmehr in den kompletten Marketing-Mix des Kreditinstitutes zu integrieren. Ein markenkonformer Look und einheitliche Standards sollen dabei in sich konsistente Erlebnisangebote garantieren.

Um mit innovativen Konzepten die Attraktivität der einzelnen Filialstandorte zu steigern sowie die räumliche Trennung zwischen dem Innen- und dem oftmals abgeschotteten SB-Bereich aufzulockern, bedarf es auch der Bildung von Kooperationen wie etwa in Gestalt von Shop-in-Shop-Systemen, was „die Geldhäuser mitunter wie Cafés oder Einkaufsläden aussehen lässt" (Schön 2006; 22). Bei der Auswahl eines geeigneten Kooperationspartners ist jedoch genau zu prüfen, inwieweit durch die Partnerschaft ein positiver Image-Transfer zur eigenen Marke realisiert werden kann oder ob aus der kooperativen Vorgehensweise eher negative Abstrahlungseffekte resultieren. Bei bran-

---

[112] Auf Wunsch kann sich der Kunde im Anschluss an ein Beratungsgespräch sogar eine Schulter-Nacken-Massage gönnen (vgl. Ridder 2006; 19, Schnaas 2005; 112).

cheninternen Kooperationen ist außerdem darauf zu achten, inwiefern es bei der Zusammenarbeit zu Kannibalisierungseffekten mit dem Stammgeschäft der Kooperationspartner kommen kann (vgl. Pfannenmüller 2006; 24f., Ridder 2006; 20).

Zusammenfassend können die folgenden Hypothesen formuliert werden:

Die Innovationen der IKT sowie die steigende Akzeptanz und Routine im Umgang mit den Technologien sind die Wegbereiter für die zunehmende Fragmentierung der Vertriebskanäle. Aufgrund der steigenden Mobilität und der Flexibilisierung des Alltags sowie der verstärkten Convenience-Orientierung wird der Kunde immer anspruchsvoller und erwartet einen zeit- bzw. ortsunabhängigen Zugang zu dem Leistungsangebot seines Finanzdienstleisters. Die Konsequenz ist eine an den Lifestyle des jeweiligen Kunden angepasste Ausgestaltung der einzelnen Vertriebswege, die gleichzeitig dem steigenden Wert des Konsums als Freizeitbeschäftigung gerecht wird. Erlebnisorientierte Initiativen an den Kundenschnittstellen gewinnen dabei immer mehr an Bedeutung, müssen aber der subjektiven Erwartungshaltung des Kunden entsprechen (vgl. Schmitt/Mangold 2004; 127).

Hyp16:

„Aufgrund steigender Kundenansprüche nimmt die Bedeutung von Multi-Channel-Marketing für Finanzdienstleistungsinstitute zu."

Die Hypothese Hyp16 ist von den Marketingexperten der Kreditinstitute bei einem Mittelwert von 5,7 als deutlich zustimmungsfähig eingeschätzt worden (siehe Abbildung 6-20): Während sieben Experten der Hypothese zustimmten und weitere drei Experten sogar ihre volle Zustimmung äußerten, zeigten sich nur zwei Teilnehmer indifferent, und lediglich ein Experte lehnte die Hypothese ab.

Abbildung 6-20: *Bewertungsdiagramm zu Hypothese Hyp16*

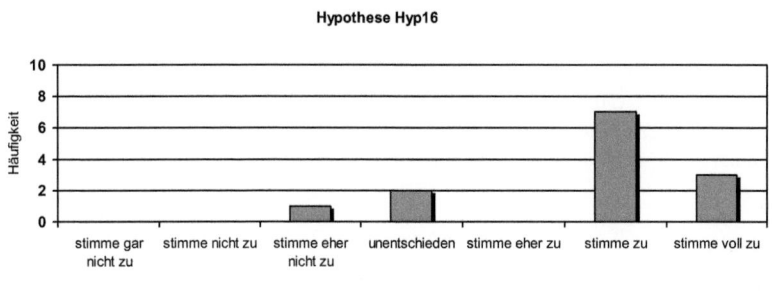

Hyp17:

„Aufgrund der zunehmend individueller werdenden Kundenbedürfnisse nimmt die Bedeutung einer kundenindividuellen Ausgestaltung der Vertriebswege für Finanzdienstleistungsinstitute zu."

Die Hypothese Hyp17 findet bei der Mehrheit der befragten Marketingspezialisten der Bankinstitute zwar überwiegende Zustimmung (9 Stimmen). Drei Befragte waren aber unentschieden, was in Ergänzung mit einer sogar ablehnenden Expertenmeinung zu einem Mittelwert von 4,9 und damit zu der Beurteilung der Hypothese als ‚knapp nicht plausibel' führt (siehe Abbildung 6-21):

Abbildung 6-21: *Bewertungsdiagramm zu Hypothese Hyp17*

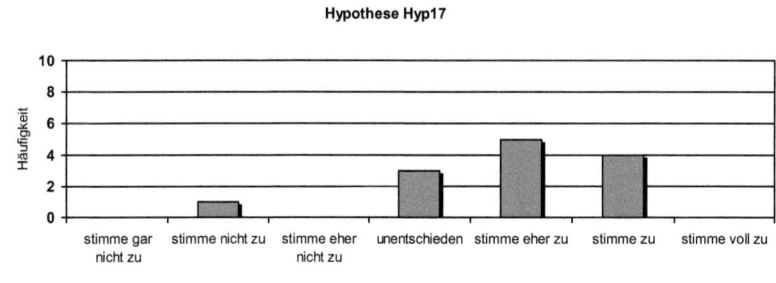

Bei der kundenindividuellen Ausgestaltung der Vertriebswege geht es unseres Erachtens letztlich darum – und das ist vielleicht in der Hypothese Hyp17 nicht deutlich genug zum Ausdruck gekommen –, die jeweiligen Stärken eines Kanals zu identifizieren, mit denen eine Individualisierung umgesetzt werden kann. Hier ist beispielsweise eine personalisierte Website natürlich leichter und vor allem kostengünstiger zu realisieren als ein zielgruppenspezifisches Filialkonzept. Dennoch sollte gerade im stationären Vertrieb darauf geachtet werden, einen Lifestyle-Bezug zumindest zur Stammkundschaft herzustellen, um vor allem bei diesen Personen sowohl die Besuchsdauer als auch die Besuchsfrequenz zu erhöhen.

Hyp18:

„Aufgrund der steigenden Bedeutung des Konsums als Freizeitwert werden konsistente, kundenorientierte Erlebnisangebote bei der Ausgestaltung der Vertriebswege von Finanzdienstleistungsinstituten wichtiger."

Betrachtet man das Auswertungsergebnis der Hypothese Hyp18, ergibt sich eine höchst heterogene Zustimmungskonstellation, da die komplette Bandbreite der Messskala ausgereizt worden ist (siehe Abbildung 6-22). Darüber hinaus zeigten sich vier Experten gegenüber der Hypothese indifferent. Ein anzunehmender eindeutiger Zusammenhang zwischen der Entwicklung des Konsums in Richtung Freizeitbeschäftigung und der erlebnisorientierten Ausgestaltung der Vertriebswege von Finanzdienstleistern erscheint daher auf den ersten Blick als wenig plausibel (Mittelwert: 4,5). Interessant wäre es aber auch hier, im Rahmen einer Operationalisierung und empirischen Prüfung der Hypothese zu untersuchen, ob eine Korrelation zwischen der Art des Finanzdienstleisters (Direktbank, öffentlich-rechtliches Bankinstitut etc.) und dem Zustimmungs- bzw. Ablehnungsausmaß besteht. So wäre es denkbar, dass diejenigen Institute, die auch zukünftig ein ausgeprägtes Filialgeschäft betreiben, in den kundenorientierten Erlebnisbank-Konzepten eine Möglichkeit für den Auf- und Ausbau von Wettbewerbsvorteilen sehen, wohingegen Direktbanken diese Einschätzung eher ablehnen könnten.

Abbildung 6-22: *Bewertungsdiagramm zu Hypothese Hyp18*

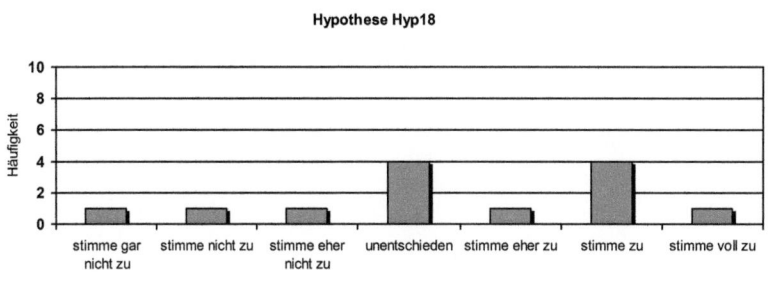

6.7 Internet-basierte Konzepte

Besonders zwei innovative Internet-Werbeformen sind zu nennen, die für die Finanz-dienstleistungsbranche an Relevanz weiter gewinnen könnten: Virales Marketing und Affiliate Marketing. Beide Konzepte resultieren aus einem besseren Verständnis über die Wirkungsweisen und Determinanten des Electronic Commerce sowie aus den bereits heute beobachtbaren Reaktanztendenzen bei den Rezipienten hinsichtlich tra-ditioneller Internetwerbeformen wie etwa Bannerwerbung oder PopUp-Advertise-ment.

Die Idee des *Viralen Marketings* basiert auf dem Meinungsführer-Konzept und knüpft an den Prinzipien der klassischen Mund-zu-Mund-Weitergabe von Werbeinhalten an. Diese Prinzipien werden beim Viralen Marketing in den Kontext der Online-Kommunikation transformiert. Das Konzept bedient sich also letztlich der One-to-One-Kommunikation der Internet-User (vgl. Frey 2002; 234, Riemer/Totz 2002: 1f.). Ziel einer viralen Marketingkampagne ist es, durch zielgruppenspezifisches Streuen und Platzieren von medialen Kommunikationsangeboten, dem ,Seeding', andere Per-sonen dazu zu bewegen, diese kostenlos zu verbreiten. Die Rezipienten der Kommu-nikationsangebote werden quasi selbst zum Werbeträger, indem sie diese an Mitglie-der ihres persönlichen Netzwerkes (Freunde, Kollegen, Bekannte etc.) selbstständig weiterleiten resp. weiterempfehlen. Die Analogie zu dem Verhalten biologischer Viren zeigt sich in der exponentiellen, netzwerkartigen Diffusion erfolgreich ,ansteckender' Nachrichten. Der ,Wirt', also der Kunde, welcher einen Bekannten mit dem Marketing-Virus ,infiziert', nimmt dabei nicht zwangsläufig zur Kenntnis, dass er quasi Teil einer vom Unternehmen intendierten Werbekampagne ist (vgl. Förster/Kreuz 2003; 28f., Kollmann 2001; 3, Riemer/Totz 2002; 1).

In Abgrenzung zu der klassischen Mund-zu-Mund-Propaganda, die eine persönliche Anwesenheit der Kommunikanten erfordert, erlauben digitale Medien eine flexible, asynchrone, ortsunabhängige und wesentlich schnellere Nachrichtendistribution. Mit relativ wenig Aufwand lassen sich heute per Mausklick multimediale Inhalte über das Internet an beliebig viele andere Mitglieder des persönlichen Kommunikationsnetzwerkes weiterleiten.[113] Im Hinblick auf die Gemeinsamkeiten der Mund-zu-Mund-Kommunikation und des Viralen Marketings ist festzustellen, dass beide Ansätze dem Versender der Nachricht eine hohe Glaubwürdigkeit zuschreiben, welche sich schließlich auf das Kommunikationsangebot überträgt (vgl. Meffert/Bruhn 2003; 125, Riemer/ Totz 2002; 9).[114] Stehen Versender und Rezipient der Nachricht dabei in freundschaftlicher oder familiärer Beziehung, so steigen das Vertrauen und die Aufmerksamkeit seitens des Rezipienten hinsichtlich des Informationsangebots signifikant an. Aufgrund der Homogenität der im Kommunikationsprozess involvierten Personen bezüglich ihrer ähnlichen Interessen bzw. infolge der Kenntnis seitens des Versenders in Bezug auf die Interessen des Rezipienten, besteht ein hohes Potenzial, dass die Werbebotschaft zielgruppengenau weitergeleitet wird, wodurch Streuverluste grundsätzlich minimiert werden können (vgl. Förster/Kreuz 2003; 35, Riemer/Totz 2002; 9).

Besondere Bedeutung kommt im Viralen Marketing dem Meinungsführer-Konzept zu (Lazarsfeld et al. 1948, Lazarsfeld/Menzel 1964). Meinungsführer üben in Kommunikationsprozessen einen stärkeren Einfluss als andere Gruppenmitglieder aus und können daher Meinungen und Einstellungen beeinflussen. Ihnen kommt in einer Gruppe eine Schlüsselposition zu, da sie anderen nach Vergleichen und Verhaltennormen suchenden Gruppenmitgliedern eine wesentliche Orientierungshilfe bieten (vgl. Bänsch 2002; 104). Ihre Schlüsselposition resultiert aus vielen Außenkontakten und einer intensiven Partizipation an sozialen Gruppeninteraktionen. Meinungsführer sind durch einen intensiven Informationskonsum bzw. eine aktive, aber selektive Medianutzung gekennzeichnet, die ihnen zumeist zu einem Informationsvorsprung gegenüber anderen Gruppenmitgliedern verhilft. Hinsichtlich der Weiterleitung relevanter Nachrichten an uninformierte Personen können Meinungsführer damit über eine Informationsvermittlungsfunktion verfügen. Gegenüber prinzipiell informierten Personen kann ihnen auch eine Verstärkungsfunktion zukommen (vgl. ebd.). Zu ergänzen ist, dass Meinungsführer mit unterstellter Kompetenz ausgestattet sind und daher

---

[113] Berücksichtigt man nur den Bereich Familie und Freunde, so ist jeder Mensch Teil eines sozialen Umfeldes von ungefähr acht bis zwölf Personen. Werden zusätzliche soziale Netze aus den Bereichen Freizeit, Beruf und vor allem auch Internet berücksichtigt, kann das weitere Umfeld einer Person aus Hunderten von Menschen bestehen (vgl. Frey 2002; 237).

[114] Im Vergleich zu Unternehmen, Verkäufern und kommerziellen Intermediären wird Bekannten und Freunden eine höhere Neutralität und ein geringeres Eigeninteresse zugesprochen, was die Glaubwürdigkeit der Nachricht erheblich erhöht (vgl. Riemer/Totz 2002; 9). Die Reaktanz gegenüber einer viralen Marketingbotschaft ist daher wesentlich geringer als bspw. gegenüber der klassischen Unterbrecherwerbung.

häufig eine Art Leitbildfunktion erfüllen und demzufolge außerordentlich vertrauens- und glaubwürdig sind. Im Kontext des Viralen Marketings fungieren Meinungsführer daher als Multiplikatoren mit Demonstrations- resp. Vorbildfunktion. Im Diffusionsprozess viraler Kommunikationsangebote kommt ihnen eine entscheidende Schlüsselstellung hinsichtlich der Verbreitung dieser Angebote zu, sodass sich die Erstinfektion auf diese spezielle Personengruppe konzentrieren sollte. Es ist jedoch darauf hinzuweisen, dass mit der Identifizierung von Meinungsführern auch enorme Schwierigkeiten verbunden sein können (vgl. Bänsch 2002; 105f., Förster/Kreuz 2003; 33, Riemer/Totz 2002; 5).[115]

Die eigentliche Kunst besteht also darin, den viralen Prozess der automatischen Weiterleitung anzustoßen. In einem ersten Schritt gilt es zunächst, Inhalte und Services zu generieren, die den Bedürfnissen der Zielgruppe entsprechen, wobei dem Begeisterungsfaktor dieser Kommunikationsangebote eine besonders hohe Bedeutung zukommt. Die Rezipienten der Kommunikationsangebote müssen „das Gefühl haben, etwas Ausgefallenes zu erleben oder etwas Interessantes und Wertvolles zu erhalten, das sie unbedingt weitererzählen oder weitergeben müssen" (Förster/Kreuz 2003; 30). Virales Marketing nutzt letztlich das menschliche Grundbedürfnis, sich dem sozialen Umfeld mitteilen zu wollen. Darüber hinaus muss die Nachricht möglichst einfach weiterverschickt werden können und einen kostenlosen zusätzlichen Nutzen vermitteln (vgl. ebd.; 32, Frey 2002; 235f.). Golias (2002; 2f.) schlägt als zweckdienlichen Mehrwert bspw. Spiele, Verlosungen, Bildschirmschoner, virtuelle Postkarten oder auch Links zu interessanten Artikeln resp. sonstigen unterhaltsamen Angeboten vor. Dabei lassen sich prinzipiell zwei unterschiedliche Varianten des Viralen Marketings identifizieren (vgl. Golias 2002; 3f., Riemer/Totz 2002; 5f.). Zum einen der reibungslose, geringintegrative Typ, bei dem sich die Nachricht über ein Angebot allein durch die Nutzung desselben verbreitet. Zum anderen die aktive, hochintegrative Variante, bei welcher der Nutzer die Nachricht unter seiner aktiven Beteiligung distribuiert.[116]

Nachdem der spezifische Inhalt der viralen Marketingbotschaft definiert und der Übertragungsmechanismus im Sinne der genannten Varianten festgelegt worden ist, gilt es, im nächsten Prozessschritt geeignete Startplattformen zu identifizieren, um dort relevante Meinungsführer mit der Marketingbotschaft infizieren zu können. Zwischen der Erstinfektion und einer eventuell exponentiellen Verbreitung der Nachricht

---

[115] Zur Identifizierung von Meinungsführern schlägt Bänsch (2002; 107) folgende methodische Ansätze vor, auf die an dieser Stelle jedoch nicht weiter eingegangen werden kann: der soziometrische Ansatz, das Schlüssel-Informanten-Verfahren sowie das Ermitteln von Selbsteinschätzungen.

[116] Ein Beispiel für die geringintegrative Variante ist die Vorgehensweise des E-Mail-Dienstes Hotmail. Hier wird jede ausgehende E-Mail mit folgender Schlusszeile und folgendem Link versehen: Get Your Private, Free Email at http://www.hotmail.com. Ein Beispiel für die aktive, hochintegrative Variante liefert der Hersteller Mirabilis Inc. mit seiner Software ICQ. Zur Aufnahme seiner Bekannten und Freunde in die ICQ-Datenbank muss der Nutzer das Angebot mittels eines Empfehlungs-Buttons erst aktiv an diese weiterleiten (vgl. Riemer/Totz 2002; 6f.).

kann unter Umständen viel Zeit vergehen kann, sodass vor allem Geduld gefordert ist (vgl. Förster/Kreuz 2003; 33).

Als *Affiliate-Programme* bezeichnet man Partnerprogramme im Internet, bei denen Kunden zu freien Vertriebspartnern avancieren, indem sie auf der eigenen Web-Site einen Mini-Shop oder einen Link zum Shop eines Unternehmens integrieren. Der Partner (Affiliate) wirbt also auf seiner Web-Site für Produkte oder Dienstleistungen eines anderen Unternehmens (Merchant) und erhält im Gegenzug für jede Transaktion oder jeden Verkauf, der durch seine Werbemaßnahmen generiert wird, eine Provision (vgl. Lammenett 2006; 38, Riemer/Totz 2002; 1). Die Abrechnungsart sowie der Provisionsbetrag sind zwischen den beiden Netzwerkpartnern individuell zu vereinbaren. Als typische Provisionsmodelle lassen sich das Pay-per-Click-Modell, das Pay-per-Lead-Modell sowie das Pay-per-Sale-Modell identifizieren (vgl. ebd.).[117] Die Vergütung der Affiliates ist somit immer an einen zuvor definierten Erfolg gekoppelt.

Der Vermarktungsprozess wird über Online-Marketing-Medien realisiert, welche der Merchant seinen Affiliates zur Verfügung stellt und welche von diesen in ihre Website integriert werden. Beispiele hierfür sind Produktabbildungen, Textlinks, Flashbanner oder ganze Shop-Module. Diese Werbemittel werden mit einem spezifischen Link verknüpft, der einen eindeutigen Partnercode enthält. Sobald das je nach Provisionsmodell variierende Resultat eintritt, erfolgt über den Partnercode die korrekte Zuordnung des Provisionsbetrages zu dem entsprechenden Affiliate, womit die Online-Vertriebsaktivitäten direkt mess- und steuerbar werden (vgl. Tamblé 2002; 1f.).

Affiliate Marketing weist Parallelen zu dem Konzept des Viralen Marketings auf: So fungieren die Affiliates durch ihre eigenen Kundenbeziehungen als zielgruppenspezifische Multiplikatoren hinsichtlich der Verbreitung der Kommunikationsangebote des Merchants. Durch die große Bandbreite an speziellen Inhalten der Partner-Websites können Finanzdienstleistungsinstitute als Betreiber eines eigenen Partnerprogramms zu relativ geringen Kosten spezifische Zielgruppen ansprechen. Dabei können die Partner-Websites Inhalte zu den unterschiedlichsten Kategorien anbieten. Ein Versicherungsanbieter, der Reiseversicherungen verkauft, könnte bspw. Partner-Websites akquirieren, welche ergänzende Leistungen anbieten oder eine verwandte Zielgruppe ansprechen. Dafür könnten sich Reisebüros, Outdoor-Ausrüster oder Reise-Content-Sites eignen (vgl. Dyck 2002; 248, Tamblé 2002; 1). Der User profitiert hier von einem erweiterten Content auf der von ihm besuchten Website und erhält einen einfachen Zugang zu interessanten Angeboten.

---

[117] Pay-per-Click bedeutet, dass eine Prämie für jeden erfolgten Klick auf das Online-Marketing-Medium fällig wird. Bei Pay-per-Lead erfolgt die Provisionierung für jede neue Registrierung eines Interessenten resp. Abonnenten. Bei Pay-per-Sale erhält der Affiliate pro Verkaufsabschluss, der über seine Website realisiert wurde, einen zuvor definierten Prozentsatz vom Verkaufserlös. Es kommen dabei auch Mischformen zwischen den einzelnen Provisionsmodellen zum Einsatz (vgl. Lammenett 2006; 38).

Finanzdienstleister können aber auch selbst zum Affiliate werden und das Angebot ihrer Produktpalette im Internet um Leistungen anderer Anbieter sinnvoll ergänzen. Geschieht dies im Sinne des Kunden, wird der Wert und die Glaubwürdigkeit des eigenen Web-Angebots erhöht, was wiederum der Förderung eines Images dienen dürfte, ein ausschließlich im Interesse der individuellen Kundenwünsche operierender Finanzanbieter zu sein. Zudem können so wichtige Informationen über latent vorhandene Kundenbedürfnisse entdeckt werden, welche sich zukünftig bei der eigenen Produkt- und Leistungspolitik berücksichtigen lassen. Darüber hinaus profitiert man als Affiliate an der vereinbarten Provision, sofern die festgelegte zu verprovisionierende Aktion, wie bspw. der Abschluss eines Kaufvertrages zwischen Merchant und Käufer, zustande kommt. Im Prinzip entsteht eine Win-Win-Win-Situation für alle drei beteiligten Akteure.

Zusammenfassende Hypothesen:

Die zunehmende Verbreitung von Internettechnologien, der routiniertere Umgang mit diesen sowie die gestiegene Kompatibilität der Kommunikationsmedien werden die Größe sozialer Netze und die Möglichkeiten der einfachen und schnellen Nachrichtendistribution deutlich erhöhen. Diese Entwicklungen ebnen den Weg für das Konzept des Viralen Marketings, da die Ausbreitungszeit der Kommunikationsangebote somit sehr kurz und die Anzahl der potenziell erreichbaren Zielpersonen enorm hoch ist.

Hyp19:

„Aufgrund der zunehmenden Größe sozialer Netzwerke (im Sinne von Mitgliederanzahl) sowie den steigenden Möglichkeiten der einfachen und schnellen Nachrichtendistribution nimmt die Bedeutung des Viralen Marketings für Finanzdienstleistungsinstitute zu."

Das Gros der Marketingexperten stimmt dem angenommen Zusammenhang der Bedeutungszunahme des Viralen Marketings aufgrund der zunehmenden Größe sozialer Netzwerke und den steigenden Möglichkeiten der einfachen und schnellen Nachrichtendistribution zu. Wie aus Abbildung 6-23 hervorgeht, wurde der Hypothese Hyp19 mit insgesamt acht Zustimmungen bei einem Mittelwert von 5,2 Plausibilität attestiert. Dies vor allem auch deswegen, da sie bei vier neutralen Bewertungen von keinem Experten abgelehnt worden ist.

Abbildung 6-23: *Bewertungsdiagramm zu Hypothese Hyp19*

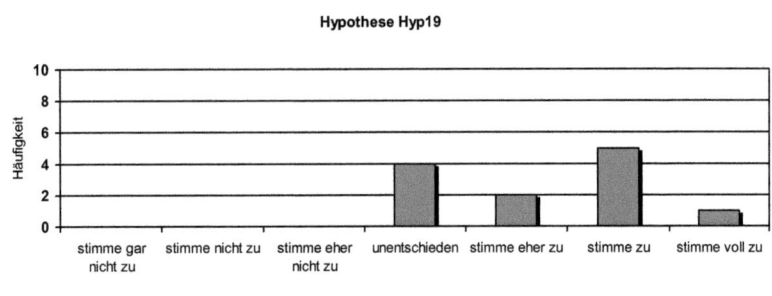

Da in der Marketing-Kommunikation die Bedeutung immaterieller Werte wie etwa Vertrauen und Glaubwürdigkeit zukünftig kontinuierlich steigen wird und Aufmerksamkeit auch weiterhin als äußerst knappes Gut anzusehen ist, wird die Relevanz des Viralen Marketings für Finanzdienstleitungsinstitute deutlich steigen. Zum einen weil die persönliche Beziehung des Rezipienten zum Versender der Nachricht die Glaubwürdigkeit des Kommunikationsangebots maßgeblich beeinflusst, zum anderen weil diese sich auch auf die Aufmerksamkeit des Rezipienten auswirkt.

Hyp20:

„Aufgrund der steigenden Bedeutung immaterieller Werte wie Glaubwürdigkeit und Vertrauen nimmt die Bedeutung des Viralen Marketings in der Kommunikation der Finanzdienstleistungsinstitute zu."

In Bezug auf die in Hypothese Hyp20 zusammengefassten Überlegungen ergeben sich geteilte, wenngleich auch positiv überwiegende Einschätzungen der Marketingspezialisten (siehe Abbildung 6-24). Mit acht Experten, die der Hypothese zumindest eher zugestimmt haben, denken wir aber, dass es lohnen könnte, sie weiter zu verfolgen, obgleich bei einem Zustimmungsmittelwert von 4,6 der Hypothese hier keine Ad-hoc-Plausibilität attestiert werden kann.

Abbildung 6-24: *Bewertungsdiagramm zu Hypothese Hyp20*

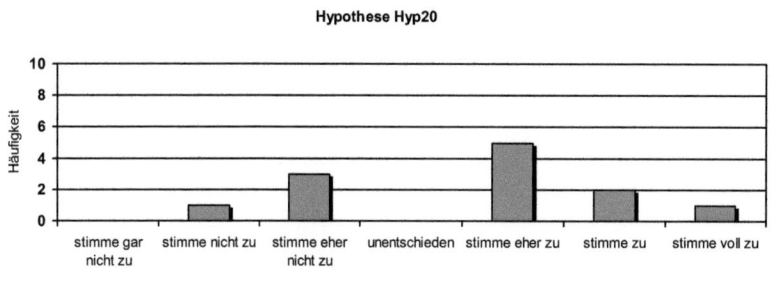

Hyp21:

„Aufgrund des Informationsüberflusses sowie der zunehmend knapper werdenden Aufmerksamkeit seitens des Rezipienten nimmt die Bedeutung des Viralen Marketings in der Kommunikation der Finanzdienstleistungsinstitute zu."

Auch bei dieser Hypothese ist mit einem Mittelwert von 4,6 keine dominante Zustimmung feststellbar (siehe Abbildung 6-25). Auf deutliche Ablehnung ist sie zwar nur bei einem Experten gestoßen. Drei Befragte waren aber zustimmungsunentschieden, was auch aus Mangel an Erfahrungen als Unsicherheit in der Einschätzung des noch jungen Kommunikationsinstrumentes Virales Marketing gedeutet werden könnte.

Abbildung 6-25: *Bewertungsdiagramm zu Hypothese Hyp21*

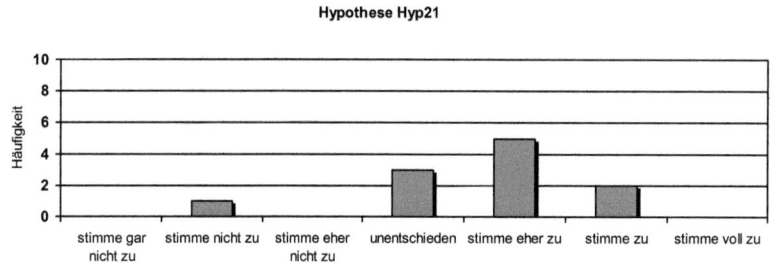

Ergänzt werden kann noch die Anmerkung, dass virale Marketingkampagnen dafür prädestiniert sind, relativ kostengünstig den Bekanntheitsgrad der eigenen Marke zu steigern. Bestenfalls sollten virale Kommunikationsangebote die Funktion eines ‚Mem' übernehmen, einer Idee also, die „so unwiderstehlich unsere Bedürfnisse trifft, dass sie einem nicht mehr aus dem Kopf geht" (Mikunda 1997; 166). Zu beachten ist allerdings, dass das Virale Marketing eher punktuell eingesetzt werden sollte, um Abnutzungseffekte oder sogar Reaktanzen zu vermeiden – eben getreu dem Motto: Weniger ist mehr.

Mit Affiliate Marketing können Finanzdienstleister über ein weiteres Konzept verfügen, dem ein hohes Zukunftspotenzial zugeschrieben wird. Handeln die Finanzanbieter dabei als Merchants, profitieren sie von der Glaubwürdigkeit der Partner-Websites, sodass die eigenen Kommunikationsangebote als vertrauenswürdiger eingestuft werden. Zudem erlaubt Affiliate Marketing unter Ausnutzung der großen Bandbreite an Websites mit Special-Interest-Inhalten im Finanzbereich eine effiziente, zielgerichtete Kundenansprache, was die Aufmerksamkeit bei den Rezipienten deutlich steigern dürfte, da die Relevanz der Kommunikationsangebote aus Kundensicht steigt. Affiliate Marketing trägt folglich dem Individualisierungstrend in der Gesellschaft Rechnung. Dies kommt auch dann zum Ausdruck, wenn die Finanzdienstleister selbst als Affiliate an einem Partnerprogramm teilnehmen. Das institutseigene Internetangebot lässt sich auf diese Weise relativ leicht an den individuellen Bedürfnissen der bestehenden Kunden ausrichten, was wiederum die Glaubwürdigkeit des Finanzanbieters sowie die Zufriedenheit seiner Kunden deutlich steigern dürfte.

Hyp22:

„Aufgrund der knapper werdenden Aufmerksamkeit seitens der Konsumenten sowie der Zunahme an Websites mit spezialisierten Inhalten aus dem Finanzbereich wird das Betreiben eigener Partnerprogramme im Internet (Affiliate Programm) für Finanzdienstleistungsinstitute relevanter."

Wir schätzen basierend auf den Expertenmeinungen diese Hypothese als ‚knapp nicht plausibel' ein. Acht Befragte stimmten der Hypothese zwar mindestens eher zu, aber die relativ hohe Zahl von unentschiedenen Experten (4) und eine eher ablehnende Stimme führen zu einem Zustimmungsmittelwert von 4,8 (siehe Abbildung 6-26). Auch hier könnte man interpretieren, dass Affiliate Marketing als junges Marketing-Instrument noch nicht von den befragten Finanzdienstexperten eingesetzt beziehungsweise in seiner Effektivität bewertet wurde, was die relativ hohe Zahl an unentschiedenen Meinungen zu dieser Hypothese erklären könnte.

Abbildung 6-26: Bewertungsdiagramm zu Hypothese Hyp22

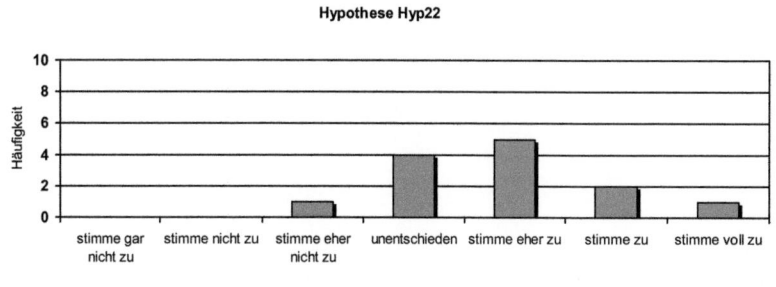

Hyp23:

„Wenn Finanzdienstleistungsinstitute als Affiliate an dem Partnerprogramm eines anderen Finanzdienstleisters teilnehmen, um ihr Leistungsprogramm auf der eigenen Website kundenorientiert zu ergänzen, dann erhöht sich ihre Glaubwürdigkeit sowie das ihnen entgegengebrachte Vertrauen."

Der in Hypothese Hyp23 formulierten Annahmen stimmten nur vier Experten (zumindest eher) zu. Auffallend ist auch hier die hohe Anzahl an neutralen Bewertungen: sieben Befragte zeigten sich gegenüber der Hypothese indifferent (siehe Abbildung 6-27).

Abbildung 6-27: Bewertungsdiagramm zu Hypothese Hyp23

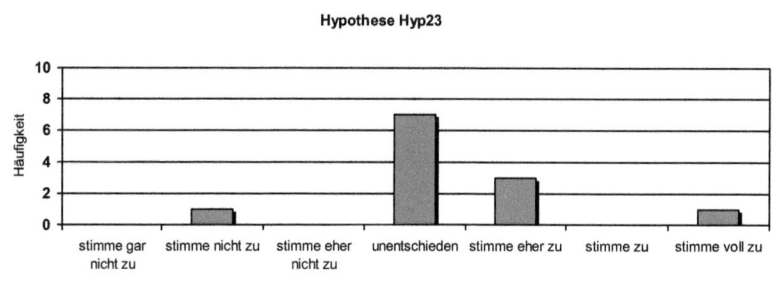

Außer dem schon genannten möglichen Grund, dass noch keine Erfahrungswerte mit Affiliate Programmen vorliegen, kann die hohe Zahl an unentschieden gewerteter Zustimmung auch dahingehend interpretiert werden, dass die Hypothese unklar formuliert ist. Wir wollen hier jedoch nicht weiter über die Gründe mutmaßen. Festzuhalten ist jedenfalls, dass die Hypothese bei einem Mittelwert von 4,3 bei den Experten ad hoc keinen plausiblen Eindruck gemacht hat.

6.8 Corporate Social Responsibility

Obwohl die Frage nach der Verantwortung von Unternehmen gegenüber der Gesellschaft nicht neu, sondern bereits viel diskutiert worden ist,[118] gewinnen seit geraumer Zeit in Politik und Wirtschaft ‚Corporate Social Responsibility' (CSR) und ‚Corporate Citizenship' (CC) zunehmend an Bedeutung. Beiden Konzepten gemein ist die Vorstellung, dass sich Unternehmen ihrer gesellschaftlichen Verantwortung über die Gesetzeskonformität hinaus bewusst sind und dieser Selbstverpflichtung aus altruistischer oder ökonomischer Motivation heraus entsprechend nachgehen. Diese Mehrleistung wird dabei als langfristige Investition begriffen, die den Unternehmen, hier den Finanzdienstleistern, einen entsprechenden Gegenwert verschaffen soll (vgl. Glombitza 2005; 11, Pommerening 2005; 1). Ferner ist festzustellen, dass sich die Kommission der Europäischen Gemeinschaften ausdrücklich für die gesellschaftliche Verantwortung von Unternehmen ausgesprochen und CSR zu einem wichtigen Beitrag der Wirtschaft zur Nachhaltigkeit deklariert hat (vgl. Loew et al. 2004; 5).[119] Die Europäische Kommission beabsichtigt daher auch, CSR politisch zu fördern, was die Aktualität dieser Thematik zusätzlich verdeutlicht. Für die Unternehmen ist jedoch besonders relevant, dass die Bedeutung einer gesellschaftlichen Verantwortungsübernahme von Unternehmen auch auf den Kapitalmärkten größer geworden ist, was sich bspw. in einer Reihe von Aktienindizes widerspiegelt, welche sich auf die soziale und ökologische Performance von Unternehmen spezialisiert haben (vgl. Pommerening 2005; 9).

---

[118] Die Diskussion über die Verantwortung der Unternehmen gegenüber der Gesellschaft wird von zwei kontroversen Standpunkten eingerahmt. So wird einerseits argumentiert, dass sich die gesellschaftliche Verantwortung von Unternehmen auf die Gewinnmaximierung reduzieren ließe, da eben jene über eine optimale Ressourcenallokation die Gemeinwohloptimierung bereits implizit erfülle. Demgegenüber existiert die Forderung nach einem ethischen Verantwortungsbewusstsein seitens der Unternehmen sowie nach der Ausrichtung ihrer Ziele an den Bedürfnissen der Gesellschaft, die den Unternehmen die Gewinnerwirtschaftung erst ermöglicht (vgl. Pommerening 2005; 1).

[119] Nach einer Definition der Brundtland-Kommission ist unter einer nachhaltigen Entwicklung eine Entwicklung zu verstehen, welche „die Bedürfnisse der Gegenwart befriedigt, ohne zu riskieren, dass zukünftige Generationen ihre eigenen Bedürfnisse nicht befriedigen können" (Hauff 1987, zit. n. Loew et al. 2004; 13). Diefenbacher (2001; 62) meint, dass diese Begriffsbestimmung „wohl die bedeutsamste Definition der Nachhaltigkeit aus dem Bereich der Politik" ist.

Will man sich der CSR-Thematik annähern, so empfiehlt Pommerening (2005; 3) zunächst die Strukturierung der gesellschaftlichen Erwartungen an Unternehmen sowie die Identifikation von konkreten Akteuren und Inhalten, auf die sich eine Unternehmensverantwortung beziehen kann. So werden all „diejenigen Gruppierungen und Individuen, die von den unternehmerischen Aktivitäten potenziell und tatsächlich beeinflusst werden oder ihrerseits einen signifikanten Einfluss auf das Unternehmen ausüben können, als Stakeholder definiert" (ebd.).[120] Stakeholder eines Unternehmens sind demnach unter anderem seine Eigentümer und Investoren, seine Kunden und Mitarbeiter, Gewerkschaften, politische Institutionen sowie Lieferanten, Wettbewerber, Medien und gemeinnützige Organisationen. Stakeholder haben gegenüber Finanzdienstleistungsinstituten bestimmte Ansprüche und Erwartungen, welche je nach Anspruchsgruppe und Situation variieren und sich oftmals untereinander widersprechen. Die Vernachlässigung dieser Ansprüche kann einem Finanzdienstleistungsinstitut unter Umständen großen Schaden zufügen. So kann sich die Missachtung der Stakeholder-Ansprüche bspw. in negativer Publicity oder in einem Kundenboykott niederschlagen. Auf der anderen Seite kann eine bewusste Einbeziehung der relevanten Stakeholder in die Unternehmensentscheidungen zu Wettbewerbsvorteilen in Form eines Imagegewinns oder neu angesprochenen Kundengruppen führen. Aufgrund der Vielzahl an differenten Stakeholder-Ansprüchen bedarf es der Implementierung eines Managementsystems, das die systematische und kontinuierliche Verbesserung der Beziehungen zu den relevanten Anspruchsgruppen zum Ziel hat. Dies bedingt allerdings eine gewisse Flexibilität und Lernbereitschaft der Finanzdienstleistungsinstitute, um auf die pluralistischen Anliegen der Gesellschaft eingehen zu können (vgl. Glombitza 2005; 12, 51, Pommerening 2005; 4f.).

Das aus dem angloamerikanischen Raum stammende Konzept der CSR geht weit über den Ansatz des ‚Tue Gutes und rede darüber' hinaus. CSR bedeutet vielmehr ökologisch, sozial, kulturell und ethisch verantwortlich zu wirtschaften.[121] Einer ernst gemeinten CSR-Strategie ist dabei inhärent, dass diese Handlungen nicht bloß als Beiwerk zum Kerngeschäft angesehen werden, sondern als die Art und Weise, wie das

---

[120] Der Begriff des Stakeholders ist mit dem des Stock- resp. Shareholders, also dem englischen Wort für Anteilseigner resp. Aktionär, eng verwandt und daraus abgeleitet worden. Die Grundidee des Stakeholder-Ansatzes drückt sich dahingehend aus, dass die Unternehmenspolitik nicht ausschließlich an den monetären Interessen der Shareholder auszurichten ist, sondern darüber hinaus auch die Bedürfnisse und Interessen anderer gesellschaftlicher Gruppen berücksichtigen soll. Das Konzept begreift ein Unternehmen als integrativen Bestandteil eines Netzwerks, bestehend aus eben jenen Stakeholdern, zu denen das Unternehmen jeweils in einem bestimmten Austauschverhältnis steht. Eine andere, im deutschsprachigen Raum geläufige Bezeichnung für Stakeholder ist der Begriff ‚(gesellschaftliche) Anspruchsgruppe' (vgl. Glombitza 2005; 50f., Pommerening 2005; 3).

[121] Loew et al. (2004; 8) weisen darauf hin, dass CSR in Deutschland fälschlicherweise oftmals auf die soziale Säule der Nachhaltigkeit reduziert wird, was diese Perspektive unangemessen einenge.

Kerngeschäft betrieben wird (vgl. Tropp 2005; 6). Auch die Europäische Kommission regt an, CSR fest in der Unternehmensführung zu verankern und durch entsprechende Normen und Werthaltungen in der Unternehmensphilosophie zu berücksichtigen (vgl. Loew et al. 2004; 5). Sie definiert CSR als „ein Konzept, das den Unternehmen als Grundlage dient, auf freiwilliger Basis soziale Belange und Umweltbelange in ihre Unternehmenstätigkeit und in ihre Wechselbeziehungen mit den Stakeholdern zu integrieren" (Europäische Kommission 2001, zit. n. Loew et al. 2004; 13).

Anders als bei dem Konzept des CC wird beim CSR die Unternehmensverantwortung dahingehend erweitert, dass das eigentliche unternehmerische Kerngeschäft verantwortlich betrieben wird. Das unternehmerische Engagement erstreckt sich bei CC hingegen auf Aktivitäten, die von der eigentlichen Geschäftstätigkeit abgekoppelt sind. Hier geht es um die Verbesserung des Gemeinwohls, um das bürgerschaftliche Engagement des Unternehmens. Mögliche Investitionsfelder liegen in der Förderung sozialer Anliegen durch Angestellte, im Umweltschutz oder auch in der Förderung von Kunst und Kultur (vgl. Förster/Kreuz 2003; 201f., Pommerening 2005; 12, 20). Abbildung 6-28 verdeutlicht den Zusammenhang der einzelnen Nachhaltigkeitskonzepte.

Abbildung 6-28: *Verhältnis von CSR, CC und Nachhaltiger Unternehmensführung (vgl. Loew et al. 2004; 12)*

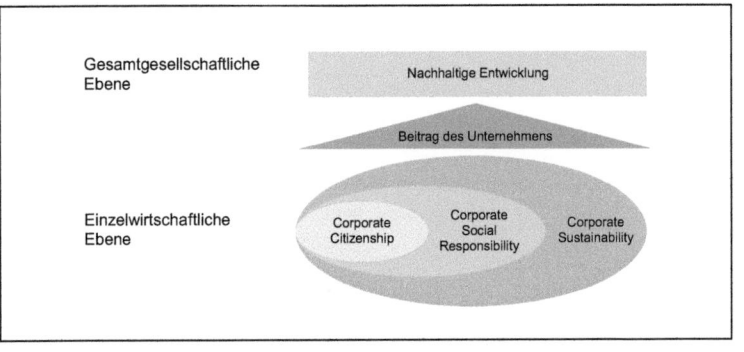

Wie die Ergebnisse einer jüngst durchgeführten Expertenbefragung bei mehreren Chemie-, Pharma- und Finanzdienstleistungsunternehmen belegen, erstrecken sich die mit der CSR-Kommunikation auf Unternehmensseite verbundenen Zielsetzungen auf diverse Aspekte der unternehmerischen Wirklichkeit. So versprechen sich viele der befragten Unternehmen von der Kommunikation ihres gesellschaftlichen Engagements neben Abgrenzungs- und Positionierungseffekten vor allem positive Imageauswirkungen, Möglichkeiten zur Entwicklung neuer Geschäftsfelder[122], Förderung der Mitarbeitermotivation und Personalrekrutierung, bessere Bewertungen durch Ratingagenturen sowie eine Steigerung des Unternehmenswertes (vgl. Glombitza 2005; 97f.).

Dem Marketing kommt in Form von Cause Marketing im Kontext der Implementierung von CSR-Konzepten eine wichtige Rolle zu. Cause Marketing ist die partnerschaftliche, marktgerichtete Kooperation zwischen einem profitorientierten Unternehmen und einer Non-Profit-Organisation (NPO), die auf die Steigerung materieller Unternehmenswerte wie z.b. Umsatzerhöhung zielt und die gleichzeitig Mittel und Aufmerksamkeit für ein gesellschaftlich-kulturelles Thema generiert. Dieser Marketing-Ansatz hilft einem Finanzdienstleister, sich in seiner gegenwärtigen soziokulturellen Position weiterzuentwickeln. Es lassen sich prinzipiell vier verschiedenen Varianten unterscheiden, wie sich Unternehmen hinsichtlich ihrer gesellschaftlichen Orientierung positionieren können (s. Abbildung 6-29): Während bei einer Social Agnostic Company die gesellschaftliche Verantwortung bislang weder nach außen noch nach innen zur Debatte stand, geht es der Social Marketing Company bei ihrer gesellschaftlichen Orientierung primär um die Außendarstellung. Einer Social Values based Company geht es demgegenüber vorrangig um die Innenwahrnehmung, also um die Wahrnehmung der Mitarbeiter im Hinblick auf die gesellschaftliche Orientierung des Unternehmens. Mit Cause Marketing wird nun eine Richtung eingeschlagen, welche lautet: hohe gesellschaftliche Orientierung des Unternehmens und zwar in der Innenwie in der Außenwahrnehmung gleichermaßen. Das anvisierte Ziel lautet: Nachhaltigkeit.

Cause Marketing verankert im Gegensatz zu den herkömmlichen eher punktuellen und taktisch ausgerichteten Social-Marketing-Aktivitäten eines Unternehmens ein gesellschaftliches Bedürfnis in der Unternehmensstrategie, wovon letztlich alle Ebenen unternehmerischer Tätigkeit betroffen sind. Durch eine langfristig angelegte partnerschaftliche Zusammenarbeit mit einer geeigneten NPO lassen sich schließlich immaterielle gesellschaftliche und kulturelle Werte mit dem Erreichen wirtschaftlicher Werte verknüpfen. Damit erhöht sich nicht nur das Ansehen bei den Kunden und Lieferanten, dies trägt vielmehr auch zu einer Verbesserung der Mitarbeitermotivation durch eine erhöhte Identifikation mit ihrem Arbeitgeber bei.

---

[122] Gerade für Finanzdienstleistungsinstitute bietet die Implementierung einer CSR-Strategie neue, lukrative Geschäftsmöglichkeiten. Ein erwähnenswertes Beispiel hierfür ist der Bereich ‚nachhaltige Geldanlagen' (vgl. Glombitza 2005; 111).

Abbildung 6-29: Sustainability-Matrix (vgl. Tropp 2005; 5)

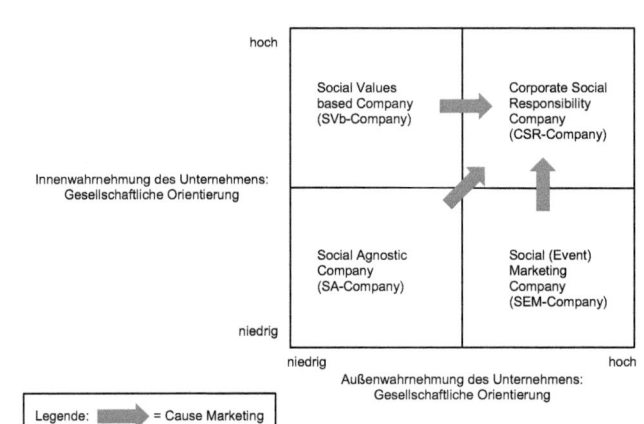

Wir fassen zusammen:

Die Implementierung einer CSR-Strategie sollte aus der Sicht der Finanzdienstleister nicht bloß als notwendige Pflicht, sondern vielmehr als eine neue, intelligente Form des Wirtschaftens mit großem wirtschaftlichem Chancenpotenzial verstanden werden. Mit einer ernst gemeinten, in der Unternehmenskultur verankerten und gut konzipierten CSR-Strategie lassen sich einige der zukünftigen Problemfelder, die im Rahmen des Trendszenarios aufgedeckt wurden, weitgehend entschärfen.

Mit dem steigenden Machtpotenzial der NGOs und NPOs geht eine sinkende Toleranzschwelle für Finanzdienstleister einher. Insbesondere große Institute werden zunehmend angreifbar und laufen Gefahr, mit so genannten ‚Name and Shame-Kampagnen' konfrontiert zu werden. CSR-Kommunikation wird für Finanzdienstleistungsinstitute zu einem unverzichtbaren Bestandteil ihrer Kommunikationspolitik, um der steigenden Kritik an ihrem Geschäftsgebaren entgegenzuwirken (vgl. Glombitza 2005; 138). Der festgestellte Bedeutungszuwachs menschlicher und zwischenmenschlicher kommunikativer Werte bereitet letztlich den Boden für ein materiell und immateriell integriertes, wertorientiertes Management.

Hyp24:

„Aufgrund der zunehmenden Bedeutung immaterieller Werte wie Glaubwürdigkeit und Vertrauen wird die unternehmerische Verantwortung gegenüber der Gesellschaft und ihre Integration in die Unternehmenspolitik für Finanzdienstleistungsinstitute zu einer Notwendigkeit."

Hypothese Hyp24 ist von dem Gros der befragten Marketingfachleute als plausibel erachtet worden (Mittelwert: 5,5). Wie in Abbildung 6-30 ersichtlich, stimmten dieser Hypothese elf Experten zumindest eher zu und zwei davon stimmten der Hypothese sogar voll zu.

Abbildung 6-30: *Bewertungsdiagramm zu Hypothese Hyp24*

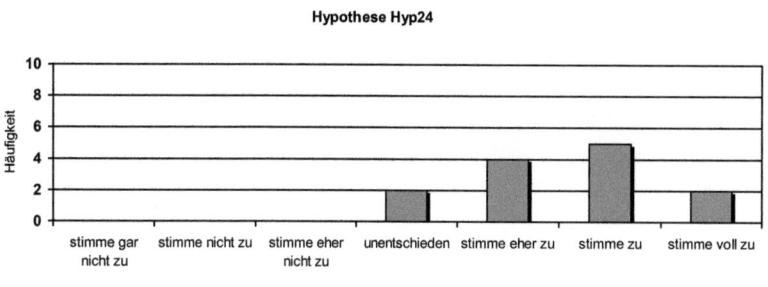

Die andauernde Inflation der Kommunikation und der sich weiter verschärfende Kommunikationswettbewerb erfordert ein kommunikationsökologisches Denken, welches Kommunikation und Aufmerksamkeit als die wertvollste Ressource des zwischenmenschlichen Miteinanders begreift. Es muss also das Ziel sein, die Kommunikation zu deflationieren, um den Wert der Marketingkommunikation wieder zu steigern. Auf einzelwirtschaftlicher Ebene der Finanzdienstleister bedeutet dies, dass diese die gesellschaftliche Relevanz ihrer Marketingkommunikation sicherstellen. Dies ist vor allem dann der Fall, wenn sie sich ihrer Makro-Verantwortung bekennen und dies in die Kommunikationsmaßnahmen einfließen lassen.

Hyp25:

„Aufgrund der knapper werdenden Aufmerksamkeit seitens der Konsumenten nimmt die Bedeutung der Kommunikation der unternehmerischen Verantwortung gegenüber der Gesellschaft für Finanzdienstleistungsinstitute zu.“

Auch im Hinblick auf die Hypothese Hyp25 lässt sich wie schon bei Hypothese Hyp24 ein Zuspruch feststellen, wenn auch nicht in dieser Deutlichkeit (Mittelwert: 5,0). Je drei Experten stimmten der Hypothese zu resp. eher zu. Zwei weitere Marketingspezialisten stimmten der Hypothese voll zu, vier zeigten sich indifferent und einer stimmte ihr nicht zu (siehe Abbildung 6-31).

Abbildung 6-31: *Bewertungsdiagramm zu Hypothese Hyp25*

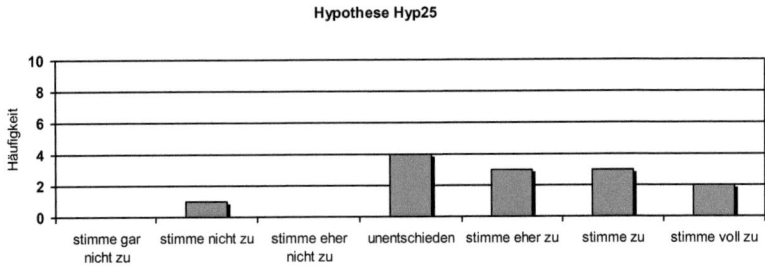

7 Schluss

Die überwiegend positiven Einschätzungen der Marketingexperten betreffend der hier entwickelten Hypothesen zukunftsfähiger Marketingstrategien unterstreichen den hohen Stellenwert, den die einzelnen Konzepte in Zukunft für Banken und andere Finanzdienstleister haben können. Zu berücksichtigen ist allerdings, dass die Konzeption des Trendszenarios als wesentliche Grundlage der Hypothesenbildung keineswegs deterministisch im Sinne einer konkret vorherbestimmten zukünftigen Situation zu interpretieren ist. Auch wollen wir nicht den Anschein erwecken, dass der Schlüssel für ein erfolgreiches Marketing im Finanzdienstleistungsbereich zukünftig ausschließlich in den hier beschriebenen Marketingstrategien liegt. Die Hypothesen wollen vielmehr marketingpolitische Perspektiven aufzeigen und helfen, dass sich Finanzdienstleistungsinstitute antizipierend auf die Herausforderungen der Zukunft einstellen können. Für eine zusammenfassende Übersicht haben wir die angenommenen kausalen Wirkungszusammenhänge der verschiedenen Variablen aus den einzelnen Hypothesen skizziert (siehe Abbildung 7-1).

Die Problemlösungskapazität und das Erfolgspotenzial der einzelnen Marketingkonzepte sind individuell einzuschätzen. Gerade im Bankbereich hat sich gezeigt, dass hier vor allem die unterschiedlichen Sichtweisen der jeweiligen Bankengruppen ausschlaggebend sein können. Öffentlich-rechtliche Bankhäuser werden mit zukünftigen Problemen teilweise völlig anders umgehen als die Direktbanken. Entscheidend ist, dass die Konzepte mit den dynamischen Entwicklungen der Zukunft Hand in Hand gehen, wobei hier unseres Erachtens pauschal drei Ansätze im Mittelpunkt der Betrachtungen stehen sollten: Die Implementierung eines systemischen Markenmanagements und Abkehr von dem klassischen plandeterminierten Managementverständnis, Kundenbindung durch ein effizientes und intelligent konzipiertes 1:1-Marketing sowie die Entwicklung einer konsequenten CSR-Strategie und deren medialer Kommunikation.

Abbildung 7-1: *Kausalzusammenhänge der Hypothesenvariablen*

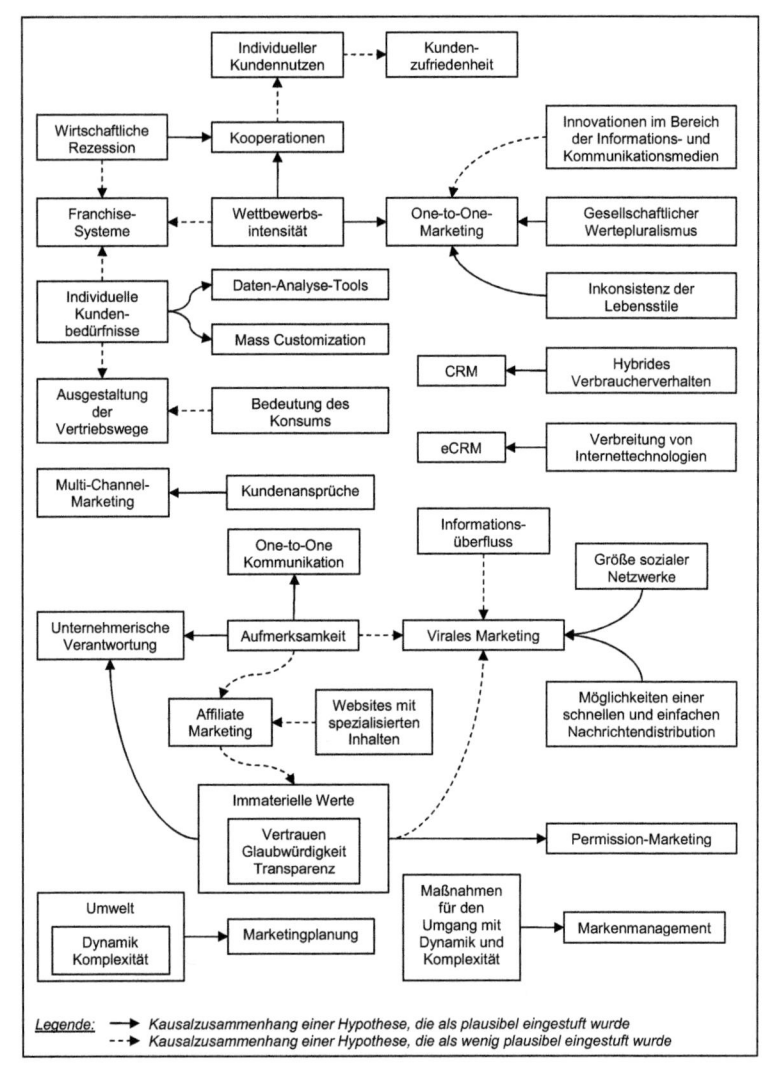

Legende: → *Kausalzusammenhang einer Hypothese, die als plausibel eingestuft wurde*
--→ *Kausalzusammenhang einer Hypothese, die als wenig plausibel eingestuft wurde*

Bedeutend für eine erfolgreiche Umsetzung der Ansätze ist neben einer reflexiven Planung vor allem die Schaffung von Regeln und Strukturen mit dem Ziel, ein Komplexitätsmanagement im Unternehmen zu ermöglichen. Die wohl größte Herausforderung für das Marketing-Management der Finanzdienstleistungsinstitute dürfte dabei zunächst darin liegen, in einem selbstregulierten Prozess den Grundsatz der Paradoxie der unplanbaren Planung im daily business zu operationalisieren. Denn das Handhabbarmachen dieser Paradoxie wird in Zukunft maßgeblich die Effektivität und Effizienz der Markensteuerung und -gestaltung mitbestimmen. Die Umsetzung des systemischen Markenmanagements mit seinen weit reichenden Implikationen für die Unternehmenskultur und damit für die Voraussetzung wirtschaftlichen Erfolgs schlechthin wird folglich zum Gradmesser für die erfolgreiche Umsetzung und Verwirklichung weiterer zukunftsfähiger Marketingkonzepte.

Literaturverzeichnis

AGOF (2005): Berichtsband – Zusammenfassung zur internet facts 2005-II, URL: http://www.agof.de/index.download.b77c7d45e0c257f1754f573588f6f902.pdf (Zugriff: 22.6.2006)

AGOF (2006): Berichtsband – Teil 1 zur internet facts 2005-III, URL: http://www.agof.de/die_internet_facts.353.html (Zugriff: 25.6.2006)

Adjouri, N. (1993): Die Marke als Botschaft. Die kommunikative Funktion der Marke und ihre Interdependenzen zur Werbung. Münsterschwarzach: Vier-Türme

Alexander, P. (1996): Szenario-Technik als Beitrag zur Prognoseproblematik in der wirtschaftsberuflichen Curriculumdiskussion, Köln: Botermann & Botermann

Alt, R./Fleisch, E./Österle, R. (2001): Introduction – Changes and Challenges in Business Networking, in: Österle, H./Fleisch, E./Alt, R. (Hrsg.): Business Networking. Shaping Collaboration Between Enterprises, Berlin u.a.: Springer, S. 1-13

Alt. R./Puschmann, T./Reichmayr, C. (2002): Strategien zum Business Networking, in: Österle, H./Fleisch, E./Alt, R. (Hrsg.): Business Networking in der Praxis, Berlin u.a.: Springer, S. 78-101

Aschenbrenner, N. (2001): Szenario 2010: Das digitale Geld – Bezahlen mit Bits und Bytes, URL: http://www.siemens.com/index.jsp?sdc_p=t15l0s5o1242126i1242092cd1187140fmu20n1 242092pFEz3&sdc_sid=6871333150& (Zugriff: 20.1.2006)

AT Kearney/Judge Institute of Management Studies (2004): Mobinet Index 2004, URL: http://www.atkearney.de/content/veroeffentlichungen/whitepaper_practice.php/practi ce/telekomm/id/49203 (Zugriff: 18.9.2005)

Bänsch, A. (1996): Käuferverhalten, München u.a.: Oldenburg

Bänsch, A. (2002): Käuferverhalten, München u.a.: Oldenburg

Bausch, T. (1994): Wirtschaft und Ethik. Notizen zu einem dialogischen Brückenschlag, in: Forum für Philosophie Bad Homburg (Hrsg.): Markt und Moral. Die Diskussion um die Unternehmensethik, Bern u.a.: Haupt, S. 19-36

Beck, H. (2002): Medienökonomie. Print, Fernsehen und Multimedia, Berlin u.a.: Springer

Beck, K. (1994): Medien und die soziale Konstruktion von Zeit, Opladen: Westdeutscher Verlag

Beck, K. (2000): Die Zukunft des Internet, Konstanz: UVK Medien

Beck, K. (2006): Medien. In: Bentele, G./Brosius H.-B./Jarren, O. (Hrsg.) (2006): Lexikon Kommunikations- und Medienwissenschaft. Wiesbaden. S. 165.

Becker, T./Dammer, I./Howaldt, J./Killich, S./Loose, A. (2005): Netzwerke – praktikabel und zukunftsfähig, in: Becker, T./Dammer, I./Howaldt, J./Killich, S./Loose, A. (Hrsg.): Netzwerkmanagement. Mit Kooperation zum Unternehmenserfolg, Berlin u.a.: Springer, S. 3-11

Belz, C. (2003): Logbuch Direktmarketing: vom Mailing zum Dialog-Marketing, Frankfurt: Redline Wirtschaft, Ueberreuter

Böker, E. (2005): Direktmarketing im Internet, Berlin: VDM

Boltz, D. (2004): Marken zwischen Medien- und Rezipientenrealität. Worldmarketing als Paradigma der integrierten Markenkommunikation, in: Boltz, D./Leven, W. (Hrsg.): Effizienz in der Markenführung, Hamburg: Gruner + Jahr, S. 190-212

Bortz, J. (2005): Statistik für Human- und Sozialwissenschaftler, Heidelberg: Springer Medizin

Brauck, M. (2005): Digitale Verkaufsgespräche, in: brand eins 6/2005, S. 91-94

Bruhn, M. (2005): Unternehmens- und Marketingkommunikation. Handbuch für ein integriertes Kommunikationsmanagement, München: Vahlen

Büschgen, A. (1992): Allfinanz als Marktbearbeitungskonzept privater Geschäftsbanken, Wiesbaden: Gabler

Büschgen, H./Büschgen, A. (2002): Bankmarketing, Düsseldorf: Verlag Wirtschaft und Finanzen

Bundesverband deutscher Banken (2003): Fast 30 Millionen Online-Konten in Deutschland, URL: http://www.bankenverband.de/index.asp?channel=111010&art=766&ttyp=1&tid=790 (Zugriff: 15.11.2005)

Bundesverband deutscher Banken (2005): Statistik-Service, URL: http://www.bankenverband.de (Zugriff: 15.11.2005)

Bundesverband deutscher Banken (2005a): Online-Banking. Der Zuwachs ist ungebrochen, URL: http://www.bankenverband.de/channel/133810/art/1535/index.html (Zugriff: 15.11.2005)

Bundesverband deutscher Banken (2005b): Anzahl der Banken und ihrer Zweigstellen, URL: http://www.bankenverband.de/index.asp?channel=168247&art=769 (Zugriff: 15.11.2005)

Burgmaier, S. (2005): Ein Riese steht Kopf, in: Wirtschaftswoche 45/2005, S. 58-68

Christopher, M./Payne, A./Ballantyne, D. (2002): Relationship Marketing, Creating Stakeholder Value, Oxford: Butterworth-Heinemann

Coy, W. (2005): Analog/Digital, in: Warnke, M./Coy, W./Tholen, G. (Hrsg.): Hyperkult II, Bielefeld: transcript

D'Amico, M. (2004): Always-on-Gesellschaft – Stets vernetzt. Fakten und Prognosen: Boom der Breitbandtechniken, in: Pictures of the Future Herbst 2004, URL: http://www.siemens.com/index.jsp?sdc_p=l0o1217163u20mcn1147359s5pFE (Zugriff: 07.01.2006)

Dannenberg, M. (2002): Personalisierte Online-Kommunikation, in: Frosch-Wilke, D./Raith, C. (Hrsg.): Marketing-Kommunikation im Internet. Theorie, Methoden und Praxisbeispiele vom One-to-One bis zum Viral-Marketing, Braunschweig u.a.: Vieweg, S. 169-180

Deplazes (2002): Bankloyalität im Internetzeitalter. Eine theoretische und empirische Untersuchung, Bern u.a.: Paul Haupt

de Vries, J. (2004): The future of brands. Three medium term scenarios, in: Boltz, D./Leven, W. (Hrsg.): Effizienz in der Markenführung, Hamburg: Gruner + Jahr, S. 172-187

Dickinger, A./Haghirian, P./Schlegelmilch, B. (2003): M-Marketing: Ein Ausblick auf die Zukunft des Marketing, in: der markt 2003/3+4, S. 107-116

Diefenbacher, H. (2001): Gerechtigkeit und Nachhaltigkeit. Zum Verhältnis von Ethik und Ökonomie, Darmstadt: Wissenschaftliche Buchgesellschaft

Diehl, S. (2002): Erlebnisorientiertes Internetmarketing. Analyse, Konzeption und Umsetzung von Internetshops aus verhaltenswissenschaftlicher Perspektive, Wiesbaden: DUV

Diller, H. (2002): Grundprinzipien des Marketing, Nürnberg: GIM

Direkt Marketing Monitor (2005): Direktmarketing Deutschland 2005, URL: http://www.deutschepost.de/dpag?check=yes&lang=de_DE&xmlFile=28880 (Zugriff: 12.1.2006)

Döring, N. (2005): Pädagogische Aspekte der Mobilkommunikation, in: Höflich, J./Gebhardt, J. (Hrsg.): Mobile Kommunikation. Perspektiven und Forschungsfelder, Frankfurt am Main: Peter Lang, S. 89-99

Döring, N. (2005a): Psychologische Aspekte der Mobilkommunikation, in: Höflich, J./Gebhardt, J. (Hrsg.): Mobile Kommunikation. Perspektiven und Forschungsfelder, Frankfurt am Main: Peter Lang, S. 61-88

Döring, N./Dietmar, C. (2005b): Medienproduktion für die Mobilkommunikation, in: Krömker, H./Klimsa, P. (Hrsg.): Handbuch Medienproduktion, Wiesbaden: VS Verlag für Sozialwissenschaften, S. 544-577

Duerand, D. (2005): Elektronischer Babelfisch, in: Wirtschaftswoche 48/2005, S. 77-83

Dyck, C. (2002): Die Bedeutung von Partnerprogrammen im Online-Buchhandel – das Beispiel amazon.de, in: Frosch-Wilke, D./Raith, C. (Hrsg.): Marketing-Kommunikation im Internet, Braunschweig u.a.: Vieweg, S. 244-259

Eck, S. (2005): Abschied vom Unterschicht-TV, in: W&V 30/2005, S. 44-48

Elsner, R. (2003): Optimiertes Direkt- und Database-Marketing unter Einsatz mehrstufiger dynamischer Modelle. Wiesbaden: DUV

Engeser, M. (2005): Managementtrends, in: Wirtschaftswoche 52/2005, S. 116-121

Engstler, M. (2003): Die Filiale im Internetzeitalter, in: Bartmann, D. (Hrsg.) (2003): Bankinformatik 2004. Strategien, Konzepte und Technologien für das Retail-Banking, Wiesbaden: Gabler, S. 33-42

Enke, M. (2002): Mehr Kundennähe und Ertragskraft durch Stärkung des Unternehmertums, in: Sparkasse 8/2002, S. 342

Europa (o.J.): Wettbewerbspolitik – Leitfaden für den Bürger: Liberalisierung, URL: http://www.europa.eu.int/comm/competition/citizen/citizen_liberalisation_de.html (Zugriff: 28.12.2005)

Fahrmeir, L./Künstler, R./Pigeot, I./Tutz, G. (2001): Statistik. Der Weg zur Datenanalyse, Berlin u.a.: Springer

Feldmeier, S. (2004): Die volle Dosis, in: W&V 38/2004, S. 98-100

Felfernig, A./Jannach, D./Russ, C./Zanker, M. (2003): Wissensbasierte Technologien für die virtuelle Beratung von Fondsprodukten, in: Bartmann, D. (Hrsg.) (2003): Bankinformatik 2004. Strategien, Konzepte und Technologien für das Retail-Banking, Wiesbaden: Gabler, S. 43-49

Fill, C. (2001): Marketing-Kommunikation. Konzepte und Strategien, München: Pearson Studium

Fischer, M. (2005): Kurzer Höhenflug, in: Wirtschaftswoche 52/2005, S. 22-32

Fleisch, E./Österle, H. (2001): The Networked Enterprise, in: Österle, H./Fleisch, E./Alt, R. (Hrsg.): Business Networking. Shaping Collaboration Between Enterprises, Berlin u.a.: Springer, S. 55-86

Forschungsgruppe Wahlen (2005): Internetstrukturdaten. Repräsentative Umfrage – I. Quartal 2005, URL: http://www.forschungsgruppe.de/Ergebnisse/Internet-Strukturdaten (Zugriff: 25.10.2005)

Forschungsgruppe Wahlen (2005a): Internetstrukturdaten. Repräsentative Umfrage – II. Quartal 2005, URL: http://www.forschungsgruppe.de/Ergebnisse/Internet-Strukturdaten (Zugriff: 25.10.2005)

Förster, A./Kreuz, P. (2003): Marketing Trends. Ideen und Konzepte für Ihren Markterfolg, Wiesbaden: Gabler

Frank, G. (1998): Ökonomie der Aufmerksamkeit. München, Wien: Carl Hauser.

Frauenhuber, W. (2003): Führung in Franchisesystemen, in: Nebel, J./Schulz, A./Flohr, E. (Hrsg.): Das Franchise System, Köln u.a.: Luchterhand, S. 401-413

Frey, B. (2002): Virus-Marketing im E-Commerce – von den Erfolgreichen lernen, in: Frosch-Wilke, D./Raith, C. (Hrsg.): Marketing-Kommunikation im Internet. Theorie, Methoden und Praxisbeispiele vom One-to-One bis zum Viral-Marketing, Braunschweig u.a.: Vieweg, S. 234-243

Friedrichs, J. (1990): Methoden empirischer Sozialforschung, Opladen: Westdeutscher Verlag

Frielitz, C./Hippner, H./Wilde, K. (2002): eCRM als Erfolgsbasis für Kundenbindung im Internet, in: Bruhn, M./Stauss, B. (Hrsg.): Dienstleistungsmanagement Jahrbuch 2002. Electronic Services, Wiesbaden: Gabler, S. 537-562

Gausemeier, J./Fink, A./Schlake, O. (1995): Szenario-Management. Planen und Führen mit Szenarien, München u.a.: Hanser

Geiger, P. (2005): Solon Strategiekompass. Mobilfunk Deutschland 2010. Billigmarken sind erst der Anfang..., URL: http://www.solon.de (Zugriff: 12.12.2005)

Glombitza, A. (2005): Corporate Social Responsibility in der Unternehmenskommunikation, Berlin u.a.: poli-c-books

Golias, J. (2002): Virales Marketing im Internet, URL: http://www.absatzwirtschaft.de/psasw/fn/asw/SH/0/sfn/buildpage/cn/cc_vt/ID/22616/vt/Viral%20Marketing/s/1/page2/PAGE_1003228/aktelem/PAGE_1003228/index.html (Zugriff: 16.2.2006)

Grabner-Kräuter, S./Lessiak, C. (2002): Web-Mining – Voraussetzung für ein personalisiertes Online-Marketing, in: Frosch-Wilke, D./Raith, C. (Hrsg.): Marketing-Kommunikation im Internet. Theorie, Methoden und Praxisbeispiele vom One-to-One bis zum Viral-Marketing, Braunschweig u.a.: Vieweg, S. 181-206

GWA (2005): Medienvielfalt 1995-2004 in Deutschland, URL: http://www.gwa.de/medienvielfalt.422.0.html (Zugriff: 06.12.2005)

Häglsperger, F. (2003): Filialen der Zukunft – Zukunft ohne Filialen?, in: Bartmann, D. (Hrsg.) (2003): Bankinformatik 2004. Strategien, Konzepte und Technologien für das Retail-Banking, Wiesbaden: Gabler, S. 25-31

Hajek, S. (2005): Kaum Spielraum, in: Wirtschaftswoche 41/2005, S. 106-110

Haze, D. (2000): Der Multimediale Banking-Shop im Retail Banking, Bern u.a.: Haupt

Heinrich, D. (2002): Erfolgsfaktoren für Bankdienstleister, in: Ahlert, D./Evanschitzky, H./Hesse, J. (Hrsg.): Exzellenz in Dienstleistung und Vertrieb. Konzeptionelle Grundlagen und empirische Ergebnisse, Wiesbaden: Gabler, S. 89-123

Henkel, J. (2002): Mobile Payment, in: Silberer, G./Wohlfahrt, J./Wilhelm, T. (Hrsg.): Mobile Commerce. Grundlagen, Geschäftsmodelle, Erfolgsfaktoren, Wiesbaden: Gabler, S. 327-351

Hermann, M. (2002): Vom Broadcast zum Personalcast, Wiesbaden: Deutscher Universitäts-Verlag

Hettich, S. (2005): Strategische Planung des Electronic Customer Relationship Managements, Hamburg: Verlag Dr. Kovac

Höflich, J./Gebhardt, J. (Hrsg.) (2005): Mobile Kommunikation. Perspektiven und Forschungsfelder, Frankfurt am Main: Peter Lang

Hohensee, M. (2006): Mixen und sieben, in: Wirtschaftswoche 6/06, S. 75-77

Holland, H. (2004): Direktmarketing, München: Franz Vahlen

Holtrop, T. (2000): Bankdienstleistungen in der virtuellen Welt, in: Swoboda, U. (Hrsg.): Direct Banking, Wiesbaden: Gabler, S. 339-354

Homburg, C./Sieben, F. (2005): Customer Relationship Management (CRM) – Strategische Ausrichtung statt IT-getriebenem Aktivismus, in: Bruhn, M./Homburg, C. (Hrsg.): Handbuch Kundenbindungsmanagement, Wiesbaden: Gabler, S. 435-462

Homburg, C./Bruhn, M. (2005a): Kundenbindungsmanagement - Eine Einführung in die theoretischen und praktischen Problemstellungen, in: Bruhn, M./Homburg, C. (Hrsg.): Handbuch Kundenbindungsmanagement, Wiesbaden: Gabler, S. 3-37

Hommerich, B./Kornfeind, P. (2003): Kunden statt Marktanteile, in: Nebel, J./Schulz, A./Flohr, E. (Hrsg.): Das Franchise System, Köln u.a.: Luchterhand, S. 612-618

Horx, M. (2003): Konsument 2010, Kelkheim: Zukunftsinstitut

Howaldt, J./Ellerkmann, F. (2005): Entwicklungsphasen von Netzwerken und Unternehmenskooperationen, in: Becker, T./Dammer, I./Howaldt, J./Killich, S./Loose, A. (Hrsg.): Netzwerkmanagement. Mit Kooperation zum Unternehmenserfolg, Berlin u.a.: Springer, S. 23-36

Howaldt, J./Kopp, R. (2005a): Wissensbasierte Dienstleistungen, in: Becker, T./Dammer, I./Howaldt, J./Killich, S./Loose, A. (Hrsg.): Netzwerkmanagement. Mit Kooperation zum Unternehmenserfolg, Berlin u.a.: Springer, S. 97-105

Huber, T./Alt, R./Barak, V./Österle, H. (2002): Entwurf einer Applikationsarchitektur für die Pharmaindustrie, in: Österle, H./Fleisch, E./Alt, R. (Hrsg.): Business Networking in der Praxis, Berlin u.a.: Springer, S. 165-183

Institut für Demoskopie Allensbach (2005): ACTA 2005, URL: http://www.acta-online.de/main.php3?selection=80&rubrik=0 (Zugriff: 12.1.2006)

Janke, K. (2006): Harter Kampf um schärfere Profile, in: Horizont 16/2006; S. 18

Karle, R. (2006): Spagat zwischen Preis und Marke, in: bestseller 1/2006, S. 42-44

Karle, R. (2006a): Diba-Löwe ist der Platzhirsch, in: bestseller 1/2006, S. 24-26

KEK (2006): Zuschaueranteile 2005, URL: http://www.kek-online.de/kek/medien/zuschauer/2005.pdf (Zugriff: 12.1.2006)

Kerner, S. (2002): Analytisches Customer Relationship Management in Kreditinstituten. Data Warehouse und Data Mining als Instrumente zur Kundenbindung im Privatkundengeschäft, Wiesbaden: DUV

Kiefer, M. (2004): Der Fernsehmarkt in Deutschland – Turbulenzen und Umbrüche, in: Aus Politik und Zeitgeschichte 12-13/2004, S. 14-21, URL: http://www.das-parlament.de/2004/12-13/Beilage/003p.pdf (Zugriff: 12.1.2006)

Kiefer, T. (2001): Die Rolle von Banken im Electronic Business. Trustmediation als strategische Basis, Wiesbaden: Gabler

Killich, S. (2005): Kooperationsformen, in: Becker, T./Dammer, I./Howaldt, J./Killich, S./Loose, A. (Hrsg.): Netzwerkmanagement. Mit Kooperation zum Unternehmenserfolg, Berlin u.a.: Springer, S. 13-22

Kogeler, R./Müffelmann, J. (1999): Multimedia und die Zukunft der Printmedien aus der Sicht des Axel Springer Verlages, in: Schumann, M./Hess,T. (Hrsg.): Medienunternehmen im digitalen Zeitalter, Wiesbaden: Gabler, S. 219-232

Kollmann, T. (2001): Viral-Marketing – ein Kommunikationskonzept für virtuelle Communities, URL: http://www.tobias-kollmann.de/inhalte/beteilig/pdf/viral.pdf (Zugriff: 16.02.2006)

Kotler, P./Jain, D./Maesincee, S. (2002): Marketing der Zukunft. Mit Sense and Response zu mehr Wachstum und Gewinn, Frankfurt/Main: Campus

Kroeber-Riel, W./Weinberg, P. (1999): Konsumentenverhalten, München: Vahlen

Krotz, F. (2001): Die Mediatisierung kommunikativen Handelns, Wiesbaden: Westdeutscher Verlag

Krotz, F. (2003): Zivilisationsprozess und Mediatisierung. Zum Zusammenhang von Medien- und Gesellschaftswandel, in: Behmer, M./Krotz, F./Stöber, R./Winter, C. (Hrsg.): Medienentwicklung und gesellschaftlicher Wandel, Wiesbaden: Westdeutscher Verlag, S. 15-37

Kubitschek, C. (2000): Franchising. Effizienzvergleich mit alternativen Vertriebskonzepten, Wiesbaden: Gabler

Kühlmann, K./Käßer-Pawelka, G./Wengert, H./Kurtenbach, W. (2002): Marketing für Finanzdienstleistungen, Frankfurt a.M.: Fritz Knapp

Kummer, P./Scholtz-Ligma, J. (1997): Bankwerbung zwischen Emotion und Information, URL: http://userpage.fu-berlin.de/~jscholz/bankumarkt.pdf (Zugriff: 24.4.2006)

Lammenett, E. (2006): Erfolgreiche Online-Netzwerke. Affiliate-Marketing in der Praxis, in: Direktmarketing 2/2006, S. 38-41

Lange, E. (2005): Erfolgreiche Suche, in: Wirtschaftswoche 39/2005, S. 83-85

Laupper, U. (2005): Wertorientierte Netzwerksteuerung, Bern u.a.: Haupt

Lazarsfeld, P.F./Berelson, B./Gaudet, H. (1948): The People's choice. New York: Columbia University Press

Lazarsfeld, P.F./Menzel, H. (1964): Massenmedien und personaler Einfluß. In: Schramm, W. (Hrsg.) (1964): Grundfragen der Kommunikationsforschung. München: Juventa. S. 117-139.

Lochmaier, L. (2005): Das etwas mehr an Sicherheit, in: Geldinstitute 5/2005, S. 8-9

Loew, T./Ankele, K./Braun, S./Clausen, J. (2004): Bedeutung der CSR-Diskussion für Nachhaltigkeit und die Anforderungen an Unternehmen. Kurzfassung, URL: http://www.4sustainability.org/downloads/Loew-etal-2004-CSR-Studie-Kurzfassung-d.pdf (Zugriff: 14.2.2006)

Lohmann, K. (2002): Mehr Risiken als Chancen beim Franchising von Filialen, in: Sparkasse 8/2002, S. 343

Lüdtke, H. (2004): Lebensstile als Rahmen von Konsum. Eine generalisierte Form des demonstrativen Verbrauchs, in: Hellmann, K./Schrage, D. (Hrsg.): Konsum der Werbung. Zur Produktion und Rezeption von Sinn in der kommerziellen Kultur, Wiesbaden: VS Verlag für Sozialwissenschaften, S. 103-124

Mann, A. (2004): Dialogmarketing. Konzeption und empirische Befunde, Wiesbaden: DUV

Meffert, H. (2000): Marketing. Grundlagen marktorientierter Unternehmensführung, Wiesbaden: Gabler

Meffert, H./Bruhn, M. (2003): Dienstleistungsmarketing. Grundlagen – Konzepte – Methoden, Wiesbaden: Gabler

Mercer (o.J.): BranchenSpektrum. Multi-Channel-Banking - Das Geschäftsmodell der Zukunft, URL: http://www.mercermc.de/plain.php3?content=content/spektrum/index&navlink=85&id=144 (Zugriff: 26.1.2006)

Mercer (2003): Mercer Communications Benchmark 2003, München: Mercer

Michelsen, D./Schaale, A. (2002): Handy Business. M-Commerce als Massenmarkt, München: Financial Times Prentice Hall

Mielke, B. (2002): Übertragungsstandards und -bandbreiten in der Mobilkommunikation, in: Silberer, G./Wohlfahrt, J./Wilhelm, T. (Hrsg.): Mobile Commerce. Grundlagen, Geschäftsmodelle, Erfolgsfaktoren, Wiesbaden: Gabler, S. 185-201

Mikunda, Christian (1997): Der verbotene Ort oder die inszenierte Verführung. 2. Aufl. Düsseldorf: Econ.

Möhlenbruch, D./Schmieder, U. (2002): Mobile Marketing als Schlüsselgröße für Multichannel-Commerce, in: Silberer, G./Wohlfahrt, J./Wilhelm, T. (Hrsg.): Mobile Commerce. Grundlagen, Geschäftsmodelle, Erfolgsfaktoren, Wiesbaden: Gabler, S. 67-89

Möhlenbruch, D./Schmieder, U. (2002a): Chancen des Mobile Marketing im Rahmen von Multichannel-Strategien, in: Thexis 2/2002, S. 27-33

Nicolai, A./Petersmann, T. (Hrsg.) (2001): Strategien im M-Commerce, Stuttgart: Schäffer-Poeschel

Oehmichen, E./Schröter, C. (2005): Junge Nutzertypen. Aktiv-dynamischer Umgang mit dem Internet, in: Media Perspektiven 8/2005, S. 396-406

Ogorek, M. (2004): Affiliate Marketing. Von Konzeption bis Integration, URL: http://www.marketing-boerse.de/tools/download/?type=article&id=101 (Zugriff: 16.02.2004)

o.V. (2000): Gabler Wirtschaftslexikon, Wiesbaden: Gabler

o.V. (2004): Gabler Lexikon Medienwirtschaft, Sjurts, I. (Hrsg.), Wiesbaden: Gabler

o.V. (2004a): Leuchttürme bauen, in: W&V 18/2004 DWK-Summary, S. 37

o.V. (2004b): Transnational media concentrations in Europe, URL: http://www.mainzer-medieninstitut.de/Zusammenfassung%20MI.pdf (Zugriff: 12.1.2006)

o.V. (2005): Konsolidierung dauert an, in: Geldinstitute 5/2005, S. 44-45

o.V. (2005a): NIC Statistiken, URL: http://www.denic.de/de/domains/statistiken/domainentwicklung/index.html (Zugriff: 12.1.2006)

o.V. (2005b): Konsument der Zukunft, URL: http://www.handelszeitung.at/ireds-10118.html (Zugriff: 13.1.2006)

o.V. (2005c): IBM: Medienstudie 2005. Zusammenfassung; URL: http://www.wuv.de/daten/studien/092005/969/summary.html (Zugriff: 21.09.2005)

o.V. (2005d): IBM: Medienstudie 2005. Bedeutung von Internet und TV für die Meinungsbildung, URL: http://www.wuv.de/daten/studien/092005/969/3320.html (Zugriff: 21.09.2005)

o.V. (2005e): Verisign Quarterly Paper I/2005, URL: http://www.verisign.com/stellent/groups/public/documents/newsletter/030725.pdf (Zugriff: 12.1.2006)

o.V. (2005f): EU-Kommission will mehr Einfluss auf Kapitalmärkte, URL: http://www.marketingmarktplatz.de/Intro/Buwi/EuKommFinanzpol12.shtml (Zugriff: 06.12.2005)

o.V. (2005g): Überblick über die Tätigkeitsbereiche der Europäischen Union. Wettbewerb, URL: http://europa.eu.int/pol/comp/overview_de.htm (Zugriff: 12.1.2006)

o.V. (2005h): Grünbuch zur Finanzdienstleistungspolitik (2005-2010), URL: http://www.europa.eu.int/eur-lex/lex/LexUriServ/site/de/com/2005/com2005_0177de01.pdf (Zugriff: 19.3.2006)

o.V. (2005i): Hans-Bredow-Institut. Forschungsbericht 2004/2005, URL: http://www.hans-bredow-institut.de/publikationen/fb/FB05.pdf (Zugriff: 24.2.2006)

o.V. (2005j): Lange Reihen – Konsumausgaben privater Haushalte, URL: http://www.destatis.de/indicators/d/Irleb03ad.htm (Zugriff: 13.01.2006)

o.V. (2006): Lange Reihen – Verwendung des Bruttoinlandsprodukts. Veränderung zum Vorjahr, URL: http://www.destatis.de/indicators/d/Irvgr02jd.htm (Zugriff: 13.01.2006)

o.V. (2006a): Lange Reihen – Verwendung des Bruttoinlandsprodukts. Werte, URL: http://www.destatis.de/indicators/d/Irvgr02ad.htm (Zugriff: 13.01.2006)

o.V. (2006b): Konjunktur Deutschland, in: Wirtschaftswoche 4/06, S. 36

Pasqier, M./Dreosso, C./Rauch, A. (2004): Kommunikation 2010, Bern: Haupt

Pease, A. (2002): Internet – Szenario 2015, in: Pictures of the Future Herbst 2002, URL: http://www.siemens.com/index.jsp?sdc_p=t15l0s5o1184304i1184101cd1187140fmu20n1184101pFEz3&sdc_sid=5898098221& (Zugriff: 07.01.2006)

Peiser, W. (1999): Folgen der Digitalisierung aus kommunikationswissenschaftlicher Sicht, in: Schumann, M./Hess,T. (Hrsg.): Medienunternehmen im digitalen Zeitalter, Wiesbaden: Gabler, S. 123-136

Peppers, D./Rogers, M. (1994): Die 1:1 Zukunft. Strategien für ein individuelles Kundenmarketing, Freiburg: Rudolf Haufe

Pfannenmüller, J. (2006): Brötchen beim Banker, in: W&V 13/2006, S. 24-25

Piller, F. (2003): Mass Customization. Ein wettbewerbsstrategisches Konzept im Informationszeitalter, Wiesbaden: DUV

Pommerening, T. (2005): Gesellschaftliche Verantwortung von Unternehmen. Eine Abgrenzung der Konzepte Corporate Social Responsibility und Corporate Citizenship, URL: http://people.freenet.de/worldone/Download/Pommerening2005.pdf (Zugriff: 12.02.2006)

Porter, M. (1999): Wettbewerbsvorteile. Spitzenleistungen erreichen und behaupten; Frankfurt/Main u.a.: Campus

Praetorius, R. (2006): Jagd auf Trojaner, in: Wirtschaftswoche 26/2006, S. 102-105

Raab, G./Unger, A./Unger, F. (2004): Methoden der Marketing-Forschung. Grundlagen und Praxisbeispiele. Wiesbaden: Gabler

Recklies, D. (2001): Viral-Marketing, URL: http://www.themanagement.de/pdf/Viral%20Marketing.pdf (Zugriff: 16.2.2006)

Reichardt, C. (2000): One-to-One-Marketing im Internet, Wiesbaden: Gabler

Renner, K. (2005): Erfolg durch Individualisierung, in: Marketing Journal 11/2005, S. 34-37

Retzmann, T. (2001): Die Szenario-Technik. Eine Methode für ganzheitliches Lernen im Lernfeld Arbeitslehre, URL: http://www.sowi-online.de/methoden/dokumente/retzmszen.htm (Zugriff: 18.09.2005)

Richter, K. (2005): Eine Radio-Show für den Müllmann, in: W&V 20/2005, S. 22-26

Ridder, M. (2006): Das Vier-Augen-Prinzip, in: bestseller 1/2006, S. 18-20

Riemer, K./Totz, C. (2002): Virales Marketing. Eine Werbebotschaft breitet sich aus, URL: http://www.firstsurf.com/riemer0233_t.htm (Zugriff: 16.02.2006)

Röser, J. (2003): Fragmentierung der Familie durch Medientechnologien?, URL: http://www.medienheft.ch/dossier/bibliothek/d19_RoeserJutta.html (Zugriff: 27.12.2005)

Roth, G. (1986): Selbstorganisation – Selbsterhaltung – Selbstreferentialität: Prinzipien der Organisation der Lebewesen und ihre Folgen für die Beziehung zwischen Organismus und Umwelt, in: Dress, A./Hendrichs, H./Küppers, G. (Hrsg.): Selbstorganisation. Die Entstehung von Ordnung in Natur und Gesellschaft, München: Piper, S. 149-180

Rudolf-Sipötz, E./Tomczak, T. (2001): Kundenwert in Forschung und Praxis. St. Gallen: THEXIS

Rust, Holger (2006): Information und Bedeutung: Das Leben hinter den Zahlen. In: Koschnick, Wolfgang J. (Hrsg.): FOCUS-Jahrbuch 2006. München: FOCUS Magazin Verlag

Salmen, S.M. (2003): Electronic Relationship Marketing im Bankgeschäft, Wiesbaden: Gabler

Scharioth, J./Huber, M./Schulz, K./Pallas, M. (2004): Horizons2020. Ein Szenario als Denkanstoß für die Zukunft, URL: http://w3.siemens.de/horizons2020 (Zugriff: 04.11.2005)

Schartner, P. (2002): Internetbanking – Technischer Hintergrund, in: Lucius, O./Zakostelsky, A. (Hrsg.): Internetbanking. Von der Euphorie zur Normalität, Wien: Bank-Verlag Wien

Scheer, A./Feld, T./Göbl, M./Hoffmann, M. (2002): Das mobile Unternehmen, in: Silberer, G./Wohlfahrt, J./Wilhelm, T. (Hrsg.): Mobile Commerce. Grundlagen, Geschäftsmodelle, Erfolgsfaktoren, Wiesbaden: Gabler, S. 91-110

Schmidt, S.J. (1994): Konstruktivismus in der Medienforschung: Konzepte, Kritiken, Konsequenzen. In: Merten, K./Schmidt, S.J./Weischenberg S. (Hrsg.) (1994): Die Wirklichkeit der Medien. Eine Einführung in die Kommunikationswissenschaft. Opladen: Westdeutscher Verlag, S. 592-623.

Schmidt, S.J. (2003): Medienentwicklung und gesellschaftlicher Wandel, in: Behmer, M./Krotz, F./Stöber, R./Winter, C. (Hrsg.): Medienentwicklung und gesellschaftlicher Wandel, Wiesbaden: Westdeutscher Verlag, S. 135-150

Schmidt, S.J. (2004): Unternehmenskultur. Die Grundlage für den wirtschaftlichen Erfolg von Unternehmen. Weilerswist

Schmitt, B./Mangold, M. (2004): Kundenerlebnis als Wettbewerbsvorteil, Wiesbaden: Gabler

Schnaas, D. (2005): Bank mit Botschaft, in: Wirtschaftswoche 52/2005, S. 112-113

Schnäbele, P. (1997): Mass Customized Marketing. Effiziente Individualisierung von Vermarktungsobjekten und -prozessen, Wiesbaden: Gabler

Schön, G. (2006): Starbucks der Businesswelt, in: bestseller 1/2006, S. 22-23

Schönhut, J. (1999): Zugriff auf multimediale Inhalte, in: Schumann, M./Hess,T. (Hrsg.): Medienunternehmen im digitalen Zeitalter, Wiesbaden: Gabler, S. 21-32

Schüler, K. (2002): Qualität im Virtual Banking. Vertriebserfolg durch aktives Kundenzufriedenheitsmanagement, Wiesbaden: Deutscher Universitäts-Verlag

Schulze, G. (1992): Die Erlebnisgesellschaft. Kultursoziologie der Gegenwart, Frankfurt/Main u.a.: Campus

Schwarz, Torsten (2000): Permission Marketing macht Kunden süchtig. Würzburg: Max Schimmel

Sehrer, W. (2004): Konsum und Nachhaltigkeit. Zur Kommunikation der Integrationsfigur „Nachhaltigkeit", in: Hellmann, K./Schrage, D. (Hrsg.): Konsum der Werbung. Zur Produktion und Rezeption von Sinn in der kommerziellen Kultur, Wiesbaden: VS Verlag für Sozialwissenschaften, S. 183-202

.uswirkungen der Digitalisierung auf die Entwicklung der Me-
.mann, M./Hess,T. (Hrsg.): Medienunternehmen im digitalen Zeit-
.bler, S. 109-122

.gratives Affiliate Marketing. Die Shop-in-Shop Lösung, URL:
.marketing/integrativ/ (Zugriff: 14.2.2002)

.hrt, J. (2001): Akzeptanz und Wirkungen des Mobile Banking, in:
.nn, T. (Hrsg.): Strategien im M-Commerce, Stuttgart: Schäffer-

.tegien in der Medienbranche. Grundlagen und Fallbeispiele,

.lti Channel Management, Bern u.a.: Haupt

.nchisingnetzwerke im Dienstleistungsbereich. Management und
.sbaden: DUV

.rke, J. (2006): Kampf um Köpfe, in: Wirtschaftswoche 3/2006,

Medialer und gesellschaftlicher Wandel, in: Behmer, M./Krotz,
C. (Hrsg.): Medienentwicklung und gesellschaftlicher Wandel,
.tscher Verlag, S. 103-119

(1998): Bankmanagement, Stuttgart: Schäffer-Poeschel

Typologie der Direktbanken; in: Swoboda, U. (Hrsg.): Direct Ban-
.bler, S. 13-39

.: Quantensprung in der deutschen Kreditwirtschaft; in: Swoboda,
.nking, Wiesbaden: Gabler, S. 43-52

Retail-Banking und Private Banking. Zukunftsorientierte Strate-
.ngeschäft, Frankfurt am Main: Bankakademie

.inführung ins Affiliate Marketing, URL:
.nanager.de/magazin/artikel_127_einfuehrung_affiliate_marketing.
.2006)

Medien, Kommunikation und Komplexität. Vorstudien zur In-
.ft, Opladen u.a.: Westdeutscher Verlag

Tomczak, T./Roosdorp, A. (1996): Positionierung – Neue Herausforderungen verlangen neue Ansätze, in: Tomczak, T./Rudolph, T./Roosdorp, A. (Hrsg.): Positionierung – Kernentscheidung des Marketing, St. Gallen: THEXIS, S. 26-42

Tropp, J. (1997): Die Verfremdung der Werbung. Eine Analyse zum Zustand des Werbewirtschaftssystems, Opladen: Westdeutscher Verlag

Tropp, J. (2004): Markenmanagement, Wiesbaden: VS Verlag für Sozialwissenschaften

Tropp, J. (2005): Mit Cause Marketing zur Corporate Social Responsibility (CSR), URL: http://www.comequity-forum.net/DOWNLOAD/Cause_Marketing0506.pdf (Zugriff: 09.11.2005)

Tropp, J. (2005a): Social Effie: Eine Standortbestimmung, URL: http://www.gwa.de/Eine_Standortbestimmung.2092.0.html (Zugriff: 06.12.2005)

Tropp, J. (2006): Systemisches Markenmanagement, in: Rusch, G. (Hrsg.): Konstruktivistische Ökonomik, Marburg: Metropolis, S. 251-276

Tropp, J./Piskurek, M. (2006): Management Integrierter Kommunikation im Kontext der Entwicklung des Internet, in: Rusch, G. (Hrsg.) (2006): Konstruktivistische Ökonomik, Marburg: Metropolis, S. 339-356.

Turner, S. (2004): Kreativität lohnt sich, in: Boltz, D./Leven, W. (Hrsg.): Effizienz in der Markenführung, Hamburg: Gruner + Jahr, S. 214-227

Turowski, K./Pousttchi, K (2004): Mobile Commerce. Grundlagen und Techniken, Berlin u.a.: Springer

van Eimeren, B./Frees, B. (2005): ARD/ZDF-Online-Studie 2005. Nach dem Boom: Größter Zuwachs in internetfernen Gruppen, in: Media Perspektiven 8/2005, S. 362-379

van Eimeren, B./Ridder, C. (2005): ARD/ZDF-Langzeitstudie Massenkommunikation. Trends in der Nutzung und Bewertung der Medien von 1970 bis 2005, in: Media Perspektiven 10/2005, S. 490-504

Vogel, A. (2004): Konsolidierte Großkonzerne bereit zu erneutem Wachstum, in: Media Perspektiven 8/2005, S. 322-338

Voß, R./Brandt, M./Voß, B. (2003): Analyse der Determinanten der Technikaufgeschlossenheit und des Nachfrageverhaltens, in: Giesecke, S. (Hrsg.): Technikakzeptanz durch Nutzerintegration? Beiträge zur Innovations- und Technikanalyse, Teltow: VDI/VDE-Technologiezentrum Informationstechnik GmbH, S. 57-73

Walter, G. (2003): Kundenmanagement bei Banken. Von reiner Transaktionsorientierung zu einem umfassenden Beziehungsansatz, in: Bartmann, D. (Hrsg.): Bankinformatik 2004. Strategien, Konzepte und Technologien für das Retail-Banking, Wiesbaden: Gabler, S. 53-66

Wegener, M. (2004): Erfolg durch kundenorientiertes Multichannel-Management, in: Riekhof, H.C. (Hrsg.): Retail Business in Deutschland. Perspektiven, Strategien, Erfolgsmuster, S. 197-218

Weil, M./Strohe, G. (2000): Franchising: Vertriebsmodell für Banken?, in: Die Bank 9/2000, S. 628-632

Weiler, S. (1999): Die neue Mediengeneration, München: Reinhard Fischer

Wiecker, M. (2002): Breitbandige, kabellose Übertragungstechnologien, in: Gora, W./Röttger-Gerigk, S. (Hrsg.): Handbuch Mobile-Commerce, Berlin u.a.: Springer, S. 427-440

Wiggenhorn, H. (2004): Siemens Technikbericht – Information und Kommunikation inkl. Biometrie, in: Scharioth, J./Huber, M./Schulz, K./Pallas, M. (2004): Horizons2020. Ein Szenario als Denkanstoß für die Zukunft, S. 206-219, URL: http://w3.siemens.de/horizons2020 (Zugriff: 04.11.2005)

Wild, O. (2003): Strategische Bedeutung neuer Technologien im Bankgeschäft. Entwicklungen an der Kundenschnittstelle, in: Bartmann, D. (Hrsg.): Bankinformatik 2004. Strategien, Konzepte und Technologien für das Retail-Banking, Wiesbaden: Gabler, S. 13-18

Wings, H. (1999): Digital Business in Banken, Wiesbaden: Gabler

WorldOne (o.J.): Corporate Social Responsibility und Corporate Citizenship, URL: http://www.worldone.de.tp (Zugriff: 12.02.2006)

Zanger, C./Klaus, K. (2004): Erlebnisorientierte Filialgestaltung. Grundlagen – Analysen – Konzepte für Kreditinstitute, Stuttgart: Deutscher Sparkassen Verlag

ZAW (2005): Werbung in Deutschland 2005, Berlin: edition ZAW

Zimmer, J./Janke, K. (2006): Wir haben noch enormes Potenzial, in: bestseller 1/2006, S. 28-31

Zobel, J. (2001): Mobile Business und M-Commerce, München u.a.: Carl Hanser

If you have any concerns about our products,
you can contact us on
ProductSafety@springernature.com

In case Publisher is established outside the EU,
the EU authorized representative is:
Springer Nature Customer Service Center GmbH
Europaplatz 3, 69115 Heidelberg, Germany

Printed by Libri Plureos GmbH
in Hamburg, Germany